中華古籍保護計劃

ZHONG HUA GU JI BAO HU JI HUA CHENG GUO

·成　果·

河南省開封市圖書館
古籍普查登記目録

全國古籍普查登記目録

國家圖書館出版社

National Library of China Publishing House

圖書在版編目(CIP)數據

河南省開封市圖書館古籍普查登記目録/《河南省開封市圖書館古籍普查登記目録》編委會編.--北京:國家圖書館出版社,2017.9

（全國古籍普查登記目録）

ISBN 978 - 7 - 5013 - 6134 - 2

Ⅰ.①河…　Ⅱ.①河…　Ⅲ.①公共圖書館—古籍—圖書館目録—開封　Ⅳ.①Z838

中國版本圖書館 CIP 數據核字（2017）第 127479 號

書　　名　河南省開封市圖書館古籍普查登記目録
著　　者　《河南省開封市圖書館古籍普查登記目録》編委會　編
責任編輯　黄　鑫

出　　版　國家圖書館出版社(100034　北京市西城區文津街 7 號)
　　　　　　（原書目文獻出版社　北京圖書館出版社）
發　　行　010 - 66114536　66126153　66151313　66175620
　　　　　　66121706(傳真)　66126156(門市部)
E-mail　　nlcpress@ nlc. cn(郵購)
Website　www. nlcpress. com→投稿中心
經　　銷　新華書店
印　　裝　河北三河弘翰印務有限公司
版　　次　2017 年 9 月第 1 版　2017 年 9 月第 1 次印刷

開　　本　787×1092(毫米)　1/16
印　　張　16
字　　數　350千字

書　　號　ISBN 978 - 7 - 5013 - 6134 - 2
定　　價　160. 00 圓

《全國古籍普查登記目録》

工作委員會

主　任：周和平

副主任：張永新　詹福瑞　劉小琴　李致忠　張志清

委　員（按姓氏筆畫排序）：

于立仁　王水喬　王　沛　王紅蕾　王筱雯

方自今　尹壽松　包菊香　任　競　全　勤

李西寧　李　彤　李忠昊　李春來　李　培

李曉秋　吳建中　宋志英　努　木　林世田

易向軍　周建文　洪　琰　倪曉建　徐欣禄

徐　蜀　高文華　郭向東　陳荔京　陳紅彥

張　勇　湯旭巖　楊　揚　賈貴榮　趙　嫄

鄭智明　劉洪輝　歷　力　鮑盛華　韓　彬

魏存慶　鍾海珍　謝冬榮　謝　林　應長興

《全國古籍普查登記目錄》

序　言

　　全國古籍普查登記工作是"中華古籍保護計劃"的首要任務,是全面開展古籍搶救、保護和利用工作的基礎,也是有史以來第一次由政府組織、參加收藏單位最多的全國性古籍普查登記工作。

　　2007年國務院辦公廳發佈《關於進一步加强古籍保護工作的意見》(國辦發[2007]6號),明確了古籍保護工作的首要任務是對全國公共圖書館、博物館和教育、宗教、民族、文物等系統的古籍收藏和保護狀況進行全面普查,建立中華古籍聯合目録和古籍數字資源庫。2011年12月,文化部下發《文化部辦公廳關於加快推進全國古籍普查登記工作的通知》(文辦發[2011]518號),進一步落實了全國古籍普查登記工作。根據文化部2011年518號文件精神,國家古籍保護中心擬訂了《全國古籍普查登記工作方案》,進一步規範了古籍普查登記工作的範圍、内容、原則、步驟、辦法、成果和經費。目前進行的全國古籍普查登記工作的中心任務是通過每部古籍的身份證——"古籍普查登記編號"和相關信息,建立古籍總臺賬,全面瞭解全國古籍存藏情況,開展全國古籍保護的基礎性工作,加强各級政府對古籍的管理、保護和利用。

　　《全國古籍普查登記工作方案》規定了全國古籍普查登記工作的三個主要步驟:一、開展古籍普查登記工作;二、在古籍普查登記基礎上,編纂出版館藏古籍普查登記目録,形成《全國古籍普查登記目録》;三、在古籍普查登記工作基本完成的前提下,由省級古籍保護中心負責編纂出版本省古籍分類聯合目録《中華古籍總目》分省卷,由國家古籍保護中心負責編纂出版《中華古籍總目》統編卷。

　　在黨和政府領導下,在各地區、各有關部門和全社會共同努力下,古籍普查登記工作得以扎實推進。古籍普查已在除臺、港、澳之外的全國各省級行政區域開展,普查内容除漢文古籍外,還包括各少數民族文字古籍,特別是於2010年分別啓動了新疆古籍保護和西藏古籍保護專項,因地制宜,開展古籍普查登記工作;國家古籍保護中心研製的"全國古籍普查登記平臺"已覆蓋到全國各省級古籍保護中心,並進一步研發了"中華古籍索引庫",爲及時展現古籍普查成果提供有力支持;截至目前,已有11375部古籍進入《國家珍貴古籍名録》,浙江、江蘇、山東、河北等省公佈了省級《珍貴古籍名録》，古籍分級保護機制初步形成。

《全國古籍普查登記目録》是古籍普查工作的階段性成果，旨在摸清家底，揭示館藏，反映古籍的基本信息。原則上每申報單位獨立成冊，館藏量少不能獨立成冊者，則在本省範圍内幾個館目合併成冊。無論獨立成冊還是合併成冊，均編製獨立的書名筆畫索引附於書後。著録的必填基本項目有：古籍普查登記編號、索書號、題名卷數、著者（含著作方式）、版本、冊數及存缺卷數。其他擴展項目有：分類、批校題跋、版式、裝幀形式、叢書子目、書影、破損狀況等。有條件的收藏單位多著録的一些擴展項目，也反映在《全國古籍普查登記目録》上。目録編排按古籍普查登記編號排序，内在順序給予各古籍收藏單位較大自由度，可按分類排列古籍普查登記編號，也可按排架號、按同書名等排列古籍普查登記編號，以反映各館特色。

此次全國古籍普查登記工作，克服了古籍數量多、普查人員少、普查難度大等各種困難，也得到了全國古籍保護工作者的極大支持。在古籍普查登記過程中，國家古籍保護中心、各省古籍保護中心爲此舉辦了多期古籍普查、古籍鑒定、古籍普查目録審校等培訓班，全國共 1600 餘家單位參加了培訓，爲古籍普查登記工作培養了大量人才。同時在古籍普查登記工作中，也鍛煉了普查員的實踐能力，爲將來古籍保護事業發展奠定了良好的基礎。

《全國古籍普查登記目録》的出版，將摸清我國古籍家底，爲古籍保護和利用工作提供依據，也將是古籍保護長期工作的一個里程碑。

國家古籍保護中心
2013 年 10 月

《全國古籍普查登記目録》

編纂凡例

一、收録範圍爲我國境内各收藏機構或個人所藏,産生於 1912 年以前,具有文物價值、學術價值和藝術價值的文獻典籍,包括漢文古籍和少數民族文字古籍以及甲骨、簡帛、敦煌遺書、碑帖拓本、古地圖等文獻。其中,部分文獻的收録年限適當延伸。

二、以各收藏機構爲分册依據,篇幅較小者,適當合併出版。

三、一部古籍一條款目,複本亦單獨著録。

四、著録基本要求爲客觀登記、規範描述。

五、著録款目包括古籍普查登記編號、索書號、題名卷數、著者、版本、册數、存缺卷等。古籍普查登記編號的組成方式是:省級行政區劃代碼—單位代碼—古籍普查登記順序號。

六、以古籍普查登記編號順序排序。

七、編製各館藏目録書名筆畫索引附於書後,以便檢索。

《河南省古籍普查登記目録》
工作委員會

主 任 委 員：康　潔

副主任委員：師東坡　孔德超　張德祥

委　　　員（按姓氏筆畫排序）：

王繼娜　申少春　江　路　李紅岩　李景文

周新鳳　崔　波　楊　凡　謝　昱

《河南省古籍普查登記目録》

前　言

　　河南地處華夏腹地，得天獨厚的地理環境使其成爲中華文明的主要發源地，遺留下大批珍貴的文化遺産，古籍文獻即是其重要組成部份。但由於歷史原因，河南的古籍藏量一直没有詳細調查統計。1989 年至 1991 年，河南省文化廳曾組織專家對全省市縣公共圖書館進行了 4 次古籍調查，摸清了部分公共圖書館及文博單位的古籍收藏狀況，發現了一批有價值的古籍，但并未形成詳盡的古籍普查登記目録。2007 年“中華古籍保護計劃”實施以來，根據文化部、國家古籍保護中心的部署，在河南省文化廳的領導下，河南古籍普查工作開始穩步推進，公共圖書館、高校圖書館等古籍收藏單位積極行動，經過近 10 年的努力，全省古籍普查取得階段性成果。成立河南省古籍保護中心并對全省古籍普查工作給予具體業務指導；在 1989 年到 1991 年省内古籍調查的基礎上，出版《河南省市縣圖書館古籍善本書聯合目録》；全省 19 家收藏單位 222 部古籍先後入選第一至第五批《國家珍貴古籍名録》，河南省圖書館、河南大學圖書館、新鄉市圖書館、鄭州圖書館、鄭州大學圖書館、洛陽市圖書館、中國嵩山少林寺藏經閣、南陽市圖書館、開封市圖書館被評爲“全國古籍重點保護單位”，另有 534 部古籍入選第一批《河南省珍貴古籍名録》，16 家單位被被評爲“河南省古籍重點保護單位”；古籍保護人才隊伍逐漸壯大，一批古籍收藏單位古籍保存條件得到顯著改善；全省古籍普查登記基本完成。

　　古籍普查登記是一項專業性很强的工作，著録人員除了需要具有相應的目録學、版本學等知識外，還需要具有一定的實踐工作經驗，需要在普查工作中，一絲不苟、兢兢業業。《河南省古籍普查登記目録》均嚴格按照古籍普查登記規範著録，不僅傾注了各藏书單位古籍普查登記人員的大量精力和心血，也包含着國家古籍保護中心、河南省古籍保護中心諸位專家指導、審校之辛勞，在此向他們表示深深的敬意和誠摯的感謝。

　　隨着河南省各收藏單位古籍普查登記目録的陸續出版，必將摸清全省古籍文化遺産家底,揭示全省各地區的文化脉絡,并修正館藏目録錯誤,實現古籍資源互通有無,從而建立統一的古籍信息數據庫,爲今後有針對性地開展古籍保護工作奠定堅實的基礎。由於時間緊、任務重,加之一些書名、版本之失考,及經驗不足等原因,本書難免存在一些不盡如人意之處,敬請業内專家及廣大讀者批評指正。

河南省古籍保護中心
河南省圖書館
2017 年 8 月

《河南省開封市圖書館古籍普查登記目録》

編委會

主　　編：馬慧萍

副主編：葛智星　　劉芙蓉

編　　委：崔紅蓮　　張家路　　徐　楊　　闞夢亞

《河南省開封市圖書館古籍普查登記目録》

前　言

　　開封市圖書館成立於 1956 年,數十年來一直致力於古籍的搜集與保護工作,迄今入藏古籍 5 萬余冊,善本 6 千余冊,其中有 12 部入選《國家珍貴古籍名録》,如宋刻宋元明遞修本《北齊書》、元至正元年(1341)集慶路儒學刻明重修本《樂府詩集》、明隆慶鈐印本《集古印譜》、元大德十年(1306)刻明嘉靖重修本《南史》、宋刻元明遞修本《南齊書》、元刻明修本《資治通鑑》、元刻明修本《周易兼義》、元至元六年(1269)慶元路儒學刻元明遞修玉海本《通鑑答問》等,都是罕見珍本。另有 37 部入選《河南省珍貴古籍名録》,都具有極高的歷史價值。2010 年 9 月,開封市人民政府正式在開封市圖書館挂牌成立了開封市古籍保護中心,2011 年 11 月由河南省人民政府正式公佈爲河南省古籍重點保護單位。2016 年 3 月 27 日,國務院下發通知,批准開封市圖書館入選第五批"全國古籍重點保護單位"。

　　開封市委、市政府對我市古籍普查保護工作高度重視,并對我市的古籍保護工作給予了大力支持。市古籍保護中心成立以來,承担着全市範圍内古籍普查和保護工作。目前已建立和形成了全市古籍普查工作月報制度和古籍普查工作督導制度,每月及時彙總市屬各縣區的古籍普查進度并上報省古籍保護中心,全面實時地掌握全市古籍普查工作的進展情況,并有針對性地指導、督促各收藏單位的古籍保護工作。此外,還爲廣大市民提供免費的古籍鑒定服務,提高市民的古籍保護意識。經過開封市圖書館的不懈努力,2015 年 7 月圓滿完成了全館古籍的普查登記和平台録入工作,共核查、勘定、登記古籍 3645 條。這次對我館古籍的普查登記工作,不僅修正了館藏古籍的一些數據錯誤,而且在實踐中提升了古籍保護從業人員的業務能力,爲日後的古籍保護工作奠定了良好的基礎。

　　古籍普查是"中華古籍保護計劃"的重要内容,是古籍保護的基礎性工作,是古籍搶救、保護、利用工作的前提。開展古籍普查工作,有利於摸清家底,更有利於全面掌握古籍現存數量、保護條件、環境狀況等基本情況,對維繫中華民族血脉,弘揚優秀傳統文化,都具有深遠的歷史意義和重要的現實意義。

開封市圖書館

2017 年 9 月

目　　録

1

410000－2203－0000001　181/2B

論語注疏解經二十卷　（三國魏）何晏集解
（宋）邢昺疏　明嘉靖李元陽刻十三經注疏本
五冊

410000－2203－0000002　153/15

禮記集說三十卷　（元）陳澔集說　明嘉靖十
一年(1532)建寧府刻本　八冊

410000－2203－0000003　185/29

日講四書解義二十六卷　（清）喇沙里　（清）
陳廷敬撰　清康熙十六年(1677)內府刻本
十二冊

410000－2203－0000004　185/68

四書大全四十四卷　（明）胡廣等輯　明德壽
堂刻本　十五冊　存四十二卷(大學或問一
卷,中庸章句大全二卷、或問一卷、讀中庸法
一卷,論語集注大全二十卷、序說一卷、讀論
語孟子法一卷,孟子集注大全十四卷、序說一
卷)

410000－2203－0000005　212/2B

南史八十卷　（唐）李延壽撰　元大德十年
(1306)刻明嘉靖重修本　七冊　存四十九卷
(五至十七、二十四至三十八、四十七至六十
一、七十五至八十)

410000－2203－0000006　213/9B

晉書一百三十卷　（唐）房玄齡撰　**音義三卷**
（唐）何超撰　元刻明正德十年(1515)司禮
監嘉靖、萬曆南京國子監遞修本　五冊　存
三十四卷(一百至一百三十、音義三卷)

410000－2203－0000007　213/37

元史二百十卷目錄二卷　（明）宋濂　（明）王
褘撰　明洪武三年(1370)內府刻嘉靖九年至
十年(1530－1531)遞修本　六冊　存三十一
卷(三十三至六十三)

410000－2203－0000008　221/1C

資治通鑑二百九十四卷　（宋）司馬光撰
（元）胡三省音注　元刻明修本　二冊　存三
卷(六十三至六十五)

410000－2203－0000009　294.1/9

大明一統志九十卷　（明）李賢等修　明萬壽
堂刻重修本　二十冊　存三十八卷(一、六至
七、十四、二十九至三十五、三十八至四十五、
六十一至七十六、八十三至八十五)

410000－2203－0000010　294/6B

廣輿記二十四卷　（明）陸應陽撰　明刻本
十二冊

410000－2203－0000011　32/107

性理諸家解三十四卷　（明）楊維聰輯　明嘉
靖十五年(1536)楊維聰、高叔嗣等刻本　十
冊　存十四卷(一、三至八、十六至十九、二十
四至二十六)

410000－2203－0000012　32/109

晦庵先生語錄類要十八卷　（宋）葉士龍編
明成化韓僎刻本　六冊

410000－2203－0000013　32/110

真西山讀書記乙集上大學衍義四十三卷
（宋）真德秀撰　明刻本　四冊　存十三卷
(二十七至三十五、四十至四十三)

410000－2203－0000014　372/16

圖注八十一難經八卷　（戰國）秦越人述
（明）張世賢圖注　明嘉靖沈氏碧梧亭刻本
二冊

410000－2203－0000015　374/10

圖注王叔和脈訣四卷　（晉）王叔和撰　（明）
張世賢圖注　**附方一卷**　（明）張世賢編　明
嘉靖沈氏碧梧亭刻本　二冊

410000－2203－0000016　391.11/9F

芥子園畫傳三集五卷　（清）王槩摹　清康熙
四十年(1701)金陵芥子園刻彩色套印本
二冊

410000－2203－0000017　391.11/9K

芥子園畫傳五卷　（清）王槩摹繪　清康熙十
八年(1679)金陵芥子園刻彩色套印本　五冊

410000－2203－0000018　391.11/33

佩文齋書畫譜一百卷　（清）孫岳頒等輯　清
康熙四十七年(1708)內府刻本　六十四冊

410000－2203－0000019　391.4/15

棊經一卷　（宋）張擬撰　（元）晏天章
（元）嚴德甫注　明嘉靖王公行刻本　一冊

410000－2203－0000020　412/91

文致不分卷　（明）劉士鏻輯　明天啓閔氏刻
朱墨套印本　六冊

410000－2203－0000021　412/92

晚邨先生八家古文精選八卷　（清）呂留良輯
（清）呂葆中批點　清康熙四十三年（1704）
呂氏家塾刻本　八冊

410000－2203－0000022　412/96

樂府詩集一百卷目錄二卷　（宋）郭茂倩編
元至正元年（1341）集慶路儒學刻明重修本
一冊　存一卷（目錄下）

410000－2203－0000023　413/59

新刊舉業明儒論宗八卷　（明）薛應旂批點
明隆慶元年（1567）金陵三山書坊刻本　一冊
存二卷（一至二）

410000－2203－0000024　432/38

昌黎先生集四十卷外集十卷集傳一卷遺文一
卷　（唐）韓愈撰　（宋）廖瑩中校正　明嘉靖
東吳徐氏東雅堂刻本　二十四冊

410000－2203－0000025　432/47

類箋唐王右丞詩集十卷　（唐）王維撰　（宋）
劉辰翁評　（明）顧起經注　**文集四卷集外編
一卷**　（唐）王維撰　（明）顧起經輯　**年譜一
卷**　（明）顧起經撰　明嘉靖三十五年（1556）
無錫顧氏奇字齋刻本　八冊

410000－2203－0000026　433/47

豫章黃先生文集三十卷外集十四卷別集二十
卷詞一卷　（宋）黃庭堅撰　**青社黃先生伐檀
集二卷**　（宋）黃庶撰　**山谷先生年譜三十卷**
（宋）黃□撰　明弘治葉天爵刻嘉靖喬遷重
修本　十四冊　存五十五卷（文集八至三十，
外集一至四、九至十四，別集一至十五，詞一
卷，伐檀集二卷，年譜二十七至三十）

410000－2203－0000027　433/50

西山先生真文忠公文章正宗二十四卷　（宋）
真德秀輯　明嘉靖四十三年（1564）李豸、李
磐刻本　十二冊　存十二卷（十三至二十四）

410000－2203－0000028　436/44

白雪樓詩集十卷　（明）李攀龍撰　明嘉靖四
十二年（1563）魏裳刻本　一冊　存一卷（七）

410000－2203－0000029　436/47

鈐山堂集四十卷　（明）嚴嵩撰　明嘉靖刻本
九冊　存三十三卷（二至三十四）

410000－2203－0000030　213/13

南齊書五十九卷　（南朝梁）蕭子顯撰　宋刻
元明遞修本　一冊　存五卷（九至十三）

410000－2203－0000031　298.6/17

集古印譜二卷　（明）顧從德輯　明隆慶鈐印
本　二冊

410000－2203－0000032　213/17B

北齊書五十卷　（唐）李百藥撰　宋刻宋元明
遞修本　十冊

410000－2203－0000033　221/23

資治通鑑綱目發明五十九卷　（宋）尹起莘撰
明內府刻本　六冊

410000－2203－0000034　11/1

十三經注疏三百三十五卷　（唐）孔穎達等疏
明萬曆十四年至二十一年（1586－1593）北
京國子監刻本　一百七十三冊　缺七卷（春
秋左傳注疏一至四、十七至十九）

410000－2203－0000035　11/2

重刊宋本十三經注疏附校勘記　（清）阮元撰
校勘記　（清）盧宣旬摘錄　清嘉慶二十年
（1815）江西南昌府學刻本　一百五十冊　缺
二十二卷（儀禮注疏四十六至五十、禮記正義
一至十七）

410000－2203－0000036　11/3

古經解彙函十六種附小學彙函十四種續附十
種　（清）鍾謙鈞等輯　清光緒十四年（1888）
上海蜚英館石印本　四十冊　缺四卷（韓詩
外傳校注拾遺一卷、急就篇二至四）

410000－2203－0000037　11/4

皇清經解敬修堂編目十六卷 （清）陶治元編
輯 清光緒十二年(1886)石印本 四冊

410000－2203－0000038 11/5

十三經注疏附考證 （唐）孔穎達疏 清同治
十年(1871)刻本 七十四冊 存五種一百五
十三卷

410000－2203－0000039 11/6

五經類編二十八卷 （清）周章成編 清穀詒
堂刻本 十二冊

410000－2203－0000040 11/7

十三經注疏附校勘記 （清）阮元撰校勘記
（清）盧宣旬摘錄 清光緒十三年(1887)點石
齋石印本 二十四冊 缺六卷(禮記注疏四
至六、校勘記四至六)

410000－2203－0000041 12/1

周易直解十二卷 （清）李光地著 清嘉慶九
年(1804)梅照璧刻光緒二十年(1894)印本
六冊

410000－2203－0000042 12/2

滋德堂彙纂周易淺解四卷 （清）張步瀛輯著
清康熙三十年(1691)滋德堂刻本 八冊

410000－2203－0000043 12/3

周易鏡十卷序例圖說一卷學易管窺二卷
（清）何毓福注釋 清光緒十年(1884)何氏刻
本 十三冊

410000－2203－0000044 12/4

易箋八卷首一卷 （清）陳法著 清乾隆三十
年(1765)刻光緒十四年(1888)陳希謙重修本
十二冊

410000－2203－0000045 12/5

周易姚氏學十六卷 （清）姚配中撰 清光緒
元年(1875)湖北崇文書局刻崇文書局彙刻書
本 八冊

410000－2203－0000046 12/6

新刻來瞿唐先生易注十五卷圖像一卷首一卷
末一卷 （明）來知德注 （清）淩夫淳圈點
（清）高奣映鑒定 （清）周大璋重校 清朝爽

堂刻本(有圖) 十冊

410000－2203－0000047 12/7

御纂周易折中二十二卷首一卷 （清）李光地
等纂 清刻本 十六冊

410000－2203－0000048 12/7B

御纂周易折中二十二卷首一卷 （清）李光地
等纂 清刻本 十二冊

410000－2203－0000049 12/7C

御纂周易折中二十二卷首一卷 （清）李光地
等纂 清康熙五十四年(1715)內府刻本 十
一冊 存二十一卷(一至十三、十六至二十
二,首一卷)

410000－2203－0000050 12/7D

御纂周易折中二十二卷首一卷 （清）李光地
等纂 清刻本 九冊

410000－2203－0000051 12/8

御纂周易述義十卷 （清）傅恆纂 清乾隆二
十年(1755)刻本 六冊

410000－2203－0000052 12/9

易傳新注二卷 （清）陳燦如撰 清光緒二十
年(1894)刻本(有圖) 二冊

410000－2203－0000053 12/10

河上易注八卷圖說二卷 （清）黎世序學 清
道光元年(1821)謙豫齋刻本(有圖) 六冊

410000－2203－0000054 12/11

周易本義附音訓十二卷首一卷末一卷 （宋）
朱熹本義 （宋）呂祖謙音訓 **周易本義考一
卷** （清）劉世鑨輯 清光緒十九年(1893)江
南書局刻本(有圖) 二冊

410000－2203－0000055 12/13

新鐫增補周易備旨一見能解六卷 （明）黃淳
耀撰 （清）嚴而寬增補 清書業堂刻本(有
圖) 八冊

410000－2203－0000056 12/14

讀易大旨五卷 （清）孫奇逢纂 （清）耿極校
訂 清康熙二十七年(1688)刻本 四冊

410000－2203－0000057 12/14B

讀易大旨五卷 （清）孫奇逢纂 （清）耿極校訂 清刻本 四冊

410000－2203－0000058 12/15

易經體注四卷 （清）來爾繩纂輯 清嘉慶十五年(1810)聚文堂刻本(有圖) 四冊

410000－2203－0000059 12/16

易經八卷 （宋）程頤傳 清同治五年(1866)金陵書局刻十三經讀本本 二冊

410000－2203－0000060 12/17

梁山來知德先生易經集注十六卷雜說一卷易學六十四卦啓蒙一卷 （明）來知德纂注 （清）崔華重訂 清康熙二十七年(1688)春暉堂刻本(有圖) 八冊

410000－2203－0000061 12/18

新刻增訂太史仇滄柱先生家傳周易備旨四卷首一卷 （明）黃國鼎著 （清）祁文友輯 清乾隆五十五年(1790)金陵敦化堂刻本(有圖) 四冊

410000－2203－0000062 12/19

朱子周易本義啓蒙十四卷首一卷周易經二卷 （宋）朱熹撰 （清）吳世尚更定 清嘉慶七年(1802)敦化堂刻本(有圖) 六冊

410000－2203－0000063 12/20

周易便蒙襯解四卷 （清）李盤輯著 清嘉慶十六年(1811)金谷園刻本 四冊

410000－2203－0000064 12/21

周易函書約注十八卷續集十八卷別集十九卷 （清）胡煦纂 卜法詳考四卷 （清）胡煦輯 清雍正胡氏葆璞堂刻本(有圖) 二十四冊

410000－2203－0000065 12/22

周易四卷 （宋）朱熹本義 畢公天校閱 清宣統二年(1910)上海廣益書局石印本(有圖) 一冊

410000－2203－0000066 13/11

書經六卷 （宋）蔡沈集傳 清光緒十二年(1886)湖北官書處刻本 四冊

410000－2203－0000067 12/22C

周易四卷 （宋）朱熹本義 清末文奎堂刻本(有圖) 二冊

410000－2203－0000068 12/22D

易經體注大全合纂四卷 （宋）朱熹本義 （清）范翔鑒定 （清）李兆賢輯著 （清）來爾繩纂 清宏道堂刻本(有圖) 二冊

410000－2203－0000069 12/22E

周易四卷 （宋）朱熹本義 清慎詒堂刻本(有圖) 二冊

410000－2203－0000070 12/22F

周易四卷 （宋）朱熹本義 清聚盛堂刻本(有圖) 二冊

410000－2203－0000071 12/22G

易經體注合纂四卷 （宋）朱熹本義 （清）來爾繩纂輯 清敦化堂刻本 四冊

410000－2203－0000072 12/23

易漢學八卷 （清）惠棟學 清柏筠堂刻本(有圖) 二冊

410000－2203－0000073 12/24

周易廣義四卷 （宋）程頤著 （宋）朱熹本義 （清）鄭敷教廣義 清來鹿堂張鵬飛刻本(有圖) 六冊

410000－2203－0000074 12/25

易經增注十卷易考一卷 （明）張鏡心輯 （清）張潛 （清）張沖編校 清雲隱堂刻本 四冊

410000－2203－0000075 12/26

易解拾遺七卷周易讀本四卷 （清）周世金著 清同治七年(1868)和義堂刻本(有圖) 三冊

410000－2203－0000076 12/27

睿川易義合編不分卷 （清）徐天璋演 清宣統三年(1911)鉛印本(有圖) 八冊

410000－2203－0000077 12/29

周易四卷 （宋）朱熹本義 清刻本(有圖) 二冊

410000－2203－0000078 12/29B

周易四卷 （宋）朱熹本義 清光緒十二年
(1886)湖北官書處刻本(有圖) 二冊

410000－2203－0000079 12/30

湘蘌漫錄二卷易經集說一卷 （清）查彬撰
清道光十九年(1839)有懷堂刻本 五冊

410000－2203－0000080 12/31

易經音訓不分卷 （清）楊國楨撰 清道光十
年(1830)刻十一經音訓本 二冊

410000－2203－0000081 12/32

易經體注大全會解四卷 （宋）朱熹本義
（清）來爾繩纂輯 （清）朱采治 （清）朱之
澄編訂 清康熙五十八年(1719)致和堂刻本
(有圖) 二冊

410000－2203－0000082 12/32B

易經體注合參四卷 （宋）朱熹本義 （清）來
爾繩纂輯 （清）朱采治 （清）朱之澄編訂
清嘉慶九年(1804)三多齋刻本(有圖) 二冊

410000－2203－0000083 12/33

周易兼義九卷 （三國魏）王弼 （晉）韓康伯
注 （唐）孔穎達正義 音義一卷 （唐）陸德
明撰 周易注疏校勘記九卷釋文校勘記一卷
（清）阮元撰 （清）盧宣旬摘錄 清嘉慶二
十年(1815)南昌府學刻道光六年(1826)印重
刊宋本十三經注疏附校勘記本 四冊

410000－2203－0000084 12/35

新刻斷易大全搜集諸家卜筮源流四卷 （清）
余興國編 清石印本(有圖) 一冊 存二卷
(三至四)

410000－2203－0000085 12/33B

周易兼義九卷 （唐）孔穎達撰 音義一卷
（唐）陸德明撰 略例一卷 （三國魏）王弼撰
（唐）邢濤注 元刻明修本 一冊

410000－2203－0000086 12/36

說卦傳十一章 （清）彭台述 清道光二十年
(1840)抄本(有圖) 一冊

410000－2203－0000087 12/37

易傳十卷 （唐）李鼎祚撰 （明）沈士龍

（明）胡震亨校 明萬曆刻祕冊彙函本 九冊
存九卷(一至七、九至十)

410000－2203－0000088 12/41

新鐫增補周易備旨一見能解六卷 （明）黃淳
耀撰 （清）嚴而寬增補 （清）壽國 （清）
蔣先庚糸補 清嘉慶元年(1796)致和堂刻本
(有圖) 六冊

410000－2203－0000089 12/38

雅雨堂藏書十三種 （清）盧見曾輯 清乾隆
二十一年(1756)德州盧氏刻本 七冊 存三
種二十三卷

410000－2203－0000090 12/41B

新鐫增補周易備旨一見能解六卷 （明）黃淳
耀撰 （清）嚴而寬增補 （清）壽國 （清）
蔣先庚糸補 清嘉慶二十二年(1817)刻本
(有圖) 六冊

410000－2203－0000091 12/39

田間易學不分卷 （清）錢澄之撰 清康熙二
十三年(1684)刻本(有圖) 六冊

410000－2203－0000092 12/40

周易傳義附錄十四卷首一卷 （宋）董楷撰
（清）成德校訂 清康熙十九年(1680)通志堂
刻通志堂經解本(有圖) 十二冊

410000－2203－0000093 13/1

欽定書經傳說彙纂二十一卷首二卷書序一卷
（清）王頊齡等纂 清雍正刻御纂七經本
(有圖) 十六冊

410000－2203－0000094 13/1B

欽定書經傳說彙纂二十一卷首二卷書序一卷
（清）王頊齡等撰 清雍正八年(1730)內府
刻御纂七經本(有圖) 二十二冊

410000－2203－0000095 13/1C

欽定書經傳說彙纂二十一卷首二卷書序一卷
（清）王頊齡等纂 清雍正八年(1730)內府
刻御纂七經本(有圖) 十六冊

410000－2203－0000096 13/2

尚書因文六卷首一卷末一卷 （清）武士選學

清約六家塾刻本　二冊

410000－2203－0000097　13/3
書集傳六卷書序一卷　（宋）蔡沈撰　清刻本
四冊

410000－2203－0000098　13/3B
書集傳六卷　（宋）蔡沈撰　清光緒十九年
(1893)鮑乾元刻本　四冊

410000－2203－0000099　13/3C
書經六卷　（宋）蔡沈集注　清光緒十八年
(1892)寶善堂刻本　六冊

410000－2203－0000100　13/4
黃翰林校正書經大全十卷圖一卷　（清）黃際
飛校訂　**書經考異一卷**　（宋）王應麟著　清
康熙五十年(1711)郁郁堂刻本(有圖)　十冊

410000－2203－0000101　13/5
尚書古文疏證八卷　（清）閻若璩撰　**朱子古
文書疑一卷**　（清）閻詠輯　清嘉慶元年
(1796)吳人驥天津刻本　十冊

410000－2203－0000102　13/8
書經六卷　（宋）蔡沈集傳　清刻本　四冊

410000－2203－0000103　13/9
書經近指六卷　（清）孫奇逢纂　清康熙孤竹
趙氏刻本　四冊

410000－2203－0000104　13/10
洪範統一一卷　（宋）趙善湘撰　清刻本
一冊

410000－2203－0000105　13/11
書經六卷　（宋）蔡沈集傳　清光緒十二年
(1886)湖北官書處刻本　四冊

410000－2203－0000106　13/11B
書經六卷　（宋）蔡沈集傳　清光緒二十一年
(1895)湖北官書處刻本　六冊

410000－2203－0000107　13/12
欽定書經圖說五十卷　（清）孫家鼐等纂修
（清）詹秀林　（清）詹步魁繪圖　清光緒三十
一年(1905)石印本　十六冊

410000－2203－0000108　13/8C
書經六卷　（宋）蔡沈集傳　清嘉慶十年
(1805)刻本　四冊

410000－2203－0000109　13/8D
書經六卷　（宋）蔡沈集傳　清慎詒堂刻本
四冊

410000－2203－0000110　13/8F
書集傳六卷　（宋）蔡沈撰　清光緒十九年
(1893)寶興堂刻本　四冊

410000－2203－0000111　13/14
書經體注大全合參六卷　（清）范翔鑒定
（清）錢希祥纂輯　清光緒十九年(1893)寶興
堂刻本(有圖)　四冊

410000－2203－0000112　13/8G
書經六卷　（宋）蔡沈集傳　清嘉慶十年
(1805)刻本　四冊

410000－2203－0000113　13/8H
書經六卷　（宋）蔡沈集傳　清善成堂刻本
四冊

410000－2203－0000114　13/15
尚書離句六卷　（清）劉梅垞鑒定　（清）錢在
培輯解　清兩儀堂刻本　二冊

410000－2203－0000115　13/16
書經音訓不分卷　（清）楊國楨撰　清刻本
一冊

410000－2203－0000116　13/17
書經講義六章　周嵩年纂　清宣統元年
(1909)石印本　一冊

410000－2203－0000117　13/16B
書經音訓不分卷　（清）楊國楨撰　清道光十
年(1830)大梁書院刻十一經音訓本　一冊

410000－2203－0000118　13/14B
書經體注大全合參六卷　（清）范翔鑒定
（清）錢希祥纂輯　清雍正刻本(有圖)　二冊

410000－2203－0000119　13/19
尚書注疏二十卷　（漢）孔安國傳　（唐）孔穎
達疏　（唐）陸德明音義　明崇禎五年(1632)

古虞毛氏汲古閣刻十三經注疏本　　八冊

410000－2203－0000120　　13/21
書經體注大全合參六卷　（清）范翔鑒定
（清）張聖度訂　（清）錢希祥糸　清同治六年
(1867)同文館刻本（有圖）　六冊

410000－2203－0000121　　13/22
尚書誼略二十八卷敘錄一卷　姚永樸撰　清
光緒三十一年(1905)合肥李氏刻集虛草堂叢
書甲集本　一冊

410000－2203－0000122　　13/23
尚書大傳四卷　（漢）伏勝撰　（漢）鄭玄注
補遺一卷續補遺一卷考異一卷　（清）盧文弨
撰　清乾隆二十一年(1756)德州盧氏刻雅雨
堂藏書本　一冊

410000－2203－0000123　　13/25
尚書箋三十卷　王闓運撰　清光緒二十九年
(1903)東洲刻湘綺樓全書　四冊

410000－2203－0000124　　13/26
尚書離句六卷　（清）劉梅垞鑒定　（清）錢在
培輯解　清雍正十三年(1735)刻本　四冊

410000－2203－0000125　　13/27
尚書古文辨惑二十二卷目錄二卷　張諧之撰
　清光緒三十年(1904)刻本　十冊　存十九
卷(一至三、七至二十二)

410000－2203－0000126　　13/28
申學士校正古本官板書經大全十卷　（明）胡
廣等輯　（明）申時行校正　（明）馮夢禎糸閱
書序一卷　明閩芝城建邑書林余氏刻本
十冊

410000－2203－0000127　　13/30
禹貢不分卷　（清）□□撰　清末抄本　一冊

410000－2203－0000128　　13/31
尚書今古文注疏三十卷　（清）孫星衍撰　清
光緒十一年(1885)吳縣朱氏槐廬家塾刻平津
館叢書本　六冊

410000－2203－0000129　　13/32
附釋音尚書注疏二十卷　（漢）孔安國傳

（唐）陸德明音義　（唐）孔穎達疏　**校勘記二
十卷**　（清）阮元撰　（清）盧宣旬摘錄　清嘉
慶二十年(1815)南昌府學刻重刊宋本十三經
注疏附校勘記本　八冊

410000－2203－0000130　　13/33
寫定尚書二十八篇　（清）吳汝綸校注　清光
緒十八年(1892)桐城吳氏家塾石印本　二冊

410000－2203－0000131　　13/34
書古微十二卷首三卷　（清）魏源著　清光緒
四年(1878)淮南書局刻本　四冊

410000－2203－0000132　　13/36
寄傲山房塾課纂輯書經備旨蔡注捷錄七卷
（清）鄒聖脉纂輯　（清）鄒廷猷編次　（清）
鄒景揚訂　清紫文閣刻本　四冊

410000－2203－0000133　　14/1B
毛詩二十卷　（漢）毛亨傳　（漢）鄭玄箋　清
刻本　六冊

410000－2203－0000134　　14/2
詩總聞二十卷　（宋）王質撰　清末刻本
六冊

410000－2203－0000135　　14/3
呂氏家塾讀詩記三十二卷　（宋）呂祖謙撰
清刻本　十冊

410000－2203－0000136　　14/3B
呂氏家塾讀詩記三十二卷　（宋）呂祖謙撰
續三卷　（宋）戴溪撰　清刻本　三十六冊

410000－2203－0000137　　14/4
詩經詳說九十四卷　（清）冉覲祖撰　清光緒
七年(1881)大梁書局刻五經詳說本　六十冊

410000－2203－0000138　　14/6
詩經體注大全八卷　（清）高朝瓔定　（清）沈
世楷輯　清光緒二十一年(1895)經綸元書局
刻本（有圖）　四冊

410000－2203－0000139　　14/6B
詩經體注大全合參八卷　（清）高朝瓔定
（清）沈世楷輯　清永順堂刻本（有圖）　四冊

410000－2203－0000140　　14/6C

詩經體注大全合參八卷 （清）高朝瓔定
（清）沈世楷輯 清學源堂刻本（有圖） 四冊

410000－2203－0000141 14/3B

呂氏家塾讀詩記三十二卷 （宋）呂祖謙撰
續三卷 （宋）戴溪撰 清刻本 十二冊

410000－2203－0000142 14/6E

詩經融注大全體要八卷 （清）高朝瓔定
（清）沈世楷輯 清咸豐二年（1852）蔭香堂刻
本（有圖） 四冊

410000－2203－0000143 14/6F

詩經體注大全八卷 （清）高朝瓔定 （清）沈
世楷輯 清康熙崇文堂刻本（有圖） 四冊

410000－2203－0000144 13/36B

寄傲山房塾課纂輯書經備旨蔡注捷錄七卷
（清）鄒聖脉纂輯 （清）鄒廷猷編次 （清）
鄒景揚訂 清刻本 四冊

410000－2203－0000145 14/8

毛詩艸木鳥獸蟲魚疏二卷 （三國吳）陸機撰
清光緒十二年（1886）上海聚珍倣宋印書局
鉛印本 一冊

410000－2203－0000146 13/36

寄傲山房塾課纂輯御案易經備旨七卷 （清）
鄒聖脉纂輯 （清）鄒廷猷編次 （清）鄒景揚
訂 清紫文閣刻本（有圖） 四冊

410000－2203－0000147 14/10

御纂詩義折中二十卷 （清）傅恆等纂 清乾
隆二十年（1755）刻本 八冊

410000－2203－0000148 14/10C

御纂詩義折中二十卷 （清）傅恆等纂 清經
元堂刻本 十冊

410000－2203－0000149 14/10B

御纂詩義折中二十卷 （清）傅恆等纂 清乾
隆二十年（1755）文光堂刻本 十二冊

410000－2203－0000150 14/7

詩經八卷 （宋）朱熹傳 清同治五年（1866）
金陵書局刻十三經讀本本 四冊

410000－2203－0000151 14/10D

御纂詩義折中二十卷 （清）傅恆等纂 清刻
本 八冊

410000－2203－0000152 14/7B

詩經集註八卷 （宋）朱熹集傳 清狀元閣李
氏刻本 三冊 存五卷（一至五）

410000－2203－0000153 14/11

詩經音韻譜五卷章句觸解一卷 （清）甄士林
音釋 清道光五年（1825）種松書屋刻本
五冊

410000－2203－0000154 14/12

毛詩要義二十卷毛詩序要義譜一卷 （宋）魏
了翁撰 清光緒八年（1882）莫祥芝上海刻本
十六冊

410000－2203－0000155 153/4

禮記十卷 （元）陳澔集說 清同治五年
（1866）金陵書局刻十三經讀本本 十冊

410000－2203－0000156 14/14

詩經增訂旁訓四卷 （宋）朱熹撰 清裕德堂
刻本 四冊

410000－2203－0000157 14/15

詩經八卷 （宋）朱熹集傳 清光緒十六年
（1890）桂垣書局刻本 四冊

410000－2203－0000158 14/14B

詩經音訓不分卷 （宋）朱熹撰 詩經輯說一
卷 清刻本 二冊

410000－2203－0000159 14/15B

詩經八卷 （宋）朱熹集傳 清光緒二十年
（1894）淮南書局刻本 四冊

410000－2203－0000160 14/16

毛詩音韻攷四卷 （清）程以恬撰 晷言一卷
清道光四年（1824）研經堂刻本 四冊

410000－2203－0000161 153/4E

禮記十卷 （元）陳澔集說 清嘉慶十年
（1805）刻本 十冊

410000－2203－0000162 14/17

欽定詩經傳說彙纂二十一卷首二卷詩序二卷
（清）王鴻緒等纂 清雍正五年（1727）刻本

二十四册

410000－2203－0000163　14/15E
詩經八卷　（宋）朱熹集傳　清天祿堂刻本
四册

410000－2203－0000164　14/15F
詩八卷　（宋）朱熹集傳　清善成堂刻本
四册

410000－2203－0000165　14/17B
欽定詩經傳說彙纂二十一卷首二卷詩序二卷
　（清）王鴻緒等纂　清雍正五年(1727)刻本
(有圖)　二十二册

410000－2203－0000166　14/15H
詩經八卷　（宋）朱熹集傳　清同治五年
(1866)金陵書局刻十三經讀本本　四册

410000－2203－0000167　14/18
新增詩經補注附考備旨八卷　（清）鄒聖脉纂
輯　清同志堂刻本　六册

410000－2203－0000168　14/18B
新增詩經補注附考備旨八卷　（清）鄒聖脉纂
輯　清刻本　五册　缺一卷(五)

410000－2203－0000169　14/15I
詩經八卷　（宋）朱熹集傳　清嘉慶十年
(1805)刻本　四册

410000－2203－0000170　14/18C
御案詩經備旨八卷　（清）鄒聖脉纂輯　清紫
文閣刻本　四册

410000－2203－0000171　14/15J
詩經八卷　（宋）朱熹集傳　清同治十一年
(1872)山東書局尚志堂刻本　四册

410000－2203－0000172　14/20
詩經啌鳳詳解八卷圖說一卷　（清）陳抒孝輯
著　（清）汪基增訂　清乾隆四十六年(1781)
文秀堂刻本(有圖)　四册

410000－2203－0000173　14/20C
詩經啌鳳詳解八卷圖說一卷　（清）陳抒孝輯
著　（清）汪基增訂　清善成堂刻本　六册

410000－2203－0000174　14/21
重訂詩經衍義合纂集注八卷　（清）黃坤五
(黃文煥)定　（清）江晉雲(江環)輯著　清
嘉慶四年(1799)三多齋刻本　四册

410000－2203－0000175　14/20D
詩經啌鳳詳解八卷圖說一卷　（清）陳抒孝輯
著　（清）汪基增訂　清宏道堂刻本　二册
缺六卷(三至八)

410000－2203－0000176　14/20D
詩經啌鳳詳解八卷圖說一卷　（清）陳抒孝輯
著　（清）汪基增訂　清三多齋刻本　六册
存六卷(二、四至八)

410000－2203－0000177　14/23
韓詩外傳十卷　（漢）韓嬰著　（清）周廷寀校
注　（清）周宗杬校　補逸一卷　（清）趙懷玉
輯　校注拾遺一卷　（清）周宗杬撰　清光緒
元年(1875)望三益齋刻本　四册

410000－2203－0000178　14/20E
詩經啌鳳詳解八卷圖說一卷　（清）陳抒孝輯
著　（清）汪基增訂　清宏道堂刻本　四册

410000－2203－0000179　14/20F
詩經啌鳳詳解八卷圖說一卷　（清）陳抒孝輯
著　（清）汪基增訂　清三多齋刻本　六册

410000－2203－0000180　14/24
附釋音毛詩注疏七十卷　（漢）毛亨傳　（漢）
鄭玄箋　（唐）陸德明音義　（漢）孔穎達疏
校勘記七十卷　（清）阮元撰　（清）盧宣旬摘
錄　清嘉慶二十年(1815)南昌府學刻重刊宋
本十三經注疏附校勘記本　二十二册　存四
十卷(一至二十、校勘記一至二十)

410000－2203－0000181　14/23
韓齋文稿四卷　（清）孔憲彝撰　清刻本　一
册　存二卷(三至四)

410000－2203－0000182　14/24B
毛詩注疏三十卷附考證　（漢）鄭玄箋　（唐）
陸德明音義　（唐）孔穎達疏　毛詩譜一卷附
考證　（漢）鄭玄撰　（唐）孔穎達疏　毛詩注
解傳述人一卷　（唐）陸德明錄　清同治十年

(1871)刻本　十册　存二十卷(一至十八、毛詩譜一卷、毛詩注解傳述人一卷)

410000－2203－0000183　14/26
毛詩稽古編三十卷　(清)陳啓源述　(清)龐佑清校　附攷一卷　(清)費雲倬輯　清光緒九年(1883)上海同文書局影印本　八册

410000－2203－0000184　14/28
詩古微上編三卷中編十卷下編二卷首一卷
(清)魏源撰　清末刻本　八册

410000－2203－0000185　14/29
呂氏家塾讀詩記三十二卷　(宋)呂祖謙撰
清嘉慶十六年(1811)聽彝堂刻本　十二册

410000－2203－0000186　151/1
周禮十二卷　(清)姜兆錫輯義　清雍正九年
(1731)刻本　六册

410000－2203－0000187　151/2
欽定周官義疏四十八卷首一卷　(清)鄂爾泰等纂輯　清同治七年(1868)李瀚章刻本　二十四册

410000－2203－0000188　151/2B
欽定周官義疏四十八卷首一卷　(清)鄂爾泰等纂輯　清同治七年(1868)李瀚章刻本　二十四册

410000－2203－0000189　151/3
周禮折衷六卷　(漢)鄭玄注　(唐)賈逵疏
(清)胡興栓重訂　清同治五年(1866)尚德堂刻本　六册

410000－2203－0000190　151/5
周禮注疏小箋五卷　(清)曾釗撰　清光緒十二年(1886)刻學海堂叢刻本　二册

410000－2203－0000191　151/4
周禮六卷附校刊記一卷　(漢)鄭玄注　(唐)
陸德明音義　(清)丁寶楨等校併撰校刊記
清同治十一年(1872)山東書局刻十三經讀本附校刊記本　六册

410000－2203－0000192　151/6
周官精義十二卷　(清)連斗山編次　清乾隆

四十一年(1776)金陵李氏刻本　三册

410000－2203－0000193　151/4B
周禮十二卷　(漢)鄭玄注　(唐)陸德明音義
清同治七年(1868)湖北崇文書局刻本
六册

410000－2203－0000194　151/4C
周禮六卷　(漢)鄭玄注　(唐)陸德明音義
清乾隆五十二年(1787)福禮堂刻本　六册

410000－2203－0000195　151/6B
周官精義十二卷　(清)連斗山編次　清嘉慶七年(1802)刻本　六册

410000－2203－0000196　151/4D
周禮六卷　(漢)鄭玄注　(唐)陸德明音義
清嘉慶十一年(1806)李光明莊刻本　六册

410000－2203－0000197　151/7
周禮精華六卷首一卷　(清)陳龍標編輯　清古香閣魏氏刻本　四册

410000－2203－0000198　151/7B
周禮精華六卷　(清)陳龍標編輯　清光緒十六年(1890)善成堂刻本　六册

410000－2203－0000199　151/7C
周禮精華六卷　(清)陳龍標編輯　清光緒十六年(1890)善成堂刻本　六册

410000－2203－0000200　151/8
宋葉文康公禮經會元四卷　(宋)葉時撰
(清)陸稼書點定　(清)許元淮輯　清黃暹刻本　二册

410000－2203－0000201　151/9
周禮節訓六卷　(清)黃崑圃撰　(清)姚培謙重訂　(清)王永祺參閱　清乾隆五十五年
(1790)刻本　二册

410000－2203－0000202　151/11
周禮政要四卷　(清)孫詒讓著　清末刻本
一册　存二卷(三至四)

410000－2203－0000203　151/10
周禮注疏四十二卷　(漢)鄭玄注　(唐)賈公彦疏　(唐)陸德明音義　明崇禎元年(1628)

古虞毛氏汲古閣刻十三經注疏本　十六冊

410000－2203－0000204　151/10B
周禮注疏四十二卷　（漢）鄭玄注　（唐）賈公
彥疏　（唐）陸德明音義　明崇禎元年(1628)
古虞毛氏汲古閣刻十三經注疏本　十六冊
存四十一卷(二至四十二)

410000－2203－0000205　151/12
周禮注疏刪翼三十卷　（明）葉培恕定　（明）
王志長輯　明崇禎十二年(1639)天德堂刻本
　十五冊　存二十二卷(一至二、十至十三、
十五至三十)

410000－2203－0000206　151/13
附釋音周禮注疏四十二卷　（漢）鄭玄注
(唐)陸德明音義　（唐）賈公彥疏　**校勘記四
十二卷**　（清）阮元撰　（清）盧宣旬摘錄　清
嘉慶二十年(1815)南昌府學刻重刊宋本十三
經注疏附校勘記本　十七冊

410000－2203－0000207　152/1
儀禮十七卷　（漢）鄭玄注　（清）張爾岐句讀
　監本正誤一卷石本誤字一卷　（清）張爾岐
撰　清同治七年(1868)金陵書局刻十三經讀
本本　四冊

410000－2203－0000208　152/1B
儀禮十七卷　（漢）鄭玄注　（清）張爾岐句讀
　監本正誤一卷　（清）張爾岐撰　清末李光
明莊刻本　六冊

410000－2203－0000209　152/2
儀禮注疏十七卷　（漢）鄭玄注　（唐）陸德明
音義　（唐）賈公彥疏　明崇禎九年(1636)古
虞毛氏汲古閣刻十三經注疏本　十二冊

410000－2203－0000210　152/3
儀禮釋宮一卷　（宋）李如圭撰　清刻本
　一冊

410000－2203－0000211　152/4
儀禮圖十七卷旁通圖一卷　（宋）楊復撰　清
同治十二年(1873)粵東書局刻通志堂經解本
　五冊

410000－2203－0000212　152/5
儀禮音訓不分卷　（清）楊國楨撰　清道光十
年(1830)大梁書院刻十一經音訓本　二冊

410000－2203－0000213　152/5
周禮音訓不分卷　（清）楊國楨撰　清道光十
年(1830)大梁書院刻十一經音訓本　二冊

410000－2203－0000214　152/7
儀禮章句十七卷　（清）吳廷華撰　清光緒二
十五年(1899)蘇州書局刻本　四冊

410000－2203－0000215　153/1
禮記章句四十九卷　（清）王夫之撰　清同治
四年(1865)湘鄉曾國荃金陵刻船山遺書本
十六冊

410000－2203－0000216　153/2
禮記訓纂四十九卷　（清）朱彬輯　清宣統元
年(1909)學部圖書局影印本　十冊

410000－2203－0000217　153/4
禮記十卷　（元）陳澔集說　清同治五年
(1866)金陵書局刻十三經讀本本　十冊

410000－2203－0000218　153/4B
禮記十卷　（元）陳澔集說　明崇禎十四年
(1641)古虞毛氏汲古閣刻本　十冊

410000－2203－0000219　153/6
禮記易讀二卷　題(清)志遠堂主人輯　清光
緒三義堂刻本　二冊

410000－2203－0000220　153/4C
禮記十卷　（元）陳澔集說　清乾隆五年
(1740)文盛堂刻本　十冊

410000－2203－0000221　153/4D
禮記二十卷　（漢）鄭玄注　清同治九年
(1870)楚北崇文書局刻本　七冊

410000－2203－0000222　153/6B
禮記易讀二卷　題(清)志遠堂主人輯　清同
治七年(1868)森林堂刻本　二冊

410000－2203－0000223　153/4E
禮記十卷　（元）陳澔集說　清嘉慶十年
(1805)刻本　十冊

410000－2203－0000224　153/4F

禮記十卷　（元）陳澔集說　清末李光明莊刻本　十冊

410000－2203－0000225　153/7

禮記節本十卷　（清）汪基撰　清宣統三年（1911）上海會文堂粹記書局影印本　六冊

410000－2203－0000226　153/8

禮記疏意二十三卷　（明）秦繼宗集　清道光十九年（1839）蘊輝堂刻本　六冊

410000－2203－0000227　153/9

初學辨體不分卷　（清）徐與喬輯評　清昆山徐氏刻本　二冊

410000－2203－0000228　153/10

禮記音訓不分卷　（清）楊國楨撰　清道光十年（1830）大梁書院刻十一經音訓本　四冊

410000－2203－0000229　153/11

附釋音禮記注疏六十三卷　（漢）鄭玄注　（唐）陸德明音義　（唐）孔穎達疏　校勘記六十三卷　（清）阮元撰　（清）盧宣旬摘錄　清嘉慶二十年（1815）南昌府學刻重刊宋本十三經注疏附校勘記本　二十八冊

410000－2203－0000230　153/13

撫本禮記鄭注考異二卷　（清）張敦仁撰　清嘉慶十一年（1806）刻本　一冊

410000－2203－0000231　153/12

漱芳軒合纂禮記體注四卷　（清）范翔參訂　清康熙五十二年（1713）漱芳軒刻本　四冊

410000－2203－0000232　153/12B

禮記體注大全合參四卷　（清）范翔鑒定　（清）徐文初參訂　清致和堂刻本　四冊

410000－2203－0000233　153/14

禮記箋四十六卷　王闓運撰　清光緒二十二年（1896）東洲講舍刻湘綺樓全書本　十冊

410000－2203－0000234　153/16

禮記纂注三十卷　（元）陳澔集注　（明）湯道衡纂輯　明末刻本　三冊

410000－2203－0000235　154/1

五禮通考二百六十二卷首四卷　（清）秦蕙田編輯　清光緒二十二年（1896）新化三味堂刻本　九十八冊　存二百二十二卷（一至一百二十七、一百七十二至二百六十二、首四卷）

410000－2203－0000236　154/2

禘說二卷　（清）惠棟學　清影印本　一冊

410000－2203－0000237　154/3

明堂大道錄八卷　（清）惠棟學　清影印本　二冊　存六卷（一至六）

410000－2203－0000238　154/4

四禮初稿四卷　（明）宋纁輯　清刻本　一冊

410000－2203－0000239　154/5

三禮義證十二卷　（清）武億撰　清道光二十三年（1843）偃師武氏刻授堂遺書本　二冊

410000－2203－0000240　161/2

春秋左傳釋人十二卷世系圖一卷年表一卷附錄一卷　（清）范照藜纂　清如不及齋刻本　六冊

410000－2203－0000241　161/1

欽定春秋左傳讀本三十卷　（清）英和等撰　清光緒八年（1882）山西濬文書局刻本　十六冊

410000－2203－0000242　161/3

春秋左傳杜注補輯三十卷首一卷　（清）姚培謙撰　清同治五年（1866）金陵書局刻十三經讀本本　八冊

410000－2203－0000243　161/3B

春秋左傳杜注三十卷首一卷　（清）姚培謙學　清同治十三年（1874）湖南書局刻本　十冊

410000－2203－0000244　161/3C

春秋左傳杜注三十卷首一卷　（清）姚培謙學　清光緒十五年（1889）江南書局刻本　八冊

410000－2203－0000245　161/3D

春秋左傳杜注三十卷首一卷　（清）姚培謙學　清同治十三年（1874）湖南書局刻本　十冊

410000－2203－0000246　161/5

左繡三十卷首一卷　（清）馮李驊　（清）陸浩

評輯　清末李光明莊刻本　十六冊

410000－2203－0000247　161/5B
左繡三十卷首一卷　（清）馮李驊　（清）陸浩評輯　清雍正元年(1723)刻本　十六冊

410000－2203－0000248　161/6
春秋左傳詁二十卷　（清）洪亮吉撰　清光緒四年(1878)洪用懃授經堂刻洪北江全集本　十冊

410000－2203－0000249　161/5D
左繡三十卷首一卷　（清）馮李驊　（清）陸浩評輯　清刻本(卷二十一至二十二補配清刻本)　十六冊

410000－2203－0000250　161/5E
左繡三十卷首一卷　（清）馮李驊　（清）陸浩評輯　清華川書屋刻本　十五冊

410000－2203－0000251　161/5F
春秋左傳五十卷　（晉）杜預　（宋）林堯叟注釋　（唐）陸德明音義　（明）鍾惺等注點　**春秋列國圖說一卷**　（宋）蘇軾著　**綱目一卷**　（宋）林堯叟著　**春秋提要一卷**　清同治六年(1867)同文館刻本　六冊

410000－2203－0000252　161/8
批點春秋左傳綱目句解六卷　（清）韓菼重訂　清務本山房刻本　六冊

410000－2203－0000253　161/8B
評點春秋綱目左傳句解彙雋六卷　（清）韓菼重訂　清宏道堂刻本　六冊

410000－2203－0000254　161/5G
春秋左傳三十卷首一卷　（晉）杜預　（宋）林堯叟注　（唐）陸德明音釋　（清）馮李驊集解　清同治七年(1868)楚北崇文書局刻本　十二冊

410000－2203－0000255　161/9
增補左傳易讀六卷　（清）司徒則盧輯　清光緒十一年(1885)永富堂刻本　五冊

410000－2203－0000256　161/10
重訂批點春秋左傳詳節句解六卷首一卷

（宋）朱申注釋　（明）孫鑛批點　（明）顧梧芳校正　（明）余元熹重訂　清乾隆四十九年(1784)同文堂刻本　八冊

410000－2203－0000257　161/11
增補左繡彙參三十卷首一卷　（清）馮李驊評輯　清乾隆十四年(1749)嵩山書屋刻本　十六冊

410000－2203－0000258　161/12
欽定春秋左傳讀本三十卷　（清）英和等撰　（清）丁寶楨等校　清同治十一年(1872)山東書局刻十三經讀本附校勘記本　八冊　存十五卷(一至十五)

410000－2203－0000259　161/9B
左傳易讀六卷　（清）司徒修輯　清同治五年(1866)聚盛堂刻本　六冊

410000－2203－0000260　161/13
曲江書屋新訂批注左傳快讀十八卷首一卷　（清）李紹崧選訂　清長沙經濟書局刻本　十六冊

410000－2203－0000261　161/14
重鐫春秋左傳翼三十八卷　（清）周大璋輯評　清遂初堂刻本　二十冊

410000－2203－0000262　161/17
春秋大事表五十卷附錄一卷　**輿圖一卷**　（清）顧棟高著　（清）華湜定　清光緒十四年(1888)陝西求友齋刻本　二十四冊

410000－2203－0000263　161/18
左腴三卷　（清）潘希淦著　清道光二十八年(1848)藝蘭書屋刻本　三冊

410000－2203－0000264　161/19
左氏蒙求注一卷　（清）吳化龍纂　（清）許乃濟　（清）王慶麟注　**六經蒙求一卷**　（清）黃本驥輯　**左傳紺珠二卷**　（清）王武沂輯　（清）蕭士麟補輯　**十七史蒙求一卷**　（晉）王令撰　（遼）李瀚補　清末石印本　一冊

410000－2203－0000265　13/33

寫定尚書二十八篇 （清）吳汝綸校注 清光
緒十八年(1892)桐城吳氏家塾石印本 一冊

410000－2203－0000266 14/3B

呂氏家塾讀詩記三十二卷 （宋）呂祖謙撰
（清）楊以增校訂 **續呂氏家塾讀詩記三卷**
（宋）戴溪撰 （清）楊以增校訂 清刻本 十
二冊

410000－2203－0000267 14/7B

詩經八卷 （宋）朱熹集傳 清刻本 一冊
存三卷(六至八)

410000－2203－0000268 161/21

左繡三十卷首一卷 （清）馮李驊 （清）陸浩
評輯 清刻本 四冊 存九卷(二十二至三
十)

410000－2203－0000269 161/22

左繡三十卷首一卷 （清）馮李驊 （清）陸浩
評輯 清大文堂刻本 八冊 存十六卷(十
至十一、十四至十七、二十至二十九)

410000－2203－0000270 161/23

春秋左傳音訓不分卷 （清）楊國楨撰 清道
光十年(1830)刻十一經音訓本 八冊

410000－2203－0000271 161/24

鍾評杜林春秋左傳合注三十卷 （明）鍾惺批
評 明崇禎四年(1631)汲古閣刻本 十五冊

410000－2203－0000272 161/25

春秋左傳綱目定注三十卷 （晉）杜預 （宋）
林堯叟注釋 （明）李廷機定注 **綱目一卷**
（宋）林堯叟著 **異名考一卷** （明）李廷機輯
春秋列國圖説一卷 （宋）蘇軾著 **春秋諸**
國興廢一卷提要一卷 明崇禎五年(1632)書
林楊素卿刻本 六冊

410000－2203－0000273 161/26

春秋左傳注疏六十卷 （晉）杜預注 （唐）陸
德明音義 （唐）孔穎達疏 明崇禎十一年
(1638)古虞毛氏汲古閣刻十三經注疏本 二
十四冊

410000－2203－0000274 161/27

評點春秋綱目左傳句解彙雋六卷 （清）韓葵
重訂 清忠信堂刻本 六冊

410000－2203－0000275 162/1

春秋公羊傳十一卷 （漢）何休學 （唐）陸德
明音義 清同治七年(1868)湖北崇文書局刻
本 四冊

410000－2203－0000276 162/1B

春秋公羊傳十一卷 （漢）何休學 （唐）陸德
明音義 清光緒十二年(1886)湖北官書處刻
本 四冊

410000－2203－0000277 162/3

春秋公羊傳音訓不分卷 （清）楊國楨撰 清
道光十年(1830)大梁書院刻十一經音訓本
二冊

410000－2203－0000278 162/4

監本附釋音春秋公羊注疏二十八卷 （漢）何
休撰 （唐）陸德明音義 （□）□□疏 **校勘**
記二十八卷 （清）阮元撰 （清）盧宣旬摘錄
清光緒二十三年(1897)上海點石齋石印重
刊宋本十三經注疏附校勘記本 二冊

410000－2203－0000279 163/1

春秋穀梁傳十二卷 （晉）范甯集解 （唐）陸
德明音義 清同治七年(1868)湖北崇文書局
刻本 四冊

410000－2203－0000280 162/4B

春秋公羊注疏二十八卷 （漢）何休注 （唐）
陸德明音義 （□）□□疏 明崇禎七年
(1634)古虞毛氏汲古閣刻十三經注疏本 七
冊 存二十五卷(一至七、十一至二十八)

410000－2203－0000281 163/1B

春秋穀梁傳十二卷 （晉）范甯集解 （唐）陸
德明音義 **校刊記一卷** 清同治十一年
(1872)山東書局刻十三經讀本附校刊記本
四冊

410000－2203－0000282 162/4C

春秋公羊傳十一卷 （漢）何休學 （唐）陸德
明音義 清同治七年(1868)湖北崇文書局刻
本 四冊

410000－2203－0000283　163/2

春秋穀梁傳十二卷 （晉）范甯集解 （唐）陸德明音義　清光緒十二年(1886)星沙文昌書局刻本　三冊　存九卷(一至五、九至十二)

410000－2203－0000284　162/4D

春秋公羊注疏二十八卷 （漢）何休注 （唐）陸德明音義 （□）□□疏　明崇禎七年(1634)古虞毛氏汲古閣刻十三經注疏本　九冊　存二十六卷(三至二十八)

410000－2203－0000285　163/3

春秋穀梁傳音訓不分卷 （清）楊國楨撰　清道光十年(1830)大梁書院刻十一經音訓本　二冊

410000－2203－0000286　162/4E

監本附釋音春秋公羊注疏二十八卷校勘記二十八卷 （漢）何休學　清光緒十三年(1887)上海脈望仙館石印重刊宋本十三經注疏附校勘記本　二冊

410000－2203－0000287　162/5

公穀不分卷 （清）王源評訂 （清）程茂參正　清康熙五十五年(1716)刻本　三冊

410000－2203－0000288　163/4

監本附釋音春秋穀梁注疏二十卷 （晉）范甯集解 （唐）陸德明音義 （唐）楊士勛疏 **校勘記二十卷** （清）阮元撰 （清）盧宣旬摘錄　清光緒二十三年(1897)上海點石齋石印重刊宋本十三經注疏附校勘記本　一冊

410000－2203－0000289　163/5

春秋穀梁注疏二十卷 （晉）范甯集解 （唐）陸德明音義 （唐）楊士勛疏　明萬曆二十一年(1593)北京國子監刻十三經注疏本　四冊　存十四卷(一至十四)

410000－2203－0000290　164/1

春秋三十卷總目一卷 （宋）胡安國傳　清康熙十六年(1677)崇道堂刻本　六冊

410000－2203－0000291　164/1B

春秋三十卷 （宋）胡安國傳　明萬曆三槐堂、煥文堂刻本　八冊

410000－2203－0000292　164/1C

春秋三十卷 （宋）胡安國傳　清刻本　六冊　存八卷(九至十六)

410000－2203－0000293　164/1E

春秋十六卷首一卷 （晉）杜預撰 **陸氏三傳釋文音義一卷** （唐）陸德明撰　清同治三年(1864)浙江撫署刻本　十六冊

410000－2203－0000294　164/1F

春秋十六卷首一卷 （晉）杜預撰 **陸氏三傳釋文音義一卷** （唐）陸德明撰　清嘉慶十年(1805)刻本　二十冊

410000－2203－0000295　164/2

春秋本義十二卷 （清）呂公滋集注 **春秋摘題一卷** （清）呂嗣浩擬　清乾隆五十六年(1791)望柏堂刻本　五冊

410000－2203－0000296　164/3B

春秋十六卷首一卷 （晉）杜預撰　清江右南州燕民要政書齋刻本　二十冊

410000－2203－0000297　164/4

春秋旁訓辨體合訂四卷讀春秋一卷 （清）徐立綱輯　清乾隆循陔堂刻本　二冊

410000－2203－0000298　164/5B

春秋恆解八卷 （清）劉沅輯注　清末豫誠堂刻本　八冊

410000－2203－0000299　164/6

欽定春秋傳說彙纂三十八卷首二卷 （清）王掞等撰　清康熙刻本　二十二冊

410000－2203－0000300　164/8

春秋繁露十七卷 （漢）董仲舒著　清光緒元年(1875)湖北崇文書局刻三年(1877)印崇文書局彙刻書本　二冊

410000－2203－0000301　164/9

春秋鈔十卷首一卷 （清）朱軾輯 （清）鄂彌達校　清乾隆刻本　二冊

410000－2203－0000302　164/10

春秋書法比義十二卷 （清）劉曾璇訂　清道光二十年(1840)蓮窗書屋刻本　四冊

410000 - 2203 - 0000303　164/11

春秋歸義十二卷　（明）賀仲軾著　清道光八年(1828)見山堂刻本　二十四冊

410000 - 2203 - 0000304　164/6B

欽定春秋傳說彙纂三十八卷首二卷　（清）王掞等纂　清康熙六十年(1721)刻本　二十四冊

410000 - 2203 - 0000305　164/12

公穀選不分卷　（清）儲欣評　清乾隆九年(1744)刻本　二冊

410000 - 2203 - 0000306　164/13

高梅亭讀書叢鈔　（清）高塘集評　清乾隆五十三年(1788)廣郡永邑培元堂楊氏刻本　二冊　存二種二卷

410000 - 2203 - 0000307　164/14

春秋燼餘四卷　（清）李光地著　（清）孫清植編輯　清道光二年(1822)刻本　二冊

410000 - 2203 - 0000308　164/15

陸氏三傳釋文音義十六卷　（唐）陸德明撰　清刻本　二冊

410000 - 2203 - 0000309　164/17

御纂春秋直解十二卷　（清）傅恆等撰　清乾隆二十三年(1758)刻本　十冊

410000 - 2203 - 0000310　164/19

春秋體注四卷　（宋）胡安國傳　（清）范翔參訂　清乾隆四十年(1775)刻本　四冊

410000 - 2203 - 0000311　164/19B

春秋體注大全四卷　（宋）胡安國傳　（清）徐枚臣纂定　（清）范翔鑒定　清乾隆五十六年(1791)金閶書業堂刻本　四冊

410000 - 2203 - 0000312　164/20

春秋精華十三卷　（清）□□撰　清光緒二十五年(1899)古香閣刻本　四冊

410000 - 2203 - 0000313　164/22

春秋例表不分卷　（清）王代豐著　清刻本　一冊

410000 - 2203 - 0000314　164/23

春秋集傳大全三十七卷　（明）胡廣撰　春秋列國東坡圖說一卷　（宋）蘇軾撰　春秋諸國興廢說一卷春秋二十國年表一卷　明崇禎德壽堂刻本　十冊

410000 - 2203 - 0000315　164/24

春秋大全三十卷各傳序畧一卷兩周事考一卷列國始末一卷　（明）馮夢龍輯　（明）張我城參　明天啟刻本　十冊

410000 - 2203 - 0000316　192.3/12

五方元音十二卷　（清）樊騰鳳撰　（清）年希堯增補　清光緒二十三年(1897)文勝堂石印本　二冊

410000 - 2203 - 0000317　17/1

孝經大全二十八卷節略一卷詩一卷或問三卷　（明）呂維祺箋次　孝經翼一卷　（明）呂維祜著　清康熙刻本　七冊

410000 - 2203 - 0000318　164/26

東萊先生左氏博議二十五卷　（宋）呂祖謙撰　清同治七年(1868)永康胡氏退補齋刻金華叢書本　六冊

410000 - 2203 - 0000319　17/2

孝經傳說圖解四卷　（清）金汝幹等著　清嘉慶雲豫堂刻本　四冊

410000 - 2203 - 0000320　17/4

古文孝經集解一卷首一卷末一卷　（清）曹若相著　清光緒二十一年(1895)中州明道書院刻本　一冊

410000 - 2203 - 0000321　17/7D

孝經一卷　（唐）玄宗李隆基注　清同治七年(1868)金陵書局刻十三經讀本本　一冊

410000 - 2203 - 0000322　17/7C

孝經一卷　（唐）玄宗李隆基注　（唐）陸德明音義　清光緒二十九年(1903)瓊賢書室刻本　一冊

410000 - 2203 - 0000323　17/6

十一經音訓　（清）楊國楨撰　清道光十年(1830)大梁書院刻本　一冊　存二種二卷

410000－2203－0000324　17/7B

御注孝經一卷　（清）世祖福臨撰　清末銅活字印本　一冊

410000－2203－0000325　17/8

愍孝錄不分卷　（清）潘祖蔭輯　清光緒十年（1884）刻本　一冊

410000－2203－0000326　17/10

元始天尊百孝篇不分卷　（清）□□撰　清光緒二十六年（1900）梁園公廨刻本　一冊

410000－2203－0000327　192.3/12C

剔弊廣增分韻五方元音三卷首一卷　（清）樊騰鳳著　（清）趙培梓編　清末會文堂影印本　四冊

410000－2203－0000328　17/12

傳家寶訓不分卷　（清）楊椒山（楊繼盛）撰　清光緒十八年（1892）上海仁濟堂刻本　一冊

410000－2203－0000329　17/13

聖諭像解二十卷　（清）梁延年編　清末刻本　一冊　存二卷（八至九）

410000－2203－0000330　17/14

孝經注疏九卷　（唐）玄宗李隆基注　（宋）邢昺校　明崇禎二年（1629）古虞毛氏汲古閣刻十三經注疏本　一冊

410000－2203－0000331　17/15

孝經詳說六卷　（清）冉覲祖撰　清光緒七年（1881）大梁書局刻五經詳說本　四冊

410000－2203－0000332　17/16

孝經一卷　（唐）玄宗李隆基注　清光緒遵義黎氏日本東京使署刻古逸叢書本　一冊

410000－2203－0000333　18/1

四書味根錄三十七卷首二卷　（清）金澂撰　清同治七年（1868）聚錦堂刻本　十六冊

410000－2203－0000334　181/1

論語十卷　（宋）朱熹集注　清光緒十四年（1888）常郡文運書莊刻本　四冊

410000－2203－0000335　18/1B

四書味根錄三十七卷首二卷　（清）金澂撰

清光緒三年（1877）善成堂、寶善堂刻本　十五冊　缺三卷（論語八至十）

410000－2203－0000336　181/1B

論語十卷　（宋）朱熹集注　清刻本　二冊

410000－2203－0000337　181/2

論語注疏解經二十卷　（三國魏）何晏集解（宋）邢昺疏　明崇禎十年（1637）古虞毛氏汲古閣刻十三經注疏本　四冊

410000－2203－0000338　18/1C

四書味根錄三十七卷首二卷　（清）金澂撰　清光緒十四年（1888）萬珍書局刻本　十一冊　缺一卷（中庸二）

410000－2203－0000339　18/1D

四書味根錄三十七卷首二卷　（清）金澂撰　清光緒二十九年（1903）存養山房刻本　七冊　存三十四卷（大學一卷，中庸二卷，論語二十卷、首一卷，孟子五至十四）

410000－2203－0000340　181/2C

論語注疏解經十卷　（三國魏）何晏集解（宋）邢昺疏　**札記一卷**　劉世珩撰　清光緒三十三年（1907）黃岡陶子麟影元刻本　二冊

410000－2203－0000341　18/1E

四書味根錄三十七卷首二卷　（清）金澂撰　清光緒二十一年（1895）上海書局石印本　八冊

410000－2203－0000342　181/3

論語十卷　（三國魏）何晏集解　清光緒八年（1882）遵義黎氏日本東京使署刻古逸叢書本　二冊

410000－2203－0000343　181/4

論語二卷　（清）吳大澂書　清光緒十一年（1885）上海同文書局石印本　二冊

410000－2203－0000344　182/1

四書講義大全二十六卷　（清）史廷輝輯　清刻本　十二冊　存十二卷（孟子講義十二卷）

410000－2203－0000345　182/2

孟子讀法附記十四卷　（清）周人麒著　清乾

隆四十九年(1784)保積堂刻本　六冊

四書講義大全二十六卷　(清)史廷煇輯　清寸知堂刻本　十二冊　存十二卷(孟子講義十二卷)

410000－2203－0000347　182/3

載詠樓重鐫硃批孟子二卷　(宋)蘇洵批點　(清)沈李龍較閱　清嘉慶八年(1803)載詠樓刻本　二冊

410000－2203－0000348　182/4

孟子七卷　(宋)朱熹集注　清刻本　三冊

410000－2203－0000349　182/4B

孟子五卷　(宋)朱熹集注　清李光明莊刻本　五冊

410000－2203－0000350　182/5

四書講義大全二十六卷　(清)史廷煇輯　清寸知堂刻本　六冊　存六卷(孟子講義一至六)

410000－2203－0000351　182/6

繹孟百二篇二卷　(清)吳文翰注　清道光十四年(1834)南陔堂刻本　二冊

410000－2203－0000352　192.3/20D

詩韻全璧五卷初學檢韻一卷　(清)惜陰主人(奕詢)撰　清光緒二十一年(1895)影印本六冊

410000－2203－0000353　183/1

補輯朱子大學講義二卷　(清)何桂珍撰　清光緒十年(1884)六安求我齋刻何文貞公遺書本　一冊

410000－2203－0000354　183/2

大學衍義四十三卷　(宋)真德秀撰　清同治十三年(1874)金陵書局刻本　十六冊

410000－2203－0000355　182/8

孟子注疏解經十四卷　(漢)趙岐注　(宋)孫奭疏　明嘉靖李元陽福建刻十三經注疏本一冊　存二卷(一至二)

410000－2203－0000356　183/5

大學一卷　(宋)朱熹章句　清刻本　一冊

410000－2203－0000357　183/7

繪圖大學便蒙課本不分卷　(清)南洋官書局纂　清光緒三十二年(1906)南洋官書局石印本　一冊

410000－2203－0000358　183/2B

大學衍義四十三卷　(宋)真德秀撰　清光緒二十七年(1901)上海書局石印本　六冊

410000－2203－0000359　183/2C

大學衍義四十三卷　(宋)真德秀彙輯　清光緒二十二年(1896)新化三味堂刻本　八冊

410000－2203－0000360　211/1B－2

前漢書一百二十卷　(漢)班固撰　清光緒二十九年(1903)五洲同文書局石印本　三十二冊

410000－2203－0000361　192.3/27

御定奎章全韻二卷　(清)奎章閣編　清刻本　一冊

410000－2203－0000362　185/1

四書章句便蒙十九卷　(宋)朱熹集注　清道光二十二年(1842)寶恕堂刻本　十三冊

410000－2203－0000363　185/2

四書大全四十卷　(清)陸隴其輯　清康熙四十一年(1702)三魚堂刻本　二十四冊

410000－2203－0000364　185/3

四書記悟十四卷　(清)王汝謙著　(清)李棠階評　清同治十年(1871)槐蔭書屋刻本四冊

410000－2203－0000365　185/4B

四書恆解十一卷　(清)劉沅輯注　清光緒豫誠堂刻本　十冊

410000－2203－0000366　185/5

四書考異七十二卷　(清)翟灝學　清精專閣刻本　六冊　存三十六卷(上編一至三十六)

410000－2203－0000367　185/6

四書三畏詁略二卷餘論一卷　題(清)近山居士著　清中州明道書院刻本　一冊

410000－2203－0000368　185/7

四書集注十九卷　（宋）朱熹撰　清同治三年
(1864)浙江撫署刻本　六冊

410000－2203－0000369　185/8

四書朱子本義匯參三十六卷首四卷　（清）王
步青輯　清光緒十一年(1885)上海同文書局
石印本　八冊

410000－2203－0000370　185/9

四書章句七卷　（宋）朱熹撰　清李光明莊刻
本　七冊

410000－2203－0000371　185/8B

四書朱子本義匯參三十六卷首四卷　（清）王
步青輯　（清）許時庚重校　清刻本　十二冊

410000－2203－0000372　185/10

大中批要二卷　（清）席樹庸訂　清寶賢堂刻
本　一冊

410000－2203－0000373　185/11

陸稼書先生四書講義遺編六卷　（清）趙鳳翔
編次　清三魚堂刻本　五冊

410000－2203－0000374　185/13

四書近指二十卷　（清）孫奇逢纂　清康熙中
州學署刻本　五冊

410000－2203－0000375　185/12

四書貫解十九卷　（清）朱良玉纂輯　清三多
齋刻本　六冊

410000－2203－0000376　183/13B

四書近指二十卷　（清）孫奇逢纂　清康熙中
州學署刻本　五冊

410000－2203－0000377　185/14

四書釋地一卷續一卷又續一卷三續一卷孟子
生卒年月考一卷　（清）閻若璩撰　清乾隆五
十二年(1787)東浯王氏刻本　四冊

410000－2203－0000378　185/15

四書古人典林十二卷　（清）江永編　清乾隆
二十四年(1759)金閶函三堂刻本　四冊

410000－2203－0000379　185/16

二十四史論贊七十八卷　（清）陳闡輯　清光

緒二十八年(1902)上海文淵山房石印本　九
冊　缺十二卷(八至十九)

410000－2203－0000380　185/14B

四書釋地補一卷續補一卷又續補一卷三續補
一卷　（清）閻若璩撰　（清）樊廷枚校補　清
梅陽海涵堂刻本　六冊

410000－2203－0000381　185/17

四書摭餘說七卷　（清）曹之升輯　清嘉慶三
年(1798)蕭山曹氏家塾刻本　十二冊

410000－2203－0000382　185/18B

四書人物類典串珠四十卷　（清）臧志仁編輯
清刻本　十二冊

410000－2203－0000383　185/19

四書朱子語類三十八卷　（清）張履祥　（清）
呂留良摘鈔　清康熙南陽講習堂刻本　六冊
存十五卷(一至十五)

410000－2203－0000384　185/20

新刻批點四書讀本二十三卷　（宋）朱熹集注
清道光七年(1827)愷元堂刻朱墨套印本
八冊

410000－2203－0000385　185/21

寄願堂四書玩注詳說四十四卷　（清）冉覲祖
輯　（清）孟鐈訂　清康熙二十八年(1689)寄
願堂刻本　四十冊

410000－2203－0000386　185/22

四書集注二十三卷　（宋）朱熹撰　清光緒八
年(1882)金陵書局刻本　六冊

410000－2203－0000387　185/23

四書朱子大全精言四十五卷　（清）魏一齋鑒
定　（清）周大璋編輯　（清）張廷璐參閱　清
康熙四十七年(1708)寶旭齋刻本　三十二冊

410000－2203－0000388　212/2

南史八十卷　（唐）李延壽撰　清同治十一年
(1872)金陵書局刻本　十二冊

410000－2203－0000389　185/24

四書諸儒輯要四十四卷　（清）李沛霖參訂
清康熙五十七年(1718)古吳三樂齋刻本　三

十二冊

410000－2203－0000390　185/25
鄉黨圖考十卷　（清）江永撰　清乾隆五十二年(1787)致和堂刻本　四冊

410000－2203－0000391　185/26
四書典林三十卷　（清）江永編　清乾隆五十四年(1789)刻本　十二冊

410000－2203－0000392　185/25B
鄉黨圖考十卷　（清）江永撰　清乾隆富裕堂刻本　四冊

410000－2203－0000393　185/25C
鄉黨圖考十卷　（清）江永撰　清乾隆尚德堂刻本　六冊

410000－2203－0000394　185/27
四書左國輯要四卷　（清）周龍官輯　清乾隆三十九年(1774)光霽堂刻本　四冊

410000－2203－0000395　185/28
四書醒義六卷　（清）孫淦編　清康熙四十九年(1710)刻本　十冊

410000－2203－0000396　185/30
四書述要十九卷　（清）楊玉緒著　清道光元年(1821)金陵崇文堂刻本　五冊

410000－2203－0000397　185/30B
四書述要十九卷　（清）楊玉緒著　清刻本　五冊

410000－2203－0000398　185/32
監本四書十九卷　（宋）朱熹撰　四書字辨一卷疑字辨一卷句辨一卷　（清）□□撰　清道光十六年(1836)揚郡二郎廟惜字局刻本　四冊

410000－2203－0000399　185/33C
新訂四書補注備旨十卷　（清）杜定基增訂　清乾隆刻本　九冊

410000－2203－0000400　185/34
陸批四書不分卷　（清）陸思誠批　清光緒十一年(1885)上海同文書局石印本　二冊

410000－2203－0000401　185/35
讀四書皮談四卷　（清）呂功輯　清乾隆十一年(1746)孝友堂刻本　一冊

410000－2203－0000402　185/36
四書典籍圖考不分卷　（清）杜炳輯　清刻本　六冊

410000－2203－0000403　185/37
四書反身錄八卷　（清）李顒著　清浙江書局刻本　四冊

410000－2203－0000404　185/38
四書貫注便讀二卷　（清）蔣企岳撰　清嘉慶二十二年(1817)稿本　一冊

410000－2203－0000405　185/41
四書經注集證二十三卷　（清）吳昌宗撰　孔子弟子考一卷孟子弟子考一卷　（□）□□撰　清嘉慶三年(1798)江都汪氏刻本　十六冊

410000－2203－0000406　185/42
北溪先生四書字義二卷　（宋）陳淳撰　清光緒二十七年(1901)疊山別墅刻本　二冊

410000－2203－0000407　185/40
四書典制類聯音注三十三卷　（清）閻其淵輯　清嘉慶蕭山縣署刻本　十二冊

410000－2203－0000408　185/40B
四書典制類聯三十三卷　（清）閻其淵輯　清乾隆靜致書屋刻本　十一冊

410000－2203－0000409　185/43
大學中庸制義集腋二卷　（□）□□撰　清刻本　一冊

410000－2203－0000410　185/44
大學中庸引端增補燕說二卷　（清）劉忠輯（清）劉麗中增補　清光緒十年(1884)劉生香齋刻本　二冊

410000－2203－0000411　185/46
大觀注釋集六二卷　（清）王步青評　清敦化堂刻本　十二冊

410000－2203－0000412　185/47
四書反身錄十四卷二孟續補二卷　（清）李顒

口授 （清）王心敬錄 清刻本 二冊

410000－2203－0000413 185/48

四書體注合講十九卷 （清）翁復編 清雍正
酌雅堂刻本 一冊 存二卷(一至二)

410000－2203－0000414 185/49

監本四書二十三卷 （宋）朱熹注 清刻本
六冊

410000－2203－0000415 185/50

四書章句附攷四卷 （清）吳志忠輯 四書章
句集注定本辨一卷 （清）吳英撰 四書家塾
讀本句讀一卷 （清）吳英學 清刻本 一冊

410000－2203－0000416 185/52

增注四書合講二十三卷 （清）翁復撰 清末
石印本 五冊 存十九卷(論語序說一卷、論
語十卷、孟子序說一卷、孟子七卷)

410000－2203－0000417 185/51

四書類典賦二十四卷 （清）甘紱著 清刻本
一冊 存二卷(十四至十五)

410000－2203－0000418 185/54

四書益智錄二十卷 （清）桂含章輯 清光緒
八年(1882)金陵刻本 十冊 存十卷(一至
十)

410000－2203－0000419 185/53

增訂四書析疑二十三卷 （清）張權時輯 明
末清初文盛堂刻本 五冊 存四卷(四至七)

410000－2203－0000420 185/55

漱芳軒合纂四書體注十九卷 （清）范翔訂
清雍正八年(1730)榮茂堂刻本 六冊

410000－2203－0000421 185/57

四書義十二卷 （清）陸隴其著 清光緒二十
四年(1898)博文書局石印本 四冊

410000－2203－0000422 185/57B

四書義不分卷 （宋）陸九淵等撰 清光緒二
十七年(1901)蘭雪堂刻本 一冊

410000－2203－0000423 185/57C

四書義不分卷經義不分卷 （宋）陸九淵等撰
清光緒二十七年(1901)上海書局石印本

四冊

410000－2203－0000424 185/58

四書五經類典集成三十四卷 （清）戴兆春著
清末石印本 十二冊 存十六卷(十九至
三十四)

410000－2203－0000425 185/59

四書古注羣義彙解 （清）□□輯 清光緒十
九年(1893)上洋鴻寶齋石印本 八冊 存三
種四十九卷

410000－2203－0000426 185/66

監本四書十九卷 （宋）朱熹集注 清嘉慶十
年(1805)刻本 五冊 缺二卷(孟子四至五)

410000－2203－0000427 185/62

欽定四書文選四十一卷 （清）方苞編 清刻
本 六冊 存十一卷(三十一至四十一)

410000－2203－0000428 185/63

新刻七翰林纂定四書主意定本十二卷 （明）
張以誠等纂 （明）周文翀定本 明萬曆金陵
書林王荆岑光啟堂刻本 九冊 存十一卷
(一至三、五至十二)

410000－2203－0000429 185/64

四書或問語類集解釋注大全四十一卷 （清）
朱良玉纂輯 （清）黃際飛鑒定 清雍正六年
(1728)古吳光裕堂刻本 二十四冊 缺十四
卷(孟子一至十四)

410000－2203－0000430 185/65

呂晚邨先生四書講義四十三卷 （清）呂留良
撰 清康熙刻本 二冊 存九卷(二十八至
三十六)

410000－2203－0000431 185/67

四書說約三十三卷 （清）鹿善繼著 清道光
二十八年(1848)刻本 四冊

410000－2203－0000432 191/1

新學偽經考十四卷 康有為撰 清光緒十七
年(1891)康氏萬木艸堂刻本 六冊

410000－2203－0000433 191/2

經學通論五卷 （清）皮錫瑞撰 清光緒三十

三年(1907)思賢書局刻師伏堂叢書本　　五冊

410000－2203－0000434　　191/3

經典釋文三十卷　（唐）陸德明撰　**序錄攷證一卷**　（清）盧文弨輯　清同治八年(1869)湖北崇文書局刻本　　十二冊

410000－2203－0000435　　191/4B

經傳釋詞十卷　（清）王引之撰　清道光二十七年(1847)刻本　　二冊

410000－2203－0000436　　191/5

經讀考異八卷補一卷句讀敘述二卷補一卷翟晴江四書攷異內句讀一卷　（清）武億著　清道光二十三年(1843)偃師武氏刻授堂遺書本　　二冊

410000－2203－0000437　　191/6

袖珍東山經解不分卷　（清）周封魯采輯　清咸豐十年(1860)刻本　　十冊

410000－2203－0000438　　191/7

經餘必讀八卷　（清）錢樹棠等輯　清嘉慶八年(1803)致和堂刻本　　四冊

410000－2203－0000439　　191/7B

經餘必讀八卷　（清）錢樹棠等輯　（清）胡鳳丹重校　清光緒二十三年(1897)尚德堂刻本　　四冊

410000－2203－0000440　　191/8

經餘必讀續編八卷　（清）錢樹棠等輯　清嘉慶十一年(1806)大德堂刻本　　四冊

410000－2203－0000441　　191/9

五經備旨四十五卷　（清）鄒聖脉纂輯　清光緒十三年(1887)上海鴻文書局石印本　　十二冊

410000－2203－0000442　　191/9B

增廣五經備旨四十五卷　（清）鄒聖脉纂輯　清光緒十三年(1887)義德堂刻本　　十二冊

410000－2203－0000443　　191/10

欽定篆文六經四書　（清）李光地等纂　清光緒九年(1883)上海同文書局石印本　　十冊

410000－2203－0000444　　191/11

十一經音訓　（清）楊國楨撰　清道光十年(1830)大梁書院刻本　　二十六冊

410000－2203－0000445　　191/12

十三經客難五十五卷畏齋文集四卷黃淮安瀾編二卷　（清）龔元玠著　清道光二十六年(1846)刻本　　二十八冊

410000－2203－0000446　　191/13

經史析疑二十四卷　（清）陳蕃纂輯　清嘉慶七年(1802)志道堂刻本　　十冊　存二十卷(一至四、七至二十二)

410000－2203－0000447　　191/14

五經鴻寶不分卷　（清）秦雲編　清光緒十三年(1887)上海積山書局石印本　　十冊

410000－2203－0000448　　191/15

五經旁訓辨體二十一卷　（清）徐立綱輯　清道光元年(1821)循陔堂刻本　　八冊　缺六卷(禮記一至六)

410000－2203－0000449　　191/16

七經精義　（清）黃淦纂　清嘉慶十五年(1810)尊德堂刻本　　十六冊

410000－2203－0000450　　191/18

六經圖十二卷　（清）鄭之僑編輯　清乾隆八年(1743)潮陽鄭氏述堂刻本　　六冊

410000－2203－0000451　　191/18B

六經圖十二卷　（清）鄭之僑編輯　清乾隆八年(1743)潮陽鄭氏述堂刻本　　六冊　存十卷(三至十二)

410000－2203－0000452　　191/19

五經味根錄四十二卷　（清）關揆生輯　清光緒上海中西書局石印本　　一冊

410000－2203－0000453　　191/20

愛日堂六經全注不分卷　（宋）朱熹集注　清宣統刻本　　一冊

410000－2203－0000454　　191/21

鄭氏遺書五種　（漢）鄭玄撰　清光緒十年(1884)刻後知不足齋叢書本　　一冊

410000－2203－0000455　　191/24

澤存堂五種 (清)張士俊輯 清吳郡張氏澤存堂刻本 六冊 存五種四十六卷(大宋重修廣韻五、大廣益會玉篇三十卷、佩觿三卷、羣經音辨七卷、字鑑五卷)

410000－2203－0000456 191/25

白虎通德論四卷 (漢)班固纂 清乾隆刻本 二冊

410000－2203－0000457 191/25B

白虎通德論四卷 (漢)班固纂 清宣統刻本 二冊

410000－2203－0000458 191/27

補五代史藝文志一卷 (清)顧櫰三撰 **質疑一卷** (清)任泰撰 清宣統刻本 一冊

410000－2203－0000459 191/28

述學內篇三卷補遺一卷外篇一卷別錄一卷 (清)汪中撰 清同治八年(1869)揚州書局刻本 二冊

410000－2203－0000460 191/29

讀書雜志八十二卷 (清)王念孫輯 清宣統刻本 二冊 存七卷(逸周書一至四、戰國策雜誌一至三)

410000－2203－0000461 191/30

十三經源流口訣一卷 (清)鮑東里著 清宣統刻本 一冊

410000－2203－0000462 191/31

經義約選不分卷 王錫蕃選輯 清光緒二十七年(1901)刻本 二冊

410000－2203－0000463 191/32

經苑二十五種 (清)錢儀吉輯 清道光、咸豐間大梁書院刻同治七年(1868)王儒行等印本 八十冊

410000－2203－0000464 191/33

御纂七經 清同治十年(1871)湖北崇文書局刻本 一百七十冊

410000－2203－0000465 191/34

皇清經解一千四百八卷首一卷 (清)阮元輯 清道光九年(1829)廣東學海堂刻咸豐十一年(1861)補刻本(有圖) 四十五冊 存一百九十五卷(一至三、四百十六至四百四十八、七百九十至七百九十七、八百六十四至八百六十六、九百五至一千三十五、一千二百五十七至一千二百六十、一千三百十八至一千三百二十二、一千三百五十至一千三百五十四、一千三百六十九至一千三百七十、首一卷)

410000－2203－0000466 12/3

周易鏡十卷序例圖說一卷學易管窺二卷 (清)何毓福注釋 清光緒十年(1884)何氏刻本 十三冊

410000－2203－0000467 191/36

皇朝五經彙解二百七十卷 題(清)抉經心室主人纂 清光緒二十年(1894)鴻文書局石印本 一冊

410000－2203－0000468 191/37

宋人經義約鈔一卷補鈔一卷 題(清)不夜山人輯 清光緒二十四年(1898)河南省城刻本 二冊

410000－2203－0000469 191/37B

宋人經義約鈔三卷 (清)孫葆田編 **作義要訣一卷** (元)倪士毅撰 清光緒二十七年(1901)宛南書館刻本 一冊

410000－2203－0000470 191/37B

宋人經義約鈔三卷 (清)孫葆田編 **作義要訣一卷** (元)倪士毅撰 清光緒二十七年(1901)宛南書館刻本 一冊

410000－2203－0000471 191/37B

宋人經義約鈔三卷 (清)孫葆田編 **作義要訣一卷** (元)倪士毅撰 清光緒二十七年(1901)宛南書館刻本 一冊

410000－2203－0000472 191/37C

宋人經義約鈔一卷 題(清)不夜山人輯 作義要訣一卷 (元)倪士毅撰 清光緒二十四年(1898)河南省城刻本 一冊

410000－2203－0000473 191/38

求知齋經解試藝不分卷 (清)金穀元著 清光緒刻本 一冊

410000－2203－0000474　191/40

經腴類纂二卷　(清)孫顏輯　清刻本　一冊

410000－2203－0000475　191/41

經學輯要二十四卷　(清)吳潁炎輯　清光緒二十年(1894)上海點石齋石印本　十八冊　存十三卷(一至三、六至十二、十六至十七、二十四)

410000－2203－0000476　191/43

經義大醇二編五卷　(清)黃彝編　清刻本二冊　存二卷(書經一、春秋一)

410000－2203－0000477　191/44

經籍舉要一卷　(清)龍啟瑞撰　(清)龍翰臣輯　清光緒十八年(1892)金陵胡氏刻本一冊

410000－2203－0000478　191/44

經籍舉要一卷　(清)龍啟瑞撰　(清)龍翰臣輯　清光緒十八年(1892)金陵胡氏刻本一冊

410000－2203－0000479　191/45

玉堂校傳如崗陳先生二經精解全編九卷　(明)陳懿典著　(明)焦竑攷定　明刻本　一冊　存一卷(一)

410000－2203－0000480　191/46

十一經旁訓讀本　(清)周樽纂輯　清乾隆五十八年(1793)刻本　五冊　存二種十四卷

410000－2203－0000481　191/47

增訂二論詳解四卷　(清)劉忠輯　清乾隆四十一年(1776)汴省藝文堂劉記書坊刻本二冊

410000－2203－0000482　191/47B

增訂二論詳解四卷　(清)劉忠輯　清同文堂刻本　四冊

410000－2203－0000483　191/47C

增訂二論詳解四卷　(清)劉忠輯　清刻本四冊

410000－2203－0000484　191/47E

增訂二論詳解四卷　(清)劉忠輯　清光緒十

二年(1886)濊川李氏森寶齋刻本　一冊　存一卷(一)

410000－2203－0000485　191/48

蘭山課業經訓約編不分卷　(清)嵇承謙輯清乾隆刻本　五冊

410000－2203－0000486　191/49

十三經分類政要十卷　(清)周世樟輯　清光緒二十八年(1902)教育世界社石印本　十冊

410000－2203－0000487　191/50

經學輯要二十四卷　(清)吳潁炎輯　清光緒十三年(1887)點石齋石印本　一冊　存三卷(二十至二十二)

410000－2203－0000488　191/52

羣經平議三十五卷　(清)俞樾撰　清同治五年(1866)杭州刻本　十六冊

410000－2203－0000489　191/52B

羣經平議三十五卷　(清)俞樾撰　清刻本八冊　存十八卷(十八至三十五)

410000－2203－0000490　191/53

五經文字三卷　(唐)張參撰　**新加九經字樣一卷**　(唐)唐玄度撰　**五經文字疑一卷**　(清)孔繼涵撰　清乾隆三十三年(1768)紅櫚書屋刻本　一冊

410000－2203－0000491　192/1

小學考五十卷　(清)謝啟昆撰　清光緒十四年(1888)浙江書局刻本　二十冊

410000－2203－0000492　192/2

小學鉤沈十九卷　(清)任大椿輯　(清)王念孫校　清光緒十年(1884)龍氏刻小學類編本二冊

410000－2203－0000493　192/3

小學韻語一卷　(清)羅澤南著　清光緒三十二年(1906)上海商務印書館刻本　一冊

410000－2203－0000494　192/4

小學纂注六卷注解補正一卷　(宋)朱熹撰(清)高愈注　清同治十年(1871)新化資江書院刻本　四冊

410000－2203－0000495　192/4B

小學纂注六卷　（宋）朱熹撰　（清）高愈注
小學總論一卷　（□）□□撰　**文公朱夫子年**
譜一卷　（□）□□撰　清咸豐二年(1852)蔭
香堂刻本　四冊

410000－2203－0000496　192.1/1

爾雅三卷　（晉）郭璞注　（唐）陸德明音義
清清芬閣刻本　三冊

410000－2203－0000497　192.1/1C

爾雅三卷　（晉）郭璞注　（唐）陸德明音釋
清光緒十二年(1886)湖北官書處刻本　三冊

410000－2203－0000498　192.1/1D

爾雅圖音注三卷　（晉）郭璞注　清光緒十八
年(1892)上洋鴻寶齋石印本　二冊

410000－2203－0000499　192.1/1E

爾雅圖注三卷　（晉）郭璞注　清嘉慶當塗彭
萬程刻本　一冊

410000－2203－0000500　192.1/2

爾雅郭注義疏十九卷　（清）郝懿行撰　清同
治四年(1865)郝聯薇刻郝氏遺書本　八冊

410000－2203－0000501　192.1/2B

爾雅郭注義疏二十卷　（清）郝懿行撰　清光
緒十年(1884)榮縣蜀南閣刻本　八冊

410000－2203－0000502　192.1/2C

爾雅郭注義疏二十卷　（清）郝懿行撰　清光
緒十年(1884)榮縣蜀南閣刻本　十冊

410000－2203－0000503　192.1/3

爾雅注疏十一卷　（晉）郭璞注　（宋）邢昺疏
　清嘉慶七年(1802)刻十三經注疏本　六冊

410000－2203－0000504　192.1/3B

爾雅注疏十一卷　（晉）郭璞注　（宋）邢昺疏
　明崇禎元年(1628)古虞毛氏汲古閣刻十三
經注疏本　三冊

410000－2203－0000505　192.1/3C

爾雅注疏十一卷　（晉）郭璞注　（宋）邢昺疏
　清嘉慶二年(1797)刻十三經注疏本　四冊

410000－2203－0000506　192.1/4

新刻爾雅翼三十二卷　（宋）羅願著　（明）畢
效欽校　清刻本　四冊

410000－2203－0000507　192.1/5

釋名四卷　（漢）劉熙著　清刻本　二冊

410000－2203－0000508　192.1/6

爾雅音圖三卷　（晉）郭璞注　清嘉慶六年
(1801)影宋刻本(有圖)　三冊

410000－2203－0000509　192.1/6B

爾雅音圖三卷　（晉）郭璞注　清光緒十年
(1884)上海同文書局石印本　二冊

410000－2203－0000510　192.1/7

爾雅正義二十卷　（清）邵晉涵撰　**釋文三卷**
　（唐）陸德明撰　清乾隆五十三年(1788)餘
姚邵氏面水層軒刻本　八冊

410000－2203－0000511　192.1/8

爾雅郭注佚存補訂二十卷　王樹枏撰　清光
緒十八年(1892)新城王氏資陽刻陶廬叢刻本
　六冊

410000－2203－0000512　192.1/8

爾雅郭注佚存補訂二十卷　王樹枏撰　清光
緒十八年(1892)新城王氏資陽刻陶廬叢刻本
　六冊

410000－2203－0000513　192.1/10

拾雅二十卷　（清）夏味堂述　清嘉慶高郵夏
氏刻本　十冊

410000－2203－0000514　192.1/12

群經字詁七十二卷　（清）段諤廷原稿　（清）
黃本驥編訂　清道光二十九年(1849)刻本
十六冊

410000－2203－0000515　192.1/13

方言十三卷　（漢）揚雄撰　（晉）郭璞注　清
刻本　一冊

410000－2203－0000516　192.1/16

重校十三經不貳字不分卷　（清）李鴻藻撰
清光緒二十二年(1896)校經山房石印本
一冊

410000－2203－0000517　192.1/17

廣雅補疏四卷　王樹枏撰　清光緒十六年
(1890)新城王氏青神刻陶廬叢刻本　一冊

410000－2203－0000518　192.1/18

爾雅直音二卷　(清)孫侃輯　清光緒二十二
年(1896)湖南益元書局刻本　二冊

410000－2203－0000519　192.1/20

增訂金壺字考十九卷　(宋)釋適之編　(清)
田朝恒增訂　清乾隆二十四年(1759)貽安堂
刻本　二冊

410000－2203－0000520　192.1/21

同文考證五種　(清)管受之輯　清道光刻本
　一冊

410000－2203－0000521　192.1/22

函牘舉隅碎錦注釋十二集　(清)黃伯祿輯
清光緒二十八年(1902)上海土山灣慈母堂鉛
印本　六冊

410000－2203－0000522　192.1/23

四聲便覽四集　(清)余六師編　清道光九年
(1829)二郁堂刻本　二冊

410000－2203－0000523　192.1/24

金壺字考二集二十一卷補錄一卷補注一卷
(清)田朝恒續編　清乾隆二十七年(1762)貽
安堂刻本　二冊

410000－2203－0000524　192.2/1

說文釋例二十卷　(清)王筠撰　清道光刻本
　十二冊

410000－2203－0000525　192.2/2

說文繫傳校錄三十卷　(清)王筠撰　清道光
刻王菉友九種本　三冊

410000－2203－0000526　192.2/3

文字蒙求四卷　(清)王筠撰　清道光刻本
　一冊

410000－2203－0000527　192.2/3B

文字蒙求四卷　(清)王筠撰　清光緒十三年
(1887)梁谿浦氏刻本　一冊

410000－2203－0000528　192.2/4

說文解字十五卷　(漢)許慎撰　(宋)徐鉉等

校定　清嘉慶十二年(1807)刻本　四冊

410000－2203－0000529　192.2/4B

說文解字十五卷　(漢)許慎撰　(宋)徐鉉等
校定　清初毛氏汲古閣刻本　十二冊

410000－2203－0000530　192.2/4C

說文解字十五卷　(漢)許慎撰　(宋)徐鉉等
校定　清初毛氏汲古閣刻本　八冊

410000－2203－0000531　192.2/4D

說文解字十五卷　(漢)許慎撰　清光緒十一
年(1885)江蘇書局刻本　十四冊

410000－2203－0000532　192.2/5

說文解字義證五十卷　(清)桂馥撰　清同治
九年(1870)湖北崇文書局刻本　三十二冊

410000－2203－0000533　153/10

禮記音訓不分卷　(清)楊國楨撰　清道光十
年(1830)大梁書院刻十一經音訓本　四冊

410000－2203－0000534　192.2/8

說文解字通釋四十卷　(五代)徐鍇傳釋　清
光緒九年(1883)江蘇書局刻本　八冊

410000－2203－0000535　192.2/9

苗氏說文四種　(清)苗夔撰　清道光、咸豐
間壽陽祁氏漢專亭刻本　五冊　存三種四十
一卷

410000－2203－0000536　192.2/10

說文引經攷異十六卷　(清)柳榮宗撰　清咸
豐二年(1852)刻本　一冊

410000－2203－0000537　191/34B

皇清經解一千四百八卷首一卷　(清)阮元輯
　清道光九年(1829)廣東學海堂刻咸豐十一
年(1861)補刻本(有圖)　七十七冊　存三百
十二卷(四至十七、一百三至二百四、二百八
至三百二十四、七百八十四至七百八十九、七
百九十九至八百六十三、一千三十九至一千
四十五、一千三百三十七)

410000－2203－0000538　191/34C

皇清經解一千四百八卷首一卷　　(清)阮元輯
　清道光九年(1829)廣東學海堂刻咸豐十一

年(1861)補刻本(有圖) 一百五冊 存三百
八十七卷(十八至二十一、二十七至一百二、
三百五十五至三百五十八、四百四十九至五
百八、五百五十二至五百五十三、五百八十一
至六百四十、六百四十二至六百四十九、六百
五十一至六百九十七、七百六十八至七百八
十三、一千二百六十一至一千三百一十六、一千
三百二十三至一千三百四十九、一千三百五
十八至一千三百六十八、一千三百七十一至
一千三百八十二、一千三百九十七至一千四
百)

410000－2203－0000539 191/34D

皇清經解一千四百八卷首一卷 (清)阮元輯
　清道光九年(1829)廣東學海堂刻咸豐十一
年(1861)補刻本(有圖) 三十冊 存六十一
卷(三百二十五至三百五十四、五百八至五百
二十三、五百三十二至五百三十五、五百五十
四至五百六十四)

410000－2203－0000540 192.2/29

康熙字典十二集三十六卷總目一卷檢字一卷
辨似一卷等韻一卷補遺一卷備考一卷 (清)
張玉書等纂 清康熙五十五年(1716)內府刻
本 三十九冊

410000－2203－0000541 192.2/29B

康熙字典十二集三十六卷總目一卷檢字一卷
辨似一卷等韻一卷補遺一卷備考一卷 (清)
張玉書等纂 清道光七年(1827)善成堂刻本
　四十冊

410000－2203－0000542 192.2/29D

康熙字典十二集三十六卷總目一卷檢字一卷
辨似一卷等韻一卷補遺一卷備考一卷 (清)
張玉書等纂 清光緒十八年(1892)上海淩雲
閣石印本 六冊

410000－2203－0000543 192.2/29F

康熙字典十二集三十六卷總目一卷檢字一卷
辨似一卷等韻一卷補遺一卷備考一卷 (清)
張玉書等纂 清光緒十年(1884)上海抱芳閣
影印本 二冊

410000－2203－0000544 192.2/29G

康熙字典十二集三十六卷總目一卷檢字一卷
辨似一卷等韻一卷補遺一卷備考一卷 (清)
張玉書等纂 清光緒二十年(1894)上海點石
齋石印本 六冊

410000－2203－0000545 192.2/29H

康熙字典十二集三十六卷總目一卷檢字一卷
辨似一卷等韻一卷補遺一卷備考一卷 (清)
張玉書等纂 清道光七年(1827)刻本 三十
五冊 缺三卷(子上、寅中、未中)

410000－2203－0000546 192.2/11

說文釋例二十卷 (清)王筠撰 清道光十七
年(1837)刻本 十冊

410000－2203－0000547 192.2/12

說文解字注三十二卷 (清)段玉裁撰 說文
通檢十四卷首一卷末一卷 (清)黎永椿編
說文解字注匡謬二卷 (清)徐承慶撰 清光
緒三十四年(1908)上海江左書林影印本
八冊

410000－2203－0000548 192.2/14

說文解字十五卷說文校字記一卷 (漢)許慎
撰 (宋)徐鉉等校定 說文通檢十四卷首一
卷末一卷 (清)黎永椿編 清光緒九年
(1883)山西書局刻本 十二冊

410000－2203－0000549 192.2/15

說文新附攷六卷續攷一卷 (清)鈕樹玉撰
清同治十三年(1874)湖北崇文書局刻本
二冊

410000－2203－0000550 192.2/15

段氏說文注訂八卷 (清)鈕樹玉著 清同治
十三年(1874)湖北崇文書局刻本 二冊

410000－2203－0000551 192.2/18

說文古籀補十四卷補遺一卷附錄一卷 (清)
吳大澂撰 清光緒十二年(1886)點石齋影印
本 二冊

410000－2203－0000552 192.2/19

讀說文雜識一卷 (清)許棫撰 清光緒七年
(1881)刻本 一冊

410000－2203－0000553　192.2/21

說文楬原二卷　（清）張行孚撰　（清）余澍校
　　清光緒十一年（1885）維揚識小居刻本
　　一冊

410000－2203－0000554　192.2/22

說文發疑六卷　（清）張行孚撰　清光緒九年
（1883）常熟鮑氏刻後知不足齋叢書本　三冊

410000－2203－0000555　192.2/22B

說文發疑六卷　（清）張行孚撰　清光緒九年
（1883）常熟鮑氏刻後知不足齋叢書本　一冊

410000－2203－0000556　192.2/23

六書通十卷　（清）閔齊伋撰　（清）畢宏述篆
訂　清乾隆海鹽畢氏刻本　十六冊

410000－2203－0000557　192.2/23B

六書通十卷　（清）閔齊伋撰　（清）畢宏述篆
訂　清光緒二十一年（1895）上海鴻寶齋石印
本　六冊

410000－2203－0000558　192.2/23C

六書通十卷　（清）閔齊伋撰　（清）畢宏述篆
訂　清康熙五十九年（1720）刻本　五冊

410000－2203－0000559　192.2/23D

六書通十卷　（清）閔齊伋撰　（清）畢宏述篆
訂　清光緒十九年（1893）上海書局石印本
五冊

410000－2203－0000560　192.2/24

六書分類十二卷首一卷　（清）傅世垚輯纂
清乾隆五十四年（1789）傅應奎刻本　十三冊

410000－2203－0000561　192.2/25

倉頡篇三卷　（清）孫星衍撰　**續本一卷**
(清)任大椿撰　**補本二卷**　（清）陶方琦撰
清光緒十六年（1890）江蘇書局刻本　二冊

410000－2203－0000562　192.2/29I

**康熙字典十二集三十六卷總目一卷檢字一卷
辨似一卷等韻一卷補遺一卷備考一卷**　（清）
張玉書等纂　清康熙五十五年（1716）內府刻
本　三十一冊　缺九卷（子上、寅下、辰上、午
上、申下、酉中、亥上下、補遺一卷）

410000－2203－0000563　192.2/32

字典攷證十二集　（清）奕繪等輯　清光緒二
年（1876）崇文書局刻本　六冊

410000－2203－0000564　192.2/33

增廣字學舉隅四卷　（清）鐵珊輯　清同治十
三年（1874）蘭州郡署刻本　四冊

410000－2203－0000565　192.2/33B

增廣字學舉隅四卷　（清）鐵珊輯　清同治十
三年（1874）蘭州郡署刻本　四冊

410000－2203－0000566　192.2/34

汗簡七卷　（清）郭忠恕撰　清光緒九年
（1883）上海點石齋石印本　一冊

410000－2203－0000567　192.2/36

隸書正譌二卷　（明）吳元滿編　清刻本
一冊

410000－2203－0000568　192.2/37

同文考證五種　（清）管受之輯　清嘉慶十九
年（1814）刻本　一冊

410000－2203－0000569　192.2/38

隸辨八卷　（清）顧藹吉撰　清乾隆八年
（1743）天都黃晟刻本　八冊

410000－2203－0000570　192.2/38

隸辨八卷　（清）顧藹吉撰　清乾隆八年
（1743）天都黃晟刻本　八冊

410000－2203－0000571　192.2/38D

隸辨八卷　（清）顧藹吉撰　清康熙五十七年
（1718）項絪玉淵堂刻本　八冊

410000－2203－0000572　192.2/38B

隸辨八卷　（清）顧藹吉撰　清乾隆八年
（1743）天都黃晟刻本　八冊

410000－2203－0000573　192.2/39

篆字彙十二集　（清）佟世男編　清康熙刻本
十一冊　缺一集（戌集）

410000－2203－0000574　192.2/40

清文補彙八卷　（清）宜桂圃著　清嘉慶七年
（1802）刻本　八冊

410000－2203－0000575　192.2/41

字彙十二集首一卷末一卷韻法直圖一卷韻法
橫圖一卷　（明）梅膺祚音釋　明萬曆四十三
年(1615)金陵槐蔭堂刻本　十四冊

410000－2203－0000576　192.2/41B

字彙十二集首一卷末一卷韻法直圖一卷韻法
橫圖一卷　（明）梅膺祚音釋　清初致和堂刻
本　十四冊

410000－2203－0000577　192.2/41C

字彙十二集首一卷末一卷韻法直圖一卷韻法
橫圖一卷　（明）梅膺祚音釋　清嘉慶五年
(1800)經綸堂刻本　十四冊

410000－2203－0000578　192.2/41E

字彙十二集首一卷末一卷韻法直圖一卷韻法
橫圖一卷　（明）梅膺祚音釋　（清）劉永懋重
訂　清乾隆四十年(1775)崇文堂刻本　十
四冊

410000－2203－0000579　192.2/41F

字彙十二集首一卷末一卷韻法直圖一卷韻法
橫圖一卷　（明）梅膺祚音釋　清刻本　十
二冊

410000－2203－0000580　192.2/41G

字彙十二集首一卷末一卷韻法直圖一卷韻法
橫圖一卷　（明）梅膺祚音釋　（清）馬三鋼校
刊　清咸豐八年(1858)桂香閣刻本　十三冊

410000－2203－0000581　192.2/42

字彙四集　（明）梅膺祚集　清咸豐五年
(1855)蘇州掃葉山房刻本　四冊

410000－2203－0000582　192.2/41D

字彙十二集首一卷末一卷韻法直圖一卷韻法
橫圖一卷　（明）梅膺祚音釋　清刻本　十
四冊

410000－2203－0000583　192.2/44

經籍纂詁一百六卷補遺一百六卷首一卷
(清)阮元撰集　清嘉慶十七年(1812)揚州阮
氏琅嬛仙館刻光緒六年(1880)淮南書局補刻
本　四十冊

410000－2203－0000584　192.2/44B

經籍纂詁一百六卷補遺一百六卷首一卷
(清)阮元撰集　清刻本　三十六冊　存八十
三卷(四至十一、十六至十七、二十二至二十
七、三十至三十七、四十四至八十一、八十四
至八十八、九十一至一百六)

410000－2203－0000585　192.2/44C

經籍纂詁一百六卷補遺一百六卷首一卷
(清)阮元撰集　清末上海漱六山莊石印本
十二冊

410000－2203－0000586　192.2/47

雜字求真一卷　（清）□□撰　清嘉慶十六年
(1811)起鳳樓刻本　一冊

410000－2203－0000587　192.2/49

臨文便覽不分卷　（清）龍光甸編撰　清光緒
五年(1879)京都琉璃廠名德堂刻本　二冊

410000－2203－0000588　192.2/49

字學舉隅不分卷　（清）龍啟瑞輯　清同治十
一年(1872)琉璃廠書坊刻本　一冊

410000－2203－0000589　192.2/49B

臨文便覽不分卷　（清）龍光甸編撰　清同治
十三年(1874)松竹齋刻本　二冊

410000－2203－0000590　192.2/50

環地福分類字課圖說八卷　（清）趙金壽編
(清)儲丙鵷校　清宣統二年(1910)上海普新
書局影印本(有圖)　八冊

410000－2203－0000591　192.2/52

尚友錄二十二卷　（明）廖用賢編纂　（清）張
伯琮補輯　清光緒十六年(1890)掃葉山房影
印本　六冊

410000－2203－0000592　192.2/53

說文管見三卷古韻論三卷　（清）胡秉虔撰
清刻本　一冊

410000－2203－0000593　192.2/55

東語入門二卷　（清）陳天麒輯譯　清光緒二
十一年(1895)海鹽陳氏石印本　二冊

410000－2203－0000594　192.2/55

東語入門二卷 （清）陳天麒輯譯 清光緒二十一年(1895)海鹽陳氏石印本 二冊

410000－2203－0000595 192.2/57

繪圖正音注解六千字文一卷 （清）□□撰 清光緒三十二年(1906)文興書局、廣益書局鉛印本(有圖) 一冊

410000－2203－0000596 192.2/57

繪圖六千字文一卷 （清）□□撰 清末鉛印本 一冊

410000－2203－0000597 192.2/58

說文解字句讀三十卷附補正三十卷 （清）王筠撰集 清刻本 一冊 存三卷(二十五至二十六、補正二十六)

410000－2203－0000598 192.2/58B

說文解字句讀三十卷附補正三十卷 （清）王筠撰 清刻本 三冊 存七卷(二十四至二十六、三十,補正二十三至二十五)

410000－2203－0000599 192.2/59

說文本經答問二卷 （清）鄭知同撰 清光緒十六年(1890)廣雅書局刻廣雅書局叢書本 一冊

410000－2203－0000600 192.2/60

新鐫重訂千字文箋注一卷 （南朝梁）周興嗣著 （清）王相注解 清金陵槐蔭堂刻本 一冊

410000－2203－0000601 192.2/60

詞林分跋二十四孝一卷 （清）余顯書 清同治十一年(1872)文萃堂刻本(有圖) 一冊

410000－2203－0000602 192.2/60B

千字文釋義一卷 （清）汪嘯尹纂輯 （清）孫謙益參注 清席氏埽葉山房刻本 一冊

410000－2203－0000603 192.2/62

說文字原集注十六卷表一卷表說一卷 （清）蔣和注 清乾隆五十二年(1787)刻本 四冊

410000－2203－0000604 192.2/63

說文解字十五卷 （漢）許慎撰 （宋）徐鉉等校定 清嘉慶十四年(1809)蘭陵孫氏刻本

四冊

410000－2203－0000605 192.2/64

段氏說文注訂八卷 （清）鈕樹玉著 清道光三年(1823)鈕氏非石居刻同治五年(1866)碧螺山館重修本 四冊

410000－2203－0000606 192.2/64

說文新附攷六卷續攷一卷 （清）鈕樹玉撰 清嘉慶六年(1801)非石居刻同治七年(1868)碧螺山館重修本 二冊

410000－2203－0000607 192.2/65

六書正譌五卷 （元）周伯琦編注 （明）胡正言訂纂 明崇禎七年(1634)海陽胡正言十竹齋刻本 一冊 存二卷(一至二)

410000－2203－0000608 192.2/66

小學答問一卷 章炳麟撰 清宣統元年(1909)刻本 一冊

410000－2203－0000609 192.2/67

臨文敬避一卷磨勘條例一卷 （清）鄭九丹輯 清光緒五年(1879)刻本 一冊

410000－2203－0000610 192.2/68

字學七種 （清）李秘園撰 清光緒十三年(1887)上海大同書局石印本 二冊

410000－2203－0000611 192.2/69

環地福分類字課圖說八卷 （清）趙金壽編 （清）儲丙鵷校 清光緒三十一年(1905)石印本(有圖) 八冊

410000－2203－0000612 192.3/1

大宋重修廣韻五卷 （宋）陳彭年等撰 清影宋刻本 二冊 存四卷(一至四)

410000－2203－0000613 192.3/3

集韻十卷 （宋）丁度等撰 清康熙四十五年(1706)揚州使院刻曹楝亭五種本 九冊 存九卷(一至四、六至十)

410000－2203－0000614 192.3/4

古今韻略五卷例言一卷 （清）邵長蘅纂 （清）宋至校 清康熙三十五年(1696)毗陵邵氏刻本 五冊

410000－2203－0000615　192.3/5

初學檢韻袖珍十二集佩文詩韻一卷　（清）姚文登輯　清嘉慶四年(1799)刻本　四冊

410000－2203－0000616　192.3/6

廣金石韻府五卷纂集玉篇偏傍形似釋疑文字一卷　（清）林尚葵輯　（清）李根較正　清康熙大業堂刻朱墨套印本　六冊

410000－2203－0000617　192.3/7

唐寫本唐韻殘卷　（唐）孫愐撰　清光緒三十四年(1908)上海國粹學報館影印本　一冊

410000－2203－0000618　192.3/9

聽古廬聲學十書二種　（清）時庸勤撰　清光緒十八年(1892)河南星使行臺刻本　四冊　存二種四卷

410000－2203－0000619　191/34E

皇清經解一千四百卷　（清）阮元輯　清道光九年(1829)廣東學海堂刻本　六十八冊　存二百四十四卷(三百五十九至四百一十五、一千四十八至一千一百八十、一千二百三至一千二百五十六)

410000－2203－0000620　192.3/11

古音類表九卷　（清）傅壽彤撰　清光緒二年(1876)大梁臬署刻本　四冊

410000－2203－0000621　192.3/12D

五方元音二卷　（清）樊騰鳳原本　（清）年希堯增補　清雍正五年(1727)善成堂刻本　二冊

410000－2203－0000622　192.3/13

增注字類標韻六卷　（清）華綱鑒定　（清）范多珏重訂　清末影印本　一冊

410000－2203－0000623　192.3/14

詩詞韻輯九卷　（清）姚詩雅輯　清同治四年(1865)景石齋刻本　二冊

410000－2203－0000624　192.3/15B

詩韻合璧五卷　（清）湯文潞參訂　清光緒三年(1877)旌德湯氏刻本　五冊

410000－2203－0000625　192.3/15C

詩韻合璧五卷　（清）湯文潞輯　虛字韻藪一卷　（清）潘維城輯　清光緒十四年(1888)上海萬珍書局影印本　五冊

410000－2203－0000626　192.3/17

佩文詩韻釋要五卷　陸潤庠重校　清光緒十二年(1886)刻本　二冊

410000－2203－0000627　192.3/18

佩文韻遡原五卷　（清）劉家鎮編輯　清道光十七年(1837)石芝山館刻本　二冊

410000－2203－0000628　192.3/19

漁古軒詩韻五卷　（清）余照原本　（清）朱德蕃增訂　清咸豐九年(1859)宜雅山房刻本　二冊

410000－2203－0000629　192.3/20

詩韻全璧五卷初學檢韻一卷　（清）惜陰主人(奕詢)撰　清光緒二十一年(1895)四明暢懷書屋影印本　六冊

410000－2203－0000630　192.3/20C

詩韻全璧五卷初學檢韻一卷　（清）惜陰主人(奕詢)撰　清光緒十八年(1892)上海鴻寶齋影印本　六冊

410000－2203－0000631　192.3/22

新刊校正增補圓機詩韻活法全書十四卷(明)王世貞增校　（清）蔣先庚重訂　明萬曆文錦堂刻本　七冊

410000－2203－0000632　192.3/23

交泰韻一卷　（明）呂坤撰　明萬曆刻清同治、光緒間修補印呂新吾全集本　一冊

410000－2203－0000633　192.3/24

韻法直圖一卷　（明）梅膺祚撰　韻法橫圖一卷　（明）李世澤撰　明末清初刻本　二冊

410000－2203－0000634　192.3/25

廣韻五卷　（宋）陳彭年等重修　清光緒遵義黎氏日本東京使署刻古逸叢書本　二冊

410000－2203－0000635　192.3/26

音韻貫珠六集　（清）賈椿齡編　清嘉慶九年(1804)雨化堂刻本　四冊

410000－2203－0000636　211/1B

二十四史　清光緒二十九年(1903)五洲同文書局石印本　五百二十一冊　存二十種二千三百卷

410000－2203－0000637　211/1B

二十四史　清光緒二十九年(1903)五洲同文書局石印本　七十冊　存五種三百六十四卷

410000－2203－0000638　191/34F

皇清經解一千四百卷　(清)阮元輯　清道光九年(1829)廣東學海堂刻本　十一冊　存二十八卷(五百二十四至五百三十一、八百六十七至八百七十四、一千一百九十至一千二百一)

410000－2203－0000639　191/34G

皇清經解一千四百八卷首一卷　(清)阮元輯　清道光九年(1829)廣東學海堂刻咸豐十一年(1861)補刻本(有圖)　二十二冊　存八十六卷(五百三十六至五百五十一、五百六十五至五百八十、六百九十八至七百三十九、一千一百八十一至一千一百八十九、一千二百一至一千二百三)

410000－2203－0000640　191/34H

皇清經解一千四百卷　(清)阮元輯　清道光九年(1829)廣東學海堂刻本　七冊　存三十三卷(二百五至二百七、八百七十五至九百四)

410000－2203－0000641　211/1C

二十四史　清光緒十年(1884)上海同文書局影印本　四百四十二冊　存十八種二千一百十三卷

410000－2203－0000642　211/1C

二十四史　清光緒十年(1884)上海同文書局影印本　七十冊　存四種三百五十卷

410000－2203－0000643　211/2

二十一史約編八卷首一卷　(清)陳瞿石鑒定　(清)鄭元慶述　清刻本　八冊

410000－2203－0000644　211/2B

二十一史約編八卷首一卷　(清)陳瞿石鑒定

（清）鄭元慶述　清聚瀛堂刻本　八冊

410000－2203－0000645　211/2C

二十一史約編八卷首一卷　(清)陳瞿石鑒定　(清)鄭元慶述　清康熙上洋江左書林刻本　八冊

410000－2203－0000646　211/2D

二十一史約編八卷首一卷　(清)陳瞿石鑒定　(清)鄭元慶述　清康熙善成堂刻本　八冊

410000－2203－0000647　212/1

史記一百三十卷　(漢)司馬遷撰　(南朝宋)裴駰集解　(唐)司馬貞索隱　(唐)張守節正義　清光緒元年(1875)湖北崇文書局刻本　二十四冊

410000－2203－0000648　212/1B

史記一百三十卷　(漢)司馬遷撰　(南朝宋)裴駰集解　清光緒四年(1878)金陵書局刻本　十六冊

410000－2203－0000649　212/1B

史記一百三十卷　(漢)司馬遷撰　(南朝宋)裴駰集解　清光緒四年(1878)金陵書局刻本　十六冊

410000－2203－0000650　212/1C

史記一百三十卷　(漢)司馬遷撰　(南朝宋)裴駰集解　(唐)司馬貞索隱　(唐)張守節正義　清光緒三十一年(1905)上海久敬齋石印本　八冊

410000－2203－0000651　212/1D

古香齋鑒賞袖珍史記一百三十卷　(漢)司馬遷撰　(南朝宋)裴駰集解　(唐)司馬貞索隱　(唐)張守節正義　清光緒八年(1882)古香齋刻本　三十二冊

410000－2203－0000652　212/1E

史記一百三十卷　(漢)司馬遷撰　(明)陳仁錫評　明崇禎元年(1628)刻本　二十四冊

410000－2203－0000653　212/1F

史記一百三十卷　(漢)司馬遷撰　(明)徐孚遠　(明)陳子龍測議　明末陳子龍刻本　十

六册　存一百十二卷(十九至一百三十)

410000－2203－0000654　212/1G
史記一百三十卷 （漢）司馬遷撰　（明）歸震川評點　**方望溪平點史記四卷** （清）方苞評點　清光緒二年(1876)武昌張氏刻本　二十册

410000－2203－0000655　212/1H
史記一百三十卷 （漢）司馬遷撰　（南朝宋）裴駰集解　（唐）司馬貞索隱　（唐）張守節正義　清光緒十四年(1888)上海圖書集成印書局鉛印二十四史本　十六册

410000－2203－0000656　212/4
四史 清光緒十四年(1888)上海蜚英館石印本　四十八册

410000－2203－0000657　212/5
五代史七十四卷 （宋）歐陽修撰　（宋）徐無黨注　明崇禎三年(1630)琴川毛氏汲古閣刻清順治五年(1648)補輯十七史本　八册

410000－2203－0000658　212/5D
五代史七十四卷 （宋）歐陽修撰　（宋）徐無黨注　明崇禎三年(1630)琴川毛氏汲古閣刻清順治五年(1648)補輯十七史本　八册

410000－2203－0000659　212/5D
晉書一百三十卷 （唐）太宗李世民撰　明崇禎元年(1628)琴川毛氏汲古閣刻清順治五年(1648)補輯十七史本　一册　存七卷(五十二至五十八)

410000－2203－0000660　212/5E
五代史七十四卷 （宋）歐陽修撰　（宋）徐無黨注　明萬曆二十八年(1600)北京國子監刻本　七册　存五十三卷(十八至五十六、六十一至七十四)

410000－2203－0000661　212/5F
五代史記七十四卷 （宋）歐陽修撰　（宋）徐無黨注　明萬曆四年(1576)南京國子監刻清順治、康熙、乾隆補修本　九册

410000－2203－0000662　212/5G

五代史記七十四卷 （宋）歐陽修撰　（宋）徐無黨注　（明）汪文盛等校　明嘉靖汪文盛等刻本　一册　存四卷(四至七)

410000－2203－0000663　212/7
史鑑節要便讀七卷 （清）鮑東里編　清光緒三十年(1904)上海商務印書館影印本　二册

410000－2203－0000664　212/7B
史鑑節要七卷 （清）鮑東里著　（清）陳蔚文校　清石印本(有圖)　四册

410000－2203－0000665　212/7C
重刊史鑑節要便讀七卷 （清）鮑東里編　清同治十二年(1873)木活字印本　一册　存三卷(一至三)

410000－2203－0000666　212/7C
史鑑節要便讀七卷 （清）鮑東里編　清光緒三十一年(1905)刻本　一册　存三卷(一至三)

410000－2203－0000667　212/7C
重刊史鑑節要便讀七卷 （清）鮑東里編　清同治刻本　一册　存三卷(一至三)

410000－2203－0000668　212/9
史記正譌一卷 （清）王元啟撰　清光緒十四年(1888)廣雅書局刻本　一册

410000－2203－0000669　213/1
前漢書一百卷 （漢）班固撰　（唐）顏師古注　清光緒三十一年(1905)上海久敬齋石印本　十二册

410000－2203－0000670　213/1B
前漢書一百卷 （漢）班固撰　（唐）顏師古注　明萬曆二十五年(1597)北京國子監刻本　十六册　存六十八卷(二十至二十三、二十八至六十二、六十九至九十七)

410000－2203－0000671　213/1C
漢書一百卷 （漢）班固撰　（唐）顏師古注　明崇禎十五年(1642)琴川毛氏汲古閣刻清順治十二年(1655)補輯十七史本　十五册　存五十五卷(一至二十八、三十四至六十)

410000－2203－0000672　213/1D

前漢書一百卷附考證 （漢）班固撰 （唐）顏師古注　清同治十一年(1872)成都書局刻四史本　三十二冊

410000－2203－0000673　213/1G

前漢書一百卷 （漢）班固撰 （唐）顏師古注　清光緒十四年(1888)上海圖書集成印書局鉛印二十四史本　二十冊

410000－2203－0000674　213/1H

漢書一百卷 （漢）班固撰 （唐）顏師古注　明崇禎十五年(1642)琴川毛氏汲古閣刻清順治十二年(1655)補輯十七史本　二十四冊

410000－2203－0000675　213/3

後漢書九十卷 （南朝宋）范曄撰 （唐）李賢注　志三十卷 （晉）司馬彪撰 （南朝梁）劉昭注　明崇禎十六年(1643)琴川毛氏汲古閣刻清順治十二年(1655)補輯十七史本　二十四冊

410000－2203－0000676　213/4

後漢書九十卷 （南朝宋）范曄撰 （唐）李賢注　志三十卷 （晉）司馬彪撰 （南朝梁）劉昭注　清光緒三十一年(1905)上海久敬齋石印本　八冊

410000－2203－0000677　213/4B

後漢書九十卷 （南朝宋）范曄撰 （唐）李賢注　志三十卷 （晉）司馬彪撰 （南朝梁）劉昭注　清同治十年(1871)成都書局刻本　二十八冊

410000－2203－0000678　213/4C

後漢書一百二十卷 （南朝宋）范曄撰 （唐）李賢注　明萬曆二十四年(1596)北京國子監刻本　二十二冊　存一百十三卷(三至一百十五)

410000－2203－0000679　213/4D

後漢書九十卷 （南朝宋）范曄撰 （唐）李賢注　志三十卷 （晉）司馬彪撰 （南朝梁）劉昭注　清光緒十四年(1888)上海圖書集成印書局鉛印二十四史本　十六冊

410000－2203－0000680　213/4E

後漢書九十卷 （南朝宋）范曄撰 （唐）李賢注　志三十卷 （晉）司馬彪撰 （南朝梁）劉昭注　清光緒十四年(1888)上海蜚英館石印本　十二冊

410000－2203－0000681　213/5

後漢書補注二十四卷 （清）惠棟撰　清嘉慶九年(1804)刻本　四冊

410000－2203－0000682　213/6

兩漢刊誤補遺十卷 （宋）吳仁傑撰　清同治七年(1868)金陵書局木活字印本　二冊

410000－2203－0000683　213/6

兩漢刊誤補遺十卷 （宋）吳仁傑撰　清同治七年(1868)金陵書局木活字印本　二冊

410000－2203－0000684　213/7B

三國志六十五卷 （晉）陳壽撰 （南朝宋）裴松之注　清光緒三十一年(1905)上海久敬齋石印本　四冊

410000－2203－0000685　213/7C

三國志六十五卷 （晉）陳壽撰 （南朝宋）裴松之注　明崇禎十七年(1644)琴川毛氏汲古閣刻清順治十三年(1656)補輯十七史本　三十二冊

410000－2203－0000686　213/7D

三國志六十五卷 （晉）陳壽撰 （南朝宋）裴松之注　明崇禎十七年(1644)琴川毛氏汲古閣刻清順治十三年(1656)補輯十七史本　八冊　存四十三卷(五至四十七)

410000－2203－0000687　213/7E

三國志六十五卷附考證 （晉）陳壽撰 （南朝宋）裴松之注　清光緒十四年(1888)上海圖書集成印書局鉛印二十四史本　八冊

410000－2203－0000688　213/7F

三國志六十五卷附考證 （晉）陳壽撰 （南朝宋）裴松之注　清光緒三十三年(1907)上海華商集成圖書公司鉛印本　八冊

410000－2203－0000689　213/9

晉書一百三十卷　（唐）太宗李世民撰　明崇禎元年(1628)琴川毛氏汲古閣刻清順治五年(1648)補輯十七史本　二十四冊

410000－2203－0000690　213/11

宋書一百卷　（南朝梁）沈約撰　明萬曆二十二年(1594)南京國子監刻本　十二冊　存六十卷(四十一至一百)

410000－2203－0000691　213/18

周書五十卷　（唐）令狐德棻等撰　明崇禎五年(1632)琴川毛氏汲古閣刻清順治七年(1650)補輯十七史本　六冊

410000－2203－0000692　213/19

宋史四百九十六卷目錄三卷　（元）脫脫等撰　清乾隆四年(1739)武英殿刻二十四史本　九十九冊

410000－2203－0000693　213/20

明史三百三十二卷目錄四卷　（清）張廷玉等撰　清乾隆刻本　九十六冊

410000－2203－0000694　213/19B

宋史四百九十六卷目錄三卷　（元）脫脫等撰　清光緒三十三年(1907)上海華商集成圖書公司鉛印本　六十冊

410000－2203－0000695　213/30

潛菴先生擬明史稿二十卷　（清）湯斌擬　（清）田蘭芳評　清刻本　八冊

410000－2203－0000696　213/30B

潛菴先生擬明史稿二十卷　（清）湯斌擬　（清）田蘭芳評　清刻本　六冊　存十二卷(一至十二)

410000－2203－0000697　213/27B

陳書三十六卷　（唐）姚思廉撰　明萬曆十五年至十六年(1587－1588)南京國子監刻本　十五冊　存三十五卷(二至三十六)

410000－2203－0000698　213/32

後漢書九十卷　（南朝宋）范曄撰　（唐）李賢注　志三十卷　（晉）司馬彪撰　（南朝梁）劉昭注　清同治八年(1869)金陵書局刻本　二

冊　存三十卷(志三十卷)

410000－2203－0000699　213/34

遼史一百十六卷　（元）脫脫等撰　明嘉靖八年(1529)南京國子監刻萬曆四年(1576)補刻本　七冊　存九十二卷(一至七十、九十五至一百十六)

410000－2203－0000700　191/31

經義約選不分卷　王錫蕃選輯　清光緒二十七年(1901)刻本　一冊

410000－2203－0000701　213/35

魏書一百十四卷　（北齊）魏收撰　明萬曆二十四年(1596)北京國子監刻本　二十四冊　存九十二卷(二十三至一百十四)

410000－2203－0000702　213/35B

魏書一百十四卷　（北齊）魏收撰　明崇禎九年(1636)琴川毛氏汲古閣刻十七史本　三冊　存九卷(九十七至一百一、一百五至一百八)

410000－2203－0000703　213/36

元史藝文志四卷　（清）錢大昕補　清末江蘇書局刻本　一冊

410000－2203－0000704　213/39

元史譯文證補三十卷　（清）洪鈞撰　清光緒二十三年(1897)刻本　四冊　存二十卷(一至六、九至十二、十四至十五、十八、二十二至二十四、二十六至二十七、二十九至三十)

410000－2203－0000705　221/1

資治通鑑二百九十四卷　（宋）司馬光撰　（元）胡三省音注　通鑑釋文辯誤十二卷　（元）胡三省撰　清長沙佚老堂刻本　一百冊

410000－2203－0000706　221/1B

資治通鑑二百九十四卷　（宋）司馬光撰　（元）胡三省音注　通鑑釋文辯誤十二卷　（元）胡三省撰　清光緒二十四年(1898)上海積山書局石印本　六十冊

410000－2203－0000707　221/2

資治通鑑綱目前編二十五卷正編五十九卷續

编二十七卷 （宋）朱熹撰 （明）陳仁錫評閱
清嘉慶九年(1804)姑蘇聚文堂刻本 一百
二十册 存五十九卷(正編五十九卷)

410000－2203－0000708 221/2B

資治通鑑綱目前編二十五卷正編五十九卷續
編二十七卷 （宋）朱熹撰 （明）陳仁錫評閱
清嘉慶九年(1804)姑蘇聚文堂刻本 一百
十九册 缺九卷(正編四十三、續編二十至二
十七)

410000－2203－0000709 221/3

續資治通鑑二百二十卷 （清）畢沅編 清嘉
慶德裕堂刻本 四十册

410000－2203－0000710 221/3B

續資治通鑑二百二十卷 （清）畢沅編 清嘉
慶德裕堂刻本 六十四册

410000－2203－0000711 221/4

御撰資治通鑑綱目三編二十卷 （清）張廷玉
等編 清乾隆十一年(1746)刻本 六册

410000－2203－0000712 221/4B

御撰資治通鑑綱目三編二十卷 （清）張廷玉
等編 清刻本 四册

410000－2203－0000713 221/4C

御撰資治通鑑綱目三編二十卷 （清）張廷玉
等編 清咸豐五年(1855)刻本 四册

410000－2203－0000714 221/5

資治通鑑補正二百九十四卷首一卷 （宋）司
馬光編集 （元）胡三省音注 （明）嚴衍補正
清光緒二十八年(1902)上海益智書局石印
本 四十八册

410000－2203－0000715 221/6

御批歷代通鑑輯覽一百二十卷 （清）傅恆等
編纂 清京都善成堂刻朱墨套印本 五十
八册

410000－2203－0000716 221/6B

御批歷代通鑑輯覽一百二十卷 （清）傅恆等
編纂 清刻本 六十册

410000－2203－0000717 221/6C

御批歷代通鑑輯覽一百二十卷 （清）傅恆等
編纂 清光緒三十年(1904)上海通元書局影
印本 二十四册

410000－2203－0000718 221/6D

御批歷代通鑑輯覽一百二十卷 （清）傅恆等
編纂 清光緒三十一年(1905)上海商務印書
館鉛印本 四十册

410000－2203－0000719 221/6E

御批歷代通鑑輯覽一百二十卷 （清）傅恆等
編纂 清光緒十三年(1887)上海同文書局石
印本 二十册

410000－2203－0000720 221/6F

御批歷代通鑑輯覽一百二十卷 （清）傅恆等
編纂 清光緒二十六年(1900)上海錬石齋石
印本 二十册

410000－2203－0000721 221/6G

御批歷代通鑑輯覽一百二十卷 （清）傅恆等
編纂 清光緒三十年(1904)上海商務印書館
鉛印本 二十四册

410000－2203－0000722 221/6H

御批歷代通鑑輯覽一百二十卷 （清）傅恆等
編纂 清嘉慶三年(1798)天津文美齋刻朱墨
套印本 八册 存十八卷(一至十八)

410000－2203－0000723 221/6J

御批歷代通鑑輯覽一百二十卷 （清）傅恆等
編纂 清光緒二十七年(1901)慎記書莊石印
本 十册

410000－2203－0000724 221/6K

御批歷代通鑑輯覽一百二十卷 （清）傅恆等
編纂 清光緒三十一年(1905)上海商務印書
館鉛印本 四十册

410000－2203－0000725 221/7

綱鑑會纂三十九卷首一卷 （明）王世貞編
清光緒二十八年(1902)山西書業德石印本
十二册

410000－2203－0000726 221/7B

重訂王鳳洲先生綱鑑會纂四十六卷 （明）王

世貞纂 （明）陳仁錫訂 （明）呂一經校 清
光緒二十九年(1903)上海經香閣石印本 七
冊 存二十三卷(一至二十三)

410000－2203－0000727 221/7C
重訂王鳳洲先生綱鑑會纂四十六卷 （明）王
世貞纂 （明）陳仁錫訂 （明）呂一經校 清
善成堂刻本 三十冊

410000－2203－0000728 221/7D
綱鑑會纂三十九卷首一卷 （明）王世貞編
御撰資治通鑑綱目三編六卷 （清）張廷玉等
編 清光緒二十五年(1899)上海著易堂石印
本(有圖) 十二冊

410000－2203－0000729 221/9
尺木堂綱鑑易知錄二十卷明鑑易知錄四卷
（清）吳乘權等輯 清光緒十三年(1887)上海
點石齋石印本 十冊

410000－2203－0000730 221/9B
**尺木堂綱鑑易知錄九十二卷明鑑易知錄十五
卷** （清）吳乘權等輯 清光緒二十四年
(1898)上海宏文閣鉛印本 十六冊

410000－2203－0000731 221/9C
尺木堂綱鑑易知錄二十卷明鑑易知錄四卷
（清）吳乘權等輯 清光緒二十四年(1898)上
海慎記書莊石印本 十冊

410000－2203－0000732 221/9D
**尺木堂綱鑑易知錄九十二卷明鑑易知錄十五
卷** （清）吳乘權等輯 清學庫山房刻本 四
十四冊

410000－2203－0000733 221/10
竹書紀年二卷 （南朝梁）沈約注 （明）吳琯
校 清刻本 一冊

410000－2203－0000734 221/11
竹書紀年統箋十二卷前編一卷雜述一卷
（南朝梁）沈約注 （清）徐文靖統箋 （清）
馬驌 （清）崔萬烜校訂 清光緒三年(1877)
浙江書局刻二十二子本 四冊

410000－2203－0000735 221/12

綱鑑補注三十九卷首一卷 （清）王世貞編
（清）李節齋校字 清宣統元年(1909)美華書
局石印本 十二冊

410000－2203－0000736 221/13
司馬溫公稽古錄二十卷 （宋）司馬光撰 清
同治十一年(1872)湖北崇文書局刻本 四冊

410000－2203－0000737 221/13B
司馬溫公稽古錄二十卷 （宋）司馬光撰 清
光緒五年(1879)江蘇書局刻本 四冊

410000－2203－0000738 221/14
綱鑑總論二卷 （清）周道卿編 清光緒二十
九年(1903)上海書局石印本 一冊

410000－2203－0000739 221/15
令德堂增定課兒鑑署妥注善本五卷 （明）李
廷機著 （明）張瑞圖校正 （清）鄒聖脉原訂
（清）周光霽重校 清刻本 二冊

410000－2203－0000740 221/16
綱鑑擇言十卷 （清）司徒修選輯 清道光二
十六年(1846)刻本 六冊

410000－2203－0000741 221/17
二十二史紀事提要八卷 （清）吳綏纂 清乾
隆十一年(1746)刻本 十二冊

410000－2203－0000742 221/18
讀通鑑綱目劄記二十卷 （清）章邦元著
（清）孫鏘鳴 （清）劉瑞芬審定 清光緒十八
年(1892)毘陵謝潤卿刻銅陵章氏家藏本
四冊

410000－2203－0000743 221/19
御批續資治通鑑綱目二十七卷 （明）商輅等
撰 清末影印本 六冊

410000－2203－0000744 221/20
讀通鑑綱目劄記二十卷 （清）章邦元著
（清）孫鏘鳴 （清）劉瑞芬審定 清光緒十八
年(1892)毘陵謝潤卿刻銅陵章氏家藏本
四冊

410000－2203－0000745 221/21
通鑑釋文辯誤十二卷 （元）胡三省撰 清光

緒二十八年（1902）上海積山書局石印本
一冊

410000－2203－0000746　221/22
資治通鑑綱目五十九卷 （宋）朱熹撰 （明）
陳仁錫評閱 **續資治通鑑綱目二十七卷**
（明）商輅等撰 （明）陳仁錫評閱 **資治通鑑
綱目前編二十五卷** （明）南軒撰 （明）陳仁
錫評閱 明崇禎三年（1630）陳仁錫刻本 一
百冊

410000－2203－0000747　221/24
綱鑑會纂三十九卷首一卷 （明）王世貞編
綱鑑會通明紀十五卷 （清）陳志襄輯 清書
業德刻本 四十八冊

410000－2203－0000748　222/1－1
東華錄不分卷（天聰朝至順治朝） 王先謙編
清光緒石印本 七冊

410000－2203－0000749　222/1－2
東華錄不分卷（康熙朝、雍正朝、嘉慶朝 ）
王先謙編 清光緒二十五年（1899）石印本
二十冊

410000－2203－0000750　222/1－4
東華錄不分卷（乾隆朝至道光朝） 王先謙編
清光緒二十年（1894）上海積山書局石印本
二十八冊

410000－2203－0000751　222/1－6
東華續錄不分卷（咸豐朝） 王先謙編 清光
緒二十年（1894）上海積山書局石印本 十
八冊

410000－2203－0000752　222/1－8
東華續錄不分卷（同治朝） 王先謙編 清光
緒石印本 十一冊

410000－2203－0000753　222/1B
東華錄擥要一百十四卷（天命朝至同治朝）
（清）汪文安錄 （清）汪翰章 （清）汪衡章
校 清光緒二十九年（1903）上海商務印書館
鉛印本 二十八冊

410000－2203－0000754　222/2

東華續錄不分卷（光緒朝） （清）朱壽朋編
潘鴻鼎校 清宣統元年（1909）上海集成圖書
公司鉛印本 六十四冊

410000－2203－0000755　222/3
前漢紀三十卷 （漢）荀悅撰 （清）蔣國祥
（清）蔣國祚校 **後漢紀三十卷** （晉）袁宏撰
（清）蔣國祥 （清）蔣國祚校 清光緒五年
（1879）刻本 十二冊

410000－2203－0000756　222/3B
前漢紀三十卷 （漢）荀悅撰 **後漢紀三十卷**
（晉）袁宏撰 清光緒二年（1876）嶺南述古
堂刻本 十冊 存五十卷（前漢紀三十卷、後
漢紀一至二十）

410000－2203－0000757　222/4
明通鑑九十卷前編四卷坿編六卷 （清）夏燮
編輯 清光緒二十六年（1900）上海掃葉山房
石印本 十六冊

410000－2203－0000758　222/4B
明通鑑九十卷前編四卷坿編六卷 （清）夏燮
編輯 清光緒二十九年（1903）上海點石齋書
局影印本 十六冊

410000－2203－0000759　222/5
御撰資治通鑑綱目三編六卷 （清）張廷玉等
編 清末上海富強齋影印本 一冊 存四卷
（一至四）

410000－2203－0000760　222/5
御批資治通鑑綱目三編二十卷 （清）張廷玉
等編 清末影印本 一冊

410000－2203－0000761　222/6
御撰資治通鑑綱目三編二十卷 （清）張廷玉
等編 清刻本 四冊

410000－2203－0000762　222/7
戰國紀年六卷地輿一卷年表一卷 （清）林春
溥纂 清道光十八年（1838）刻竹柏山房十五
種附刻四種本 六冊

410000－2203－0000763　222/8
靖康要錄十六卷 （宋）□□撰 清光緒十二

年(1886)歸安陸氏刻十萬卷樓叢書本　六冊

410000－2203－0000764　222/9

皇朝政典挈要六卷　（日本）增田貢著　清光緒二十八年(1902)上海中西譯書會影印本　一冊

410000－2203－0000765　222/16

東華備遺錄六卷(天命朝至康熙朝)　（清）蔣良騏著　清抄本　四冊　存四卷(一、三至四、六)

410000－2203－0000766　23/1

紀事本末五種　（清）□□輯　清同治十二年至十三年(1873－1874)江西書局刻本　一百三十四冊

410000－2203－0000767　23/4B

明朝紀事本末八十卷　（清）谷應泰編著（清）谷際利　（清）谷際第訂　清順治十五年(1658)刻本　二十冊

410000－2203－0000768　23/4C

明史紀事本末八十卷　（清）谷應泰編輯（清）朱記榮校正　清光緒二十五年(1899)上海慎記書莊石印歷朝紀事本末本　八冊

410000－2203－0000769　23/5

皇清開國方略三十二卷首一卷　（清）阿桂等纂輯　清光緒十三年(1887)廣百宋齋鉛印本　六冊

410000－2203－0000770　23/7

三藩紀事本末二十二卷　（清）楊陸榮編輯（清）朱記榮校定　清光緒十四年(1888)上海書業公所鉛印歷朝紀事本末本　一冊

410000－2203－0000771　23/8

聖武記十四卷　（清）魏源撰　清光緒四年(1878)鉛印申報館叢書本　八冊　存十二卷(一至六、八、十至十四)

410000－2203－0000772　23/8

聖武記十四卷　（清）魏源撰　清刻本　二冊　存二卷(七、九)

410000－2203－0000773　23/8B

聖武記十四卷　（清）魏源撰　清光緒二十九年(1903)蜚英館鉛印本　六冊

410000－2203－0000774　23/8C

聖武記十四卷　（清）魏源撰　清道光二十六年(1846)刻本　十二冊

410000－2203－0000775　23/8D

聖武記十四卷　（清）魏源撰　清道光二十六年(1846)古徽堂刻本　十二冊

410000－2203－0000776　23/8E

聖武記十四卷　（清）魏源撰　清道光二十六年(1846)古徽堂刻本　十一冊　存十三卷(一、三至十四)

410000－2203－0000777　23/9

中東戰紀本末續編四卷首一卷末一卷　（美國）林樂知審訂　（清）蔡爾康纂輯　清光緒二十三年(1897)上海圖書集成局鉛印本　四冊

410000－2203－0000778　23/9

中東戰紀本末續編四卷首一卷末一卷　（美國）林樂知審訂　（清）蔡爾康纂輯　清光緒二十三年(1897)上海圖書集成局鉛印本　四冊

410000－2203－0000779　23/10

泰西新史攬要二十三卷附記一卷　（英國）馬懇西原本　（英國）李提摩太譯　（清）蔡爾康述稿　清光緒二十八年(1902)美華書局鉛印本(有圖)　八冊

410000－2203－0000780　23/10B

泰西新史攬要二十四卷　（英國）馬懇西原本（英國）李提摩太譯　（清）蔡爾康述稿　清末上海廣學會鉛印本　七冊

410000－2203－0000781　23/12

金史紀事本末五十二卷　（清）李有棠編纂　清末石印本　三冊

410000－2203－0000782　23/13

遼史紀事本末四十卷　（清）李有棠編纂　清光緒二十五年(1899)上海慎記書莊石印歷朝

紀事本末本　二冊

410000－2203－0000783　23/13

遼史紀事本末四十卷　（清）李有棠編纂　清
光緒二十五年(1899)上海慎記書莊石印歷朝
紀事本末本　二冊

410000－2203－0000784　23/15

三藩紀事本末二十二卷　（清）楊陸榮編輯
（清）朱記榮校定　清光緒二十五年(1899)上
海慎記書莊石印歷朝紀事本末本　一冊

410000－2203－0000785　23/15B

三藩紀事本末二十二卷　（清）楊陸榮編輯
（清）朱記榮校定　清光緒二十四年(1898)上
海文瀾書局石印本　一冊

410000－2203－0000786　23/16

明紀六十卷　（清）陳鶴纂　（清）陳克家參訂
　清光緒二十八年(1902)上海積山書局石印
本　六冊

410000－2203－0000787　23/17

明季南畧十八卷　（清）計六奇編輯　清都城
琉璃廠半松居士木活字印本　六冊　存九卷
（一至九）

410000－2203－0000788　23/18

中東戰紀本末八卷首一卷末一卷　（美國）林
樂知著譯　（清）蔡爾康纂輯　清光緒二十三
年(1897)上海圖書集成局鉛印本(有圖)
八冊

410000－2203－0000789　23/19

平定粵匪紀略十八卷附記四卷　（清）杜文瀾
撰　清同治十年(1871)京都聚珍齋刻本
十冊

410000－2203－0000790　23/19

平定粵匪紀略十八卷附記四卷　（清）杜文瀾
撰　清同治十年(1871)京都聚珍齋刻本
十冊

410000－2203－0000791　23/20

歷朝紀事本末九種　（清）陳如升輯　（清）朱
記榮輯　清光緒二十五年(1899)上海慎記書

莊石印本　五十六冊

410000－2203－0000792　24/1

綏寇紀略十二卷補遺三卷　（清）吳偉業纂輯
（清）鄒漪訂　（清）張海鵬重校　清嘉慶九
年(1804)昭文張氏照曠閣刻本　八冊

410000－2203－0000793　24/2

湘軍記二十卷　（清）王定安撰　清光緒十五
年(1889)江南書局刻本　十二冊

410000－2203－0000794　291.1/16

三通序三卷　（唐）杜佑等著　清道光十年
(1830)刻本　三冊

410000－2203－0000795　291.1/21

九通序三卷　（唐）杜佑等著　清光緒二十八
年(1902)景幡山房鉛印本　三冊

410000－2203－0000796　24/4

豫軍紀略十二卷　（清）尹耕雲等撰　清同治
十一年(1872)刻本　十二冊

410000－2203－0000797　24/4

豫軍紀略十二卷　（清）尹耕雲等撰　清同治
十一年(1872)刻本　六冊

410000－2203－0000798　24/5

台灣外記二卷　（清）江東旭撰　清光緒三十
三年(1907)上海均益圖書公司鉛印本　二冊

410000－2203－0000799　24/7

元朝秘史十五卷　（元）□□撰　（清）李文田
注　清光緒二十九年(1903)石印本　四冊

410000－2203－0000800　24/7B

元朝秘史十五卷　（元）□□撰　（清）李文田
注　清光緒二十九年(1903)石印本　四冊

410000－2203－0000801　24/7B

元史譯文證補三十卷　（清）洪鈞撰　清光緒
二十三年(1897)刻本　四冊　存二十卷(一
至六、九至十二、十四至十五、十八、二十二至
二十四、二十六至二十七、二十九至三十)

410000－2203－0000802　24/8

行朝錄十一卷末一卷　（清）黃宗羲撰　清光
緒十九年(1893)徐氏鑄學齋刻紹興先正遺書

本 二冊

410000－2203－0000803　24/11

戰國策選四卷　（清）儲欣評　（清）儲芝糸述
　清雍正元年(1723)二南堂刻本　二冊

410000－2203－0000804　24/11B

戰國策選四卷　（清）儲欣評　（清）儲芝糸述
　清乾隆五十年(1785)二南堂刻本　二冊

410000－2203－0000805　24/11B

西漢文選四卷　（清）儲欣評　（清）儲芝糸述
　清乾隆五十年(1785)二南堂刻本　二冊
　存二卷(三至四)

410000－2203－0000806　24/13

重校國語國策合編五十四卷　（漢）高誘
　（三國吳）韋昭注　（清）黃蕘圃(黃丕烈)輯
　札記四卷　（清）黃丕烈撰　清光緒二十一
　年(1895)寶善堂刻本　十冊

410000－2203－0000807　24/13B

國語國策合編五十四卷　（漢）高誘　（三國
吳）韋昭注　（清）黃蕘圃(黃丕烈)輯　**札記
四卷**　（清）黃丕烈撰　清光緒二十二年
(1896)上海鴻寶齋石印本　八冊

410000－2203－0000808　24/14

國語二十一卷　（三國吳）韋昭注　（宋）宋庠
補音　清乾隆二十七年(1762)文盛堂刻本
四冊

410000－2203－0000809　24/15

國語二十一卷　（三國吳）韋昭注　清影宋刻
本　八冊

410000－2203－0000810　24/15B

國語二十一卷　（三國吳）韋昭注　**校刊明道
本韋氏解國語札記一卷**　（清）黃丕烈撰　**國
語明道本攷異四卷**　（清）汪遠孫撰　清同治
八年(1869)湖北崇文書局刻本　五冊

410000－2203－0000811　24/15C

國語二十一卷　（三國吳）韋昭注　（宋）宋庠
補音　清乾隆二十七年(1762)文盛堂刻本
四冊

410000－2203－0000812　24/16

采菽堂評選戰國策十二卷　（清）陳祚明評選
　（清）翁嵩年　（清）沈文菁裁注　（清）汪
熷糸校　清康熙四十八年(1709)刻本　四冊

410000－2203－0000813　24/19

明季稗史彙編十六種　題（清）留雲居士輯
清京都琉璃廠刻本　十冊

410000－2203－0000814　24/20

國語鈔二卷　（清）高壎集評　清乾隆五十三
年(1788)廣郡永邑培元堂楊氏刻高梅亭讀書
叢鈔本　二冊

410000－2203－0000815　24/21

國語鈔二卷　（清）高壎集評　清乾隆五十三
年(1788)廣郡永邑培元堂楊氏刻高梅亭讀書
叢鈔本　二冊

410000－2203－0000816　24/22

小腆紀年坿攷二十卷　（清）徐鼒撰　清刻本
　十二冊

410000－2203－0000817　24/24

西國近事彙編　（美國）金楷理口譯　（清）蔡
錫齡筆述　清光緒三年至十八年（1877－
1892)上海機器製造局鉛印本　三十一冊
　存三十一卷(丁丑一至四、戊寅一至三、癸未
二至四、甲申一至四、丁亥一至四、戊子一至
四、己丑一至四、庚寅二、壬辰一至四)

410000－2203－0000818　24/25

兩淮戡亂記一卷　（清）張瑞墀著　清宣統元
年(1909)鉛印本　一冊

410000－2203－0000819　24/27

庚子京津拳匪紀略八卷前編二卷後編二卷
（清）僑新生輯　清光緒二十七年(1901)香港
書局石印本(有圖)　六冊

410000－2203－0000820　24/27B

庚子京津拳匪紀略八卷前編二卷後編二卷
（清）僑新生輯　清末石印本　五冊

410000－2203－0000821　24/28

沈觀察燕晉弭兵記二卷　（清）陳守謙述稿

清光緒二十九年(1903)上海英商順成書局石印本　一冊

410000－2203－0000822　24/33
大金國志四十卷　(宋)宇文懋昭撰　清嘉慶二年(1797)掃葉山房刻宋遼金元別史本　六冊

410000－2203－0000823　24/35
明季北略二十四卷　(清)計六奇編輯　清光緒十三年(1887)上海圖書集成印書局鉛印本　六冊

410000－2203－0000824　24/35B
明季北略二十四卷　(清)計六奇編輯　清都城琉璃廠半松居士木活字印本　十二冊

410000－2203－0000825　24/36
路史節讀十卷　(宋)羅泌纂　(清)廖文錦節訂　清光緒二十七年(1901)刻本　四冊

410000－2203－0000826　24/37
七家後漢書八種　(清)汪文臺輯　清光緒八年(1882)刻本　五冊　存五種十七卷

410000－2203－0000827　24/38
荊駝逸史　題(清)陳湖逸士輯　清宣統三年(1911)中國圖書館石印本　八冊　存十一種二十八卷

410000－2203－0000828　24/38B
荊駝逸史　題(清)陳湖逸士輯　清道光木活字印本　二十四冊　存三十八種六十六卷

410000－2203－0000829　24/39
拳匪紀事六卷　(日本)佐原篤介　(清)漚隱輯　清光緒鉛印本(有圖)　六冊

410000－2203－0000830　24/41
文昌雜錄六卷補遺一卷　(宋)龐元英撰　清乾隆二十一年(1756)德州盧氏刻雅雨堂藏書本　一冊

410000－2203－0000831　24/41
文昌雜錄六卷補遺一卷　(宋)龐元英撰　清乾隆二十一年(1756)德州盧氏刻雅雨堂藏書本　一冊

410000－2203－0000832　24/43
東征集六卷　(清)藍鼎元撰　(清)王者輔評　清雍正十年(1732)刻鹿洲全集本　六冊

410000－2203－0000833　24/54
東觀漢記二十四卷　(漢)劉珍等撰　清乾隆六十年(1795)掃葉山房刻本　二冊

410000－2203－0000834　24/58
明末紀事補遺十卷　(清)□□撰　清刻本　五冊

410000－2203－0000835　24/60
重訂路史全本四十七卷　(宋)羅泌輯　(宋)羅苹注　(明)吳弘基等訂　清刻本　十二冊

410000－2203－0000836　24/60B
重訂路史全本四十七卷　(宋)羅泌輯　(宋)羅苹注　(明)吳弘基等訂　清嘉慶六年(1801)刻本　二十冊

410000－2203－0000837　24/61
戰國策三十三卷　(漢)高誘注　重刻剡川姚氏本戰國策札記三卷　(清)黃丕烈撰　清同治八年(1869)湖北崇文書局刻本　五冊

410000－2203－0000838　24/61C
戰國策三十三卷　(漢)高誘注　重刻剡川姚氏本戰國策札記三卷　(清)黃丕烈撰　**國語二十一卷**　(三國吳)韋昭解　校刊明道本韋氏解國語札記一卷　(清)黃丕烈撰　**國語明道本攷異四卷**　(清)汪遠孫撰　清光緒二年(1876)刻本　八冊　存五十二卷(戰國策三十三卷、重刻剡川姚氏戰國策札記三卷、國語十一至二十一、校刊明道本韋氏解國語札記一卷、國語攷異四卷)

410000－2203－0000839　24/61B
戰國策三十三卷　(漢)高誘注　重刻剡川姚氏本戰國策札記三卷　(清)黃丕烈撰　清同治八年(1869)湖北崇文書局刻本　五冊

410000－2203－0000840　24/61D
戰國策十卷　(宋)鮑彪校注　(元)吳師道重校　明萬曆金陵余氏刻本　五冊　存八卷(一至八)

410000－2203－0000841　24/61E

戰國策三十三卷　（漢）高誘注　清乾隆二十一年(1756)德州盧氏刻雅雨堂藏書本　六冊

410000－2203－0000842　24/61E

戰國策三十三卷　（漢）高誘注　清乾隆二十一年(1756)德州盧氏刻雅雨堂藏書本　七冊

410000－2203－0000843　24/65

史餘萃覽四卷　（清）楊家麟集　清光緒四年(1878)鉛印申報館叢書本　三冊

410000－2203－0000844　24/66

淮軍平捻記十二卷　（清）周世澄撰　清末上海機器印書局刻本　一冊　存六卷(一至六)

410000－2203－0000845　24/67

皇明繩武編擬續大學衍義三十四卷　（明）吳瑞登撰　明萬曆刻本　十四冊

410000－2203－0000846　24/68

華陽國志十二卷　（晉）常璩撰　清嘉慶十九年(1814)鄰水廖寅題襟館刻本　二冊

410000－2203－0000847　24/69

甲申傳信錄十卷　（明）錢軹著　清光緒鉛印申報館叢書本　四冊

410000－2203－0000848　24/71

見聞偶記一卷外紀一卷　（清）蘇元善著　清光緒蘇氏刻本　一冊

410000－2203－0000849　24/72

粵氛紀事十三卷　題(清)謝山居士輯　清同治八年(1869)謝氏刻本　五冊

410000－2203－0000850　24/73

湘軍水陸戰紀十六卷　（清）鮑叔衡撰　清光緒十一年(1885)北京同文堂石印本　一冊　存七卷(一至七)

410000－2203－0000851　24/74

熙朝新語十六卷　（清）余金輯　清道光二年(1822)有金堂刻本　五冊

410000－2203－0000852　24/75

戰國策去毒二卷　（清）陸隴其評選　清同治九年(1870)六安求我齋刻本　二冊

410000－2203－0000853　24/78

皇朝政典輯要六卷　（日本）增田貢著　清光緒影印本　二冊

410000－2203－0000854　24/79

時務通考三十一卷　題(清)杞廬主人編　清光緒二十三年(1897)點石齋石印本　二十四冊

410000－2203－0000855　24/79

時務通考三十一卷　題(清)杞廬主人編　清光緒二十三年(1897)點石齋石印本　二十四冊

410000－2203－0000856　24/80

時務通考續編三十一卷　題(清)點石齋主人編　清光緒二十七年(1901)上海點石齋石印本　十六冊

410000－2203－0000857　24/80B

時務通考續編三十一卷　題(清)點石齋主人編　清末石印本　十六冊

410000－2203－0000858　24/81

歷代小史一百五卷　（明）李栻輯　明刻本　五冊　存三十九卷(四十二至五十五、六十九至七十八、八十八至九十二、九十六至一百五)

410000－2203－0000859　24/82

九國志十二卷　（宋）路振撰　（宋）張唐英補　清道光三十年(1850)刻粵雅堂叢書本　四冊

410000－2203－0000860　251/1

弘簡錄二百五十四卷　（明）邵經邦學　（清）邵遠平校閱　清康熙刻本　六十四冊

410000－2203－0000861　251/2

東都事略一百三十卷　（宋）王稱撰　清光緒九年(1883)淮南書局刻本　八冊

410000－2203－0000862　251/2B

東都事畧一百三十卷　（宋）王稱撰　清乾隆六十年(1795)南沙席氏掃葉山房刻宋遼金元別史本　八冊

410000－2203－0000863　251/3

史外八卷　（清）汪有典著　清同治四年
(1865)刻本　八冊

410000－2203－0000864　251/4

宋名臣言行錄前集十卷後集十四卷　（宋）朱
熹纂集　續集八卷別集二十六卷外集十七卷
（宋）李幼武纂集　清道光二十二年(1842)
丹徒包氏刻本　二十八冊

410000－2203－0000865　251/5

朱文端公藏書　（清）朱軾撰　清康熙至乾隆
間刻本　二十二冊　存三種五十六卷

410000－2203－0000866　251/6B

歷代循吏傳八卷　（清）朱軾　（清）蔡世遠輯
清雍正七年(1729)刻朱文端公藏書本
四冊

410000－2203－0000867　251/8

高士傳三卷　（晉）皇甫謐撰　清光緒元年
(1875)湖北崇文書局刻崇文書局彙刻書本
一冊

410000－2203－0000868　251/8

高士傳三卷　（晉）皇甫謐撰　清光緒元年
(1875)湖北崇文書局刻崇文書局彙刻書本
一冊

410000－2203－0000869　251/9

古列女傳七卷　（漢）劉向著　續列女傳一卷
（□）□□撰　（明）黃魯曾贊　清光緒元年
(1875)湖北崇文書局刻三年(1877)印崇文書
局彙刻書本　四冊

410000－2203－0000870　251/9B

古列女傳七卷　（漢）劉向著　續列女傳一卷
（□）□□撰　（明）黃魯曾贊　清光緒元年
(1875)湖北崇文書局刻三年(1877)印崇文書
局彙刻書本　四冊

410000－2203－0000871　251/10

畿輔人物考八卷　（清）孫奇逢輯　清同治八
年(1869)刻孫夏峰全集本　八冊

410000－2203－0000872　251/10B

畿輔人物考八卷　（清）孫奇逢輯　清同治八
年(1869)刻孫夏峰全集本　八冊

410000－2203－0000873　251/12

增補泰西名人傳六卷　（清）徐心鏡增訂　清
光緒二十九年(1903)上海鴻寶齋石印本(有
圖)　四冊

410000－2203－0000874　251/12

增補泰西名人傳六卷　（清）徐心鏡增訂　清
光緒二十九年(1903)上海鴻寶齋石印本(有
圖)　四冊

410000－2203－0000875　251/16

泰西人物韻編不分卷　（清）汪成教編輯　清
光緒二十九年(1903)上海書局石印本　六冊

410000－2203－0000876　251/16

泰西人物韻編不分卷　（清）汪成教編輯　清
光緒二十九年(1903)上海書局石印本　六冊

410000－2203－0000877　251/19

古品節錄六卷　（清）松筠編　清宣統二年
(1910)守政書局刻本　六冊

410000－2203－0000878　251/20

人壽金鑑二十二卷　（清）程得齡輯　清光緒
元年(1875)湖北崇文書局刻本　六冊

410000－2203－0000879　251/21

關西馬氏世行錄七卷後錄三卷續錄一卷又續
錄一卷又續錄之餘一卷　（清）馬先登輯　清
同治七年(1868)關中馬氏敦倫堂刻馬氏叢刻
本　八冊

410000－2203－0000880　251/22

人表考九卷　（清）梁玉繩撰　清光緒十四年
(1888)廣雅書局刻本　四冊

410000－2203－0000881　251/23

關學續編三卷　（清）王爾緝著　清光緒十七
年(1891)刻本　二冊

410000－2203－0000882　251/24

人物附攷一卷　（清）□□撰　清光緒二十三
年(1897)劉鴻鈞抄本　一冊

410000－2203－0000883　251/25

名宦鄉賢錄一卷江夏陳氏義莊條規一卷
(清)陳鑾著　清光緒十四年(1888)江夏陳氏
京都刻本　二冊

410000－2203－0000884　251/26
闕里文獻考一百卷　(清)孔繼汾撰　清乾隆
二十七年(1762)刻本　八冊

410000－2203－0000885　251/27D
敕封大王將軍畫像一卷　(清)□□繪畫　清
宣統二年(1910)臨桂王氏影印本　一冊

410000－2203－0000886　251/28
國朝先正事略六十卷　(清)李元度纂　清光
緒十三年(1887)上海點石齋石印本　八冊

410000－2203－0000887　251/28
國朝先正事略六十卷　(清)李元度纂　清光
緒十三年(1887)上海點石齋石印本　八冊

410000－2203－0000888　251/28B
國朝先正事略六十卷　(清)李元度纂　清光
緒二十八年(1902)上海點石齋石印本　十冊

410000－2203－0000889　251/28C
國朝先正事略六十卷　(清)李元度纂　清同
治五年(1866)循陔草堂刻本　二十一冊　存
五十九卷(一至二十二、二十四至六十)

410000－2203－0000890　251/28D
國朝先正事略六十卷　(清)李元度纂　清同
治五年(1866)循陔草堂刻本　二十四冊

410000－2203－0000891　251/28E
國朝先正事略六十卷　(清)李元度纂　**中興
名臣事略八卷**　朱孔彰撰　清光緒二十五年
(1899)上海圖書集成印書局鉛印本　十一冊

410000－2203－0000892　251/28E
國朝先正事略六十卷　(清)李元度纂　**中興
名臣事略八卷**　朱孔彰撰　清光緒二十五年
(1899)上海圖書集成印書局鉛印本　十一冊

410000－2203－0000893　251/29
歷代名臣言行錄二十四卷　(清)朱桓編輯
(清)潘永季校定　(清)許時庚重校　清光緒
十五年(1889)上海廣百宋齋鉛印本　十二冊

410000－2203－0000894　251/29B
歷代名臣言行錄二十四卷　(清)朱桓編輯
(清)潘永季校定　清光緒二十八年(1902)上
海寶善書局石印本　八冊

410000－2203－0000895　251/30
歷代名臣言行錄續集四十卷首一卷　(清)張
兆蓉編輯　清光緒二十八年(1902)上海通文
局石印本　十二冊

410000－2203－0000896　251/33
明儒學案六十二卷師說一卷　(清)黃宗羲著
　清道光元年(1821)會稽莫氏刻光緒宣城劉
氏補刻本　三十冊

410000－2203－0000897　251/33B
明儒學案六十二卷師說一卷　(清)黃宗羲著
　清光緒豫章夏鼎等刻本　三十九冊　存六
十二卷(明儒學案六十二卷)

410000－2203－0000898　251/35
中州道學編二卷　(清)耿介輯　清康熙三十
年(1691)刻本　二冊

410000－2203－0000899　251/36
測海山房中西算學叢刻初編　題(清)測海山
房主人輯　清光緒二十二年(1896)上海璣衡
堂石印本　六冊　存二種六十卷

410000－2203－0000900　251/36
測海山房中西算學叢刻初編　題(清)測海山
房主人輯　清光緒二十二年(1896)上海璣衡
堂石印本　六冊　存二種六十卷

410000－2203－0000901　251/37C
歷代畫史彙傳七十二卷首一卷總目三卷附錄
二卷　(清)彭蘊璨輯　(清)邱步洲重輯　清
同治十三年(1874)三楚畊餘堂邱氏刻本　二
十六冊

410000－2203－0000902　251/37D
歷代畫史彙傳七十二卷首一卷總目三卷附錄
二卷　(清)彭蘊璨輯　(清)邱步洲重輯　清
同治十三年(1874)三楚畊餘堂邱氏刻本　三
十二冊

410000－2203－0000903　251/39

洛學編六卷　（清）湯斌輯　清道光三十年(1850)浚儀田伓刻本　二册

410000－2203－0000904　251/39B

洛學編五卷　（清）湯斌輯　清刻本　二册

410000－2203－0000905　251/40

理學宗傳二十六卷　（清）孫奇逢撰　清康熙六年(1667)刻道光至光緒間遞刻孫夏峰全集本　十二册　存十九卷(一至七、九至十六、二十三至二十六)

410000－2203－0000906　251/40B

理學宗傳二十六卷　（清）孫奇逢撰　清康熙六年(1667)刻道光至光緒間遞刻孫夏峰全集本　十六册

410000－2203－0000907　251/45

學案小識十四卷末一卷　（清）唐鑑撰　清光緒十年(1884)刻本　十二册

410000－2203－0000908　251/46

貳臣傳十二卷逆臣傳四卷　（清）國史館編　清末北京琉璃廠半松居士刻本　二册　存四卷(逆臣傳四卷)

410000－2203－0000909　251/46B

逆臣傳四卷　（清）國史館編　清刻本　一册

410000－2203－0000910　251/46C

貳臣傳十二卷逆臣傳四卷　（清）國史館編　清末北京琉璃廠半松居士刻本　七册　存十卷(貳臣傳三至四、七至八、十一至十二,逆臣傳四卷)

410000－2203－0000911　251/47

貳臣傳十二卷　（清）國史館編　清刻本　六册

410000－2203－0000912　251/48

漢學師承記八卷經師經義目錄一卷宋學淵源記二卷附記一卷　（清）江藩纂　清末上海文瑞樓鉛印本　一册

410000－2203－0000913　251/52

歷代名賢齒譜九卷名媛齒譜三卷　（清）易宗

涒輯　清刻本　二册　存二卷(歷代名賢齒譜三至四)

410000－2203－0000914　251/53

滿洲名臣傳四十八卷　（清）國史館編　清刻本　六册　存六卷(十、十四、十六、十八、二十二、三十五)

410000－2203－0000915　251/55

歐洲八大帝王傳一卷　（英國）李提摩太著　清光緒二十五年(1899)上海廣學會鉛印本　一册

410000－2203－0000916　251/56

世界發明原始家略傳一卷　（清）□□撰　清光緒二十八年(1902)上海科學儀器館鉛印本　一册

410000－2203－0000917　251/57

花甲閒談十六卷　（清）張維屏撰　清光緒十年(1884)上海同文書局石印本(有圖)　四册

410000－2203－0000918　251/58

海國尚友錄八卷　（清）吳佐清輯　清光緒二十九年(1903)上海奎章書局石印本　三册　存六卷(一至二、五至八)

410000－2203－0000919　251/59

外國尚友錄十卷　（清）張元輯　清光緒二十八年(1902)明達書社石印本　四册

410000－2203－0000920　251/60

宋名臣言行錄五種　（宋）□□輯　（明）張采評閱　明崇禎十一年(1638)刻本　二十册

410000－2203－0000921　251/61

漢前將軍壯穆侯關公考十八卷　（清）冉覲祖撰　清同治八年(1869)大梁王繼祖抄本　一册

410000－2203－0000922　251/62

蘭閨寶錄六卷　（清）完顏惲珠輯　清道光十一年(1831)紅香館刻汴省龍文齋印本　六册

410000－2203－0000923　251/64

校正尚友錄二十二卷　（明）廖用賢編纂　（清）張伯琮補輯　清光緒十九年(1893)上海

蜚英館石印本　四冊

410000－2203－0000924　251/64

校正尚友錄續集二十二卷　題(清)退思主人
編纂　清光緒二十年(1894)上海書局石印本
五冊　存十八卷(一至八、十三至二十二)

410000－2203－0000925　251/64B

尚友錄二十二卷　(明)廖用賢編纂　(清)張
伯琮補輯　清光緒十六年(1890)掃葉山房影
印本　六冊

410000－2203－0000926　251/64C

尚友錄二十二卷　(明)廖用賢編纂　(清)張
伯琮補輯　清康熙五年(1666)瀫水天祿齋刻
本　十六冊

410000－2203－0000927　251/66

圖繪寶鑑八卷　(元)夏文彥纂　(元)藍瑛等
重訂　清康熙借綠草堂刻本　四冊

410000－2203－0000928　251/66B

圖繪寶鑑八卷補遺一卷　(元)夏文彥纂
(元)藍瑛等重訂　清刻本　四冊

410000－2203－0000929　251/70

三立祠傳二卷　(明)袁繼成撰　清乾隆刻嘉
慶二十三年(1818)武鄉李氏補刻本　四冊

410000－2203－0000930　251/71

修史試筆二卷　(清)藍鼎元纂　(清)曠敏本
評　清刻本　二冊

410000－2203－0000931　252/1

重纂三遷志十卷首一卷　(清)張曜等督纂
(清)孟廣均原纂　(清)陳錦等重纂　清光緒
十三年(1887)山東書局刻本(有圖)　六冊

410000－2203－0000932　252/1B

三遷志十二卷　(清)孟尚桂鑒定　(清)王特
選增纂　(清)孔傳商較訂　清康熙六十一年
(1722)刻本　四冊

410000－2203－0000933　252/3

陸清獻公莅嘉遺蹟三卷　(清)黃維玉編輯
清同治六年(1867)上海道前徐氏刻本　一冊

410000－2203－0000934　252/4

關帝聖蹟圖誌全集十卷　(元)胡琦撰　清嘉
慶十二年(1807)刻本(有圖)　四冊

410000－2203－0000935　252/13

闕里文獻考一百卷首一卷末一卷　(清)孔繼
汾撰　清乾隆二十七年(1762)刻本　七冊
存八十一卷(一至八十、首一卷)

410000－2203－0000936　252/16

俄大彼得帝傳二卷　(日本)山崎敬一郎著
(清)張穉光譯　(清)謝錦校　清光緒二十八
年(1902)鉛印本　二冊

410000－2203－0000937　252/17

曾文正公[國藩]大事記一卷　(清)王定安著
清刻本　一冊

410000－2203－0000938　252/20

李鴻章十二章　梁啟超著　清光緒二十七年
(1901)石印本　一冊

410000－2203－0000939　253/1

曾文正公[國藩]年譜十二卷　(清)黎庶昌撰
清光緒二年(1876)傳忠書局刻曾文正公全
集本　六冊

410000－2203－0000940　253/7

徵君孫[奇逢]先生年譜二卷　(清)湯斌等撰
清康熙刻道光至光緒間遞刻孫夏峰全集本
二冊

410000－2203－0000941　253/9

繹史一百六十卷　(清)馬驌撰　清鉛印本
一冊　存一卷(八十六)

410000－2203－0000942　253/10

阿文成公[桂]年譜三十四卷　(清)那彥成纂
(清)王昶勘定　(清)盧蔭溥增脩　清刻本
三冊　存三卷(三至五)

410000－2203－0000943　253/11

顧千里先生[廣圻]年譜二卷　(清)趙詒琛編
輯　清末對樹書屋刻本　一冊

410000－2203－0000944　253/12

韓[愈]柳[宗元]年譜八卷　(清)馬曰璐輯
清光緒元年(1875)隸釋齋刻本　一冊

410000－2203－0000945　253/13

武虛谷先生[億]年譜一卷　（清）□□撰　清末抄本　一冊

410000－2203－0000946　253/14

歷代名人年譜十卷存疑及生卒年月無攷一卷（清）吳榮光撰　（清）瞿樹辰　（清）吳彌光編校　清光緒元年(1875)南海張氏刻本十冊

410000－2203－0000947　254/1

出使英法義比四國日記六卷　（清）薛福成撰　清光緒二十年(1894)孫谿校經堂刻本六冊

410000－2203－0000948　254/1B

出使英法義比四國日記六卷　（清）薛福成撰　清光緒十八年(1892)石印本　三冊

410000－2203－0000949　254/1B

庸庵文編四卷續編二卷　（清）薛福成撰　清光緒二十三年(1897)上海醉六堂石印本三冊

410000－2203－0000950　254/1C

出使英法義比四國日記六卷　（清）薛福成撰　清末石印本　三冊

410000－2203－0000951　254/1D

出使英法義比四國日記六卷　（清）薛福成撰　清光緒二十二年(1896)上海圖書集成印書局鉛印本　三冊

410000－2203－0000952　254/2

遊譜一卷　（清）孫奇逢著　（清）馬爾楹（清）孫望雅編　清刻本　一冊

410000－2203－0000953　254/3

隨軺日記不分卷(清光緒十六年至十七年)韓國鈞撰　清光緒二十五年(1899)刻本(有圖)　一冊

410000－2203－0000954　254/4

復堂日記八卷(同治二年癸亥五月至辛卯十一月)　（清）譚獻撰　清光緒十三年(1887)刻半厂叢書初編本　三冊

410000－2203－0000955　254/5

陳文恭公手劄節要二卷　（清）陳宏謀著　清宣統二年(1910)刻本　二冊

410000－2203－0000956　254/7

復堂日記八卷(同治二年癸亥五月至辛卯十一月)　（清）譚獻撰　清光緒十三年(1887)刻半厂叢書初編本　一冊　存四卷(一至四)

410000－2203－0000957　255/7

吳柳堂先生誄文正續合編不分卷　（清）傅巖霖輯　清光緒九年(1883)刻本　四冊

410000－2203－0000958　255/9

清王伯唐庚子殉難遺墨一卷　（清）王伯唐書　清光緒上海點石齋影印本　一冊

410000－2203－0000959　255/10

朱子家訓注釋一卷　（清）朱柏廬著　清道光二十六年(1846)刻本　一冊

410000－2203－0000960　255/11

馮端本行述一卷　（清）龍錫慶撰　清刻本一冊

410000－2203－0000961　255/11

倉恕亭行述一卷　（清）倉思震等述　清刻本一冊

410000－2203－0000962　255/11

杜鶴汀陳夫人行述一卷　（清）劉鴻恩撰　清刻本　一冊

410000－2203－0000963　255/11

冉太君行述一卷　（清）張運暹撰　清刻本一冊

410000－2203－0000964　256/1

會稽陶氏族譜三十二卷　（明）陶崇道輯　清道光十年(1830)刻本(有圖)　十八冊　存二十九卷(一、三至十、十三至三十二)

410000－2203－0000965　256/2

[浙江餘杭]徐氏家譜一卷　（清）徐繼鏛等編　清道光抄本　一冊

410000－2203－0000966　256/6

胡氏世系圖一卷　（清）胡傳蔚編　清同治三

年(1864)胡家瑞刻本 一冊

410000－2203－0000967 256/7
睢陽蔣氏家譜十二卷前譜一卷 （清）蔣念學
纂修 清光緒三十四年(1908)蔣氏刻本
十冊

410000－2203－0000968 256/8
[河南寧陵]路氏家乘六卷 （清）路啟官纂修
清同治十三年(1874)北六門祠刻本 六冊

410000－2203－0000969 256/10
[河南祥符]田氏家譜一卷 （清）田倣纂修
清同治九年(1870)鉛印本 一冊

410000－2203－0000970 257/1
史姓韻編六十四卷 （清）汪輝祖輯 （清）馮
祖憲重校 清光緒十年(1884)上海中西書局
石印本 四冊

410000－2203－0000971 257/3
新纂氏族箋釋八卷 （清）熊峻運著 清雍正
二年(1724)同文堂刻本 八冊

410000－2203－0000972 257/2
姓解三卷 （宋）邵思纂 清光緒遵義黎氏日
本東京使署刻古逸叢書本 一冊

410000－2203－0000973 257/4
繪圖增注百家姓一卷 （清）□□撰 清刻本
(有圖) 一冊

410000－2203－0000974 257/5
百家姓考略一卷 （清）王相箋注 清光緒十
七年(1891)席氏掃葉山房刻本 一冊

410000－2203－0000975 257/6
新纂氏族箋釋八卷 （清）熊峻運著 清刻本
一冊 存一卷(二)

410000－2203－0000976 257/6
新纂氏族箋釋八卷 （清）熊峻運著 清刻本
一冊 存二卷(五至六)

410000－2203－0000977 258/1
試場新則一卷 （清）林履莊編 清光緒二十
四年(1898)刻本 一冊

410000－2203－0000978 258/2
策學纂要十六卷 （清）戴朋 （清）黃卷輯
清刻本 六冊

410000－2203－0000979 258/2
策學纂要十六卷 （清）戴朋 （清）黃卷輯
清刻本 六冊

410000－2203－0000980 258/3
順天鄉試闈墨不分卷(光緒癸卯恩科) （清）
□□輯 清光緒二十九年(1903)河南文明堂
刻本 一冊

410000－2203－0000981 258/3B
**順天鄉試闈墨不分卷(補行庚子辛丑恩正併
科)** （清）□□輯 清光緒二十八年(1902)
河南文明堂刻本 一冊

410000－2203－0000982 258/3C
順天鄉試闈墨不分卷(光緒丙子科) （清）
□□輯 清聚奎堂刻本 一冊

410000－2203－0000983 258/4
十科策畧箋釋十卷 （清）劉定之著 （清）劉
作檥注釋 （清）劉廷琨重訂 清乾隆二十一
年(1756)古吳三樂齋刻本 八冊

410000－2203－0000984 393.3/5B
清秘述聞十六卷 （清）法式善編 清嘉慶四
年(1799)刻本 六冊

410000－2203－0000985 258/6
河南優拔試卷選刻不分卷(己酉科) 孔祥霖
輯 清宣統元年(1909)學務公所印刷處鉛印
本 一冊

410000－2203－0000986 258/10
國朝先正學規彙鈔不分卷 （清）黃舒昺編次
清光緒十九年(1893)學署刻本 二冊

410000－2203－0000987 258/11
湖北闈墨不分卷(光緒丁酉科) （清）黃熊鑒
定 清光緒衡鑒堂刻本 一冊

410000－2203－0000988 258/11
湖北闈墨不分卷(光緒丁酉科) （清）黃熊鑒
定 清光緒衡鑒堂刻本 一冊

410000－2203－0000989　258/12

四川鄉試闈墨不分卷(光緒丁酉正科)　(清)
□□輯　清刻本　一冊

410000－2203－0000990　258/13

欽命論疏題一卷　(清)□□輯　清刻朱印本
一冊

410000－2203－0000991　258/13

欽定召試卷一卷　(清)□□輯　清刻朱墨套
印本　一冊

410000－2203－0000992　258/14

乙酉年誼游梁齒錄不分卷　(清)徐鄂輯　清
光緒二十六年(1900)刻本　一冊

410000－2203－0000993　258/15

直省新墨約選不分卷(光緒壬寅年補行庚子
辛丑恩正併科鄉試)　(清)□□輯　清光緒
二十九年(1903)北洋官報局鉛印本　六冊

410000－2203－0000994　258/15

直省新墨約選不分卷(光緒壬寅年補行庚子
辛丑恩正併科鄉試)　(清)□□輯　清光緒
二十九年(1903)北洋官報局鉛印本　六冊

410000－2203－0000995　258/16

會試闈墨不分卷(光緒甲辰恩科)　(清)□□
輯　清末刻本　一冊

410000－2203－0000996　258/17

會試闈墨不分卷(光緒辛丑壬寅恩正併科)
(清)□□輯　清末刻本　一冊

410000－2203－0000997　258/18

河南選拔貢卷一卷(光緒丁酉科)　(清)□□
輯　清末刻本　一冊

410000－2203－0000998　258/18

河南選拔貢卷一卷(光緒丁酉科)　(清)□□
輯　清末刻本　一冊

410000－2203－0000999　258/19

四川鄉試試卷一卷(光緒壬寅年補行庚子恩
正兩科)　(清)□□輯　清末刻本　一冊

410000－2203－0001000　258/20

四川鄉試同門錄不分卷(光緒癸卯恩科)

(清)□□輯　清末刻本　二冊

410000－2203－0001001　258/21

殿試策不分卷　(清)□□輯　清刻本　一冊

410000－2203－0001002　258/22

福建鄉試硃卷一卷(光緒辛卯科)　(清)□□
輯　清刻本　一冊

410000－2203－0001003　258/23

格致書院課藝彙編十三卷　(清)王韜編選
清光緒二十三年(1897)上海書局石印本　十
一冊　存十一卷(一至四、七至十三)

410000－2203－0001004　258/24

國朝貢舉年表三卷　(清)陳國霖　(清)顧錫
中編　清光緒十四年(1888)上海積山書局石
印本　二冊

410000－2203－0001005　258/25

廿二史策案十二卷　(清)王鎏輯　清同治八
年(1869)刻本　四冊

410000－2203－0001006　258/26

癸巳恩科鄉試十八省同年全錄不分卷　(清)
□□輯　清光緒十九年(1893)刻本　二冊

410000－2203－0001007　258/26

癸巳恩科鄉試十八省同年全錄不分卷　(清)
□□輯　清光緒十九年(1893)刻本　一冊

410000－2203－0001008　258/26

乙酉科鄉試十八省同年全錄不分卷　(清)
□□輯　清光緒十一年(1885)刻本　一冊

410000－2203－0001009　258/27

己丑恩科鄉試十八省同年全錄不分卷　(清)
□□輯　清光緒十五年(1889)刻本　二冊

410000－2203－0001010　258/30

精選近八科墨藝範圍全篇不分卷　(清)高敏
編　清咸豐五年(1855)稼書堂刻本　二冊

410000－2203－0001011　258/28

辛丑科補行庚子恩科各省鄉試同年全錄不分
卷　(清)□□輯　清光緒二十七年(1901)刻
本　一冊

410000－2203－0001012　258/28

辛丑科補行庚子恩科各省鄉試同年全錄不分
卷　（清）□□輯　清光緒二十七年（1901）刻
本　二冊

410000－2203－0001013　258/29

庚子辛丑恩正併科各省鄉試同年全錄不分卷
　（清）□□輯　清光緒二十八年（1902）刻本
　二冊

410000－2203－0001014　258/31

壬寅直省闈墨選瑜三卷　（清）□□輯　清光
緒二十九年（1903）鉛印本　三冊

410000－2203－0001015　258/31

壬寅直省闈墨選瑜三卷　（清）□□輯　清光
緒二十九年（1903）鉛印本　三冊

410000－2203－0001016　258/32

欽定學堂章程不分卷　（清）張榮等編　清光
緒三十二年（1906）上海會文學社鉛印本
七冊

410000－2203－0001017　258/33

道光己酉直省同年錄不分卷　（清）□□輯
清刻本　一冊

410000－2203－0001018　258/34

宛南書院課讀經義策論三種不分卷　（清）孫
佩南講授　清光緒二十七年（1901）刻本
四冊

410000－2203－0001019　258/35

中州課吏錄不分卷（癸卯）　（清）□□輯　清
刻本　一冊

410000－2203－0001020　258/36

會試硃卷一卷（光緒壬辰科）　（清）□□輯
清刻本　一冊

410000－2203－0001021　258/37

同館試律彙鈔題注二十四卷補鈔二卷續鈔七
卷　（清）賀德宗輯注　清嘉慶抄本　八冊

410000－2203－0001022　258/38

評選直省闈藝大全八卷（光緒癸卯恩科）
（清）□□輯　清光緒三十年（1904）上海久敬

齋石印本　八冊

410000－2203－0001023　258/39

皇清陝西歷科進士錄不分卷　（清）□□輯
清末刻本　一冊

410000－2203－0001024　258/40

急惲齋評選癸卯鄉墨不分卷　常塏璋評選
清光緒二十九年（1903）華北書局鉛印本
六冊

410000－2203－0001025　258/41

豫省文闈供給章程七冊　（清）□□撰　清刻
本　一冊

410000－2203－0001026　258/42

會試題名錄一卷（光緒辛丑壬寅恩正併科）
（清）□□輯　清末刻本　一冊

410000－2203－0001027　258/42

會試題名錄一卷（光緒甲辰恩科）　（清）□□
輯　清末刻朱印本　一冊

410000－2203－0001028　258/43

欽定鼎甲策不分卷　（清）□□輯　清刻本
四冊

410000－2203－0001029　259/1

政學錄初彙八卷　（清）陸言纂輯　清道光十
二年（1832）刻本　八冊

410000－2203－0001030　259/2

中州同官祿五卷　（清）楊國楨編　清光緒二
十五年（1899）刻本　五冊

410000－2203－0001031　259/2B

中州同官祿五卷　（清）楊國楨編　清光緒二
十年（1894）刻本　五冊

410000－2203－0001032　259/2C

中州同官祿五卷　（清）楊國楨編　清光緒二
十四年（1898）刻本　五冊

410000－2203－0001033　259/4

大清搢紳全書不分卷　（清）□□輯　清光緒
二十三年（1897）榮錄堂刻本　四冊

410000－2203－0001034　259/6

大清日新職官錄不分卷　（清）彭汝疇編　清光緒三十一年(1905)文采齋刻本　四冊

410000－2203－0001035　259/8
清國各省候補同官祿不分卷　（清）□□輯　清刻本　一冊

410000－2203－0001036　259/8
中州簡明同官祿不分卷(癸卯現任)　（清）王玉山校輯　清光緒二十九年(1903)刻本　一冊

410000－2203－0001037　259/9
預備立憲公會章程題名表附書函錄要不分卷　（清）預備立憲公會輯　清末上海本會事務所鉛印本　一冊

410000－2203－0001038　259/10－1
大清搢紳全書不分卷　（清）□□編　清道光十九年(1839)榮錄堂刻本　一冊

410000－2203－0001039　259/10－2
大清搢紳全書不分卷　（清）□□編　清咸豐五年(1855)榮錄堂刻本　四冊

410000－2203－0001040　259/10－3
大清搢紳全書不分卷　（清）□□編　清同治六年(1867)榮晉齋刻本　四冊

410000－2203－0001041　259/10－4
大清搢紳全書不分卷　（清）□□編　清同治七年(1868)榮錄堂刻本　四冊

410000－2203－0001042　259/10－5
大清搢紳全書不分卷　（清）□□編　清同治九年(1870)榮錄堂刻本　四冊

410000－2203－0001043　259/10－6
大清搢紳全書不分卷　（清）□□編　清同治十三年(1874)榮錄堂刻本　二冊

410000－2203－0001044　259/10－6
大清搢紳全書不分卷　（清）□□編　清同治十一年(1872)榮錄堂刻本　二冊

410000－2203－0001045　259/10－7
大清搢紳全書不分卷　（清）□□編　清光緒七年(1881)斌陞堂刻本　四冊

410000－2203－0001046　259/10－7
大清中樞備覽不分卷　（清）□□編　清光緒七年(1881)斌陞堂刻本　二冊

410000－2203－0001047　259/10－8
大清搢紳全書不分卷　（清）□□編　清光緒十一年(1885)斌陞堂刻本　三冊

410000－2203－0001048　259/10－8
大清搢紳全書不分卷　（清）□□編　清光緒十二年(1886)刻本　一冊

410000－2203－0001049　259/10－9
大清搢紳全書不分卷　（清）□□編　清光緒十三年(1887)榮錄堂刻本　四冊

410000－2203－0001050　259/10－9
大清搢紳全書不分卷　（清）□□編　清光緒十三年(1887)榮錄堂刻本　一冊

410000－2203－0001051　259/10－10
大清搢紳全書不分卷　（清）□□編　清光緒十四年(1888)刻本　四冊

410000－2203－0001052　259/10－10
大清中樞備覽不分卷　（清）□□編　清光緒十四年(1888)刻本　二冊

410000－2203－0001053　259/10－11
大清搢紳全書不分卷　（清）□□編　清光緒十五年(1889)榮陞堂刻本　四冊

410000－2203－0001054　259/10－12
大清搢紳全書不分卷　（清）□□編　清光緒十七年(1891)榮錄堂刻本　四冊

410000－2203－0001055　259/10－13
大清搢紳全書不分卷　（清）□□編　清光緒二十年(1894)榮錄堂刻本　四冊

410000－2203－0001056　259/10－13
大清中樞備覽不分卷　（清）□□撰　清光緒二十年(1894)榮錄堂刻本　二冊

410000－2203－0001057　259/10－14
大清搢紳全書不分卷　（清）□□編　清光緒二十年(1894)榮錄堂刻本　四冊

410000 - 2203 - 0001058　259/10 - 15
大清搢紳全書不分卷　（清）□□編　清光緒
二十年(1894)松竹齋、榮寶齋刻本　四冊

410000 - 2203 - 0001059　259/10 - 16
大清搢紳全書不分卷　（清）□□編　清光緒
二十年(1894)松竹齋、榮寶齋刻本　四冊

410000 - 2203 - 0001060　259/10 - 17
大清搢紳全書不分卷　（清）□□編　清光緒
二十一年(1895)榮錄堂刻本　四冊

410000 - 2203 - 0001061　259/10 - 18
大清中樞備覽不分卷　（清）□□撰　清光緒
二十一年(1895)榮錄堂刻本　二冊

410000 - 2203 - 0001062　259/10 - 19
大清搢紳全書不分卷　（清）□□編　清光緒
二十三年(1897)榮錄堂刻本　四冊

410000 - 2203 - 0001063　259/10 - 20
大清搢紳全書不分卷　（清）□□編　清光緒
二十三年(1897)榮錄堂刻本　六冊

410000 - 2203 - 0001064　259/10 - 21
大清搢紳全書不分卷　（清）□□編　清光緒
二十五年(1899)京都榮寶齋刻本　五冊

410000 - 2203 - 0001065　259/10 - 22
大清搢紳全書不分卷　（清）□□編　清光緒
二十七年(1901)榮錄堂刻本　四冊

410000 - 2203 - 0001066　259/10 - 23
大清搢紳全書不分卷　（清）□□編　清光緒
二十八年(1902)京都榮寶齋刻本　六冊

410000 - 2203 - 0001067　259/10 - 24
大清搢紳全書不分卷　（清）□□編　清光緒
二十九年(1903)榮錄堂刻本　四冊

410000 - 2203 - 0001068　259/10 - 25
大清搢紳全書不分卷　（清）□□編　清光緒
二十九年(1903)榮錄堂刻本　四冊

410000 - 2203 - 0001069　259/10 - 26
大清搢紳全書不分卷　（清）□□編　清光緒
三十年(1904)京都榮寶齋刻本　四冊

410000 - 2203 - 0001070　259/10 - 26
大清搢紳全書不分卷　（清）□□編　清光緒
榮錄堂刻本　一冊

410000 - 2203 - 0001071　259/10 - 27
大清搢紳全書不分卷　（清）□□編　清光緒
三十年(1904)榮錄堂刻本　四冊

410000 - 2203 - 0001072　259/10 - 27
大清中樞備覽不分卷　（清）□□撰　清光緒
三十年(1904)榮錄堂刻本　二冊

410000 - 2203 - 0001073　259/10 - 28
大清搢紳全書不分卷　（清）□□編　清光緒
三十年(1904)榮錄堂刻本　二冊

410000 - 2203 - 0001074　259/10 - 28
大清搢紳全書不分卷　（清）□□編　清光緒
榮錄堂刻本　一冊

410000 - 2203 - 0001075　259/10 - 28
大清搢紳全書不分卷　（清）□□編　清光緒
刻本　一冊

410000 - 2203 - 0001076　259/10 - 28
大清搢紳全書不分卷　（清）□□編　清光緒
斌陞堂刻本　一冊

410000 - 2203 - 0001077　259/10 - 28
大清搢紳全書不分卷　（清）□□編　清光緒
榮華堂刻本　一冊

410000 - 2203 - 0001078　259/10 - 29
大清搢紳全書不分卷　（清）□□編　清光緒
三十二年(1906)榮錄堂刻本　四冊

410000 - 2203 - 0001079　259/10 - 30
大清搢紳全書不分卷　（清）□□編　清光緒
三十三年(1907)榮錄堂刻本　四冊

410000 - 2203 - 0001080　259/10 - 30
大清搢紳全書不分卷　（清）□□編　清光緒
三十三年(1907)京都榮寶齋刻本　一冊

410000 - 2203 - 0001081　259/10 - 31
大清搢紳全書不分卷　（清）□□編　清光緒
三十四年(1908)榮錄堂刻本　三冊

410000－2203－0001082　259/10－32

大清搢紳全書不分卷　（清）□□編　清光緒九年(1883)榮錄堂刻本　四冊

410000－2203－0001083　259/10－33

大清搢紳全書不分卷　（清）□□編　清宣統元年(1909)榮錄堂刻本　四冊

410000－2203－0001084　259/10－34

大清搢紳全書不分卷　（清）□□編　清光緒三十二年(1906)榮錄堂刻本　四冊

410000－2203－0001085　259/10－34

大清中樞備覽不分卷　（清）□□撰　清光緒三十二年(1906)榮錄堂刻本　二冊

410000－2203－0001086　259/10－35

大清搢紳全書不分卷　（清）□□編　清光緒二十一年(1895)松竹齋、榮寶齋刻本　四冊

410000－2203－0001087　259/10－36

大清搢紳全書不分卷　（清）□□編　清宣統三年(1911)榮錄堂刻本　四冊

410000－2203－0001088　259/10－37

大清搢紳全書不分卷　（清）□□編　清宣統元年(1909)榮錄堂刻本　四冊

410000－2203－0001089　259/10－38

大清搢紳全書不分卷　（清）□□編　清宣統元年(1909)榮錄堂刻本　三冊

410000－2203－0001090　259/10－39

大清搢紳全書不分卷　（清）□□編　清宣統二年(1910)榮錄堂刻本　四冊

410000－2203－0001091　259/11

大清百官錄不分卷　（清）彭汝疇編　清宣統元年(1909)京都琉璃廠槐蔭山房刻本　四冊

410000－2203－0001092　259/10－40

大清搢紳全書不分卷　（清）□□編　清宣統元年(1909)榮錄堂刻本　四冊

410000－2203－0001093　259/10－41

大清搢紳全書不分卷　（清）□□編　清光緒二十一年(1895)榮錄堂刻本　一冊

410000－2203－0001094　259/12

皇朝諡法考五卷續編一卷補編一卷　（清）鮑康輯　清同治三年(1864)刻本　一冊

410000－2203－0001095　26/1

紀元編三卷末一卷　（清）李兆洛撰　（清）六承如集錄　清同治十年(1871)合肥李氏刻李氏五種本　一冊

410000－2203－0001096　26/1C

紀元編三卷末一卷　（清）李兆洛撰　（清）六承如集錄　清刻本　二冊

410000－2203－0001097　26/5

歷代世統考二卷　（清）馬至毅輯　清光緒三年(1877)新野木卜堂刻本　一冊

410000－2203－0001098　27/1

史記鈔四卷　（清）高嵣集評　清乾隆五十三年(1788)廣郡永邑培元堂楊氏刻高梅亭讀書叢鈔本　四冊

410000－2203－0001099　27/1

史記鈔四卷　（清）高嵣集評　清乾隆五十三年(1788)廣郡永邑培元堂楊氏刻高梅亭讀書叢鈔本　四冊

410000－2203－0001100　27/3

史記菁華錄六卷　（清）姚祖恩摘錄　清道光四年(1824)吳興姚氏扶荔山房刻朱墨套印本　六冊

410000－2203－0001101　27/3C

史記菁華錄六卷　（清）姚祖恩摘錄　清光緒十三年(1887)上海蜚英館石印本　六冊

410000－2203－0001102　27/3D

史記菁華錄六卷　（清）姚祖恩摘錄　清光緒二十一年(1895)江右敬文堂刻本　六冊

410000－2203－0001103　27/3F

史記菁華錄六卷　（清）姚祖恩摘錄　清光緒二十二年(1896)上海書局石印本　六冊

410000－2203－0001104　27/7

前漢書鈔四卷後漢書鈔二卷　（清）高嵣集評　清乾隆五十三年(1788)雙桐書屋刻本

六冊

410000－2203－0001105　27/7B

前漢書鈔四卷後漢書鈔二卷　（清）高嵣集評
　清乾隆五十三年（1788）雙桐書屋刻本
六冊

410000－2203－0001106　27/8

綱目論題不分卷　（清）□□撰　清抄本
六冊

410000－2203－0001107　28/1B

史記論文一百三十卷　（清）吳見思評點
（清）吳興祚參訂　清康熙二十五年（1686）尺
木堂刻本　十六冊

410000－2203－0001108　28/2

史記彙纂十卷　（清）蔣善選評　清康熙三十
一年（1692）思永堂刻本　八冊

410000－2203－0001109　28/3

史通削繁四卷　（唐）劉知幾撰　（清）紀昀評
　清道光十三年（1833）粵東翰墨園刻朱墨套
印本　四冊

410000－2203－0001110　28/3

史通削繁四卷　（唐）劉知幾撰　（清）紀昀評
　清道光十三年（1833）粵東翰墨園刻朱墨套
印本　四冊

410000－2203－0001111　28/3B

史通削繁四卷　（唐）劉知幾撰　（清）紀昀評
　清光緒二十一年（1895）寶慶澹雅書局刻本
四冊

410000－2203－0001112　28/6

文史通義八卷校讎通義三卷　（清）章學誠著
　清光緒三年（1877）貴陽刻本　五冊

410000－2203－0001113　28/7

讀通鑑論三十卷末一卷　（清）王夫之撰　清
同治四年（1865）湘鄉曾國荃金陵刻船山遺書
本　十二冊

410000－2203－0001114　28/7B

讀通鑑論三十卷末一卷　（清）王夫之撰　清
光緒二十七年（1901）簡青齋書局石印本

六冊

410000－2203－0001115　28/8

史通通釋二十卷　（清）浦起龍著　清光緒二
十五年（1899）上海寶文書局石印本　六冊

410000－2203－0001116　28/10

增廣古今人物論三十六卷　（明）鄭元直編
清光緒二十四年（1898）上海石印本　七冊
存三十三卷（一至二十二、二十六至三十六）

410000－2203－0001117　28/11

宋論十五卷　（清）王夫之撰　清同治四年
（1865）湘鄉曾國荃金陵刻船山遺書本　五冊

410000－2203－0001118　28/12

二十一史論贊三十六卷　（明）沈國元評　明
崇禎十年（1637）大來堂刻本　二十冊

410000－2203－0001119　28/13

御製全史詩二卷　（清）仁宗顒琰撰　清光緒
文明書局鉛印本　二冊

410000－2203－0001120　28/14

史目表二卷　（清）洪飴孫撰　清光緒三年
（1877）洪用懃授經堂刻洪北江全集本　一冊

410000－2203－0001121　28/15

歸方評點史記合筆六卷　（清）王拯纂　清光
緒元年（1875）錦城節署刻本　四冊

410000－2203－0001122　28/16

明史論四卷　（清）谷應泰論正　清刻本
二冊

410000－2203－0001123　28/17

綱鑑總論二卷　（清）□□撰　清光緒二十九
年（1903）經元書局刻本　一冊

410000－2203－0001124　28/18

史事論二十卷　雷瑨編輯　清光緒二十九年
（1903）硯耕山莊石印本　十二冊

410000－2203－0001125　28/23

史學提要箋釋五卷　（宋）黃繼善撰　（宋）楊
錫祐釋　清末刻本　五冊

410000－2203－0001126　28/23

史學提要箋釋五卷　（宋）黃繼善撰　（宋）楊錫祐釋　清刻本　一冊　存一卷（二）

410000－2203－0001127　28/23B

史學提要箋釋五卷　（宋）黃繼善撰　（宋）楊錫祐釋　續史學提要箋釋四卷　（清）鄭機著　清光緒三十年(1904)沙市集成書局石印本　六冊

410000－2203－0001128　28/25

讀史論畧一卷　（清）杜詔撰　清同治十年(1871)亦園刻本　一冊

410000－2203－0001129　28/25

讀史論畧一卷　（清）杜詔撰　清同治十年(1871)亦園刻本　一冊

410000－2203－0001130　28/26

讀史大畧六十卷首一卷　（清）沙張白著　小沙子史畧一卷附錄樂府一則　（清）沙晉著　清道光二十五年(1845)刻咸豐七年(1857)印本　十二冊

410000－2203－0001131　28/27

史腴二卷　（清）周金壇纂輯　清刻本　一冊

410000－2203－0001132　28/28

鑑略四字書一卷　（清）王仕雲著　清汴省同文堂刻本　一冊

410000－2203－0001133　28/29

于文定公讀史漫錄二十卷　（明）于慎行撰（清）黃恩彤參訂　清抄本　三冊　存十四卷（七至二十）

410000－2203－0001134　28/30

何文貞公千字文一卷　（清）何桂珍著　（清）陳榮昌書　清光緒二十三年(1897)刻本　一冊

410000－2203－0001135　28/32

宋瑣語不分卷　（清）郝懿行撰　清刻本　一冊

410000－2203－0001136　28/33

通鑑答問五卷　（宋）王應麟撰　元至元六年(1340)慶元路儒學刻元明遞修玉海本　一冊

存二卷（一至二）

410000－2203－0001137　291/4

城鎮鄉地方自治宣講書十三章　孟昭常著　清宣統元年(1909)上海中新書局鉛印本　一冊

410000－2203－0001138　291/6

城鎮鄉地方自治章程通釋九章城鎮鄉選舉章程通釋六章　（清）□□編　清末影印本　一冊

410000－2203－0001139　291/8

憲政編查館奏城鎮鄉地方自治章程并選舉章程摺一卷　奕劻等撰　清末鉛印本　一冊

410000－2203－0001140　291/9

憲政編查館會奏各省諮議局章程及案語并議員選舉章程摺單一卷　奕劻等撰　清末鉛印本　一冊

410000－2203－0001141　291/10

憲政編查館奏城鎮鄉地方自治章程并選舉章程摺一卷　奕劻等撰　清末鉛印本　一冊

410000－2203－0001142　291/12

熙朝紀政八卷　（清）王慶雲撰　清光緒二十八年(1902)上海書局鉛印本　四冊

410000－2203－0001143　291/13

樊山政書十卷　樊增祥撰　清宣統二年(1910)鉛印本　一冊　存一卷（一）

410000－2203－0001144　291/14

中外政治策論彙編二十四卷　（清）□□輯　清光緒二十七年(1901)鴻寶書局石印本　二十四冊

410000－2203－0001145　291/17

日本維新三十年史十二編附三十年間國勢進步表　（日本）東京博文館編輯　（清）上海廣智書局譯　清光緒二十八年(1902)上海廣智書局鉛印本　六冊

410000－2203－0001146　291.1/1

通志二百卷考證三卷　（宋）鄭樵撰　清光緒二十八年(1902)上海鴻寶書局石印九通本

四十冊

410000－2203－0001147　291.1/1B

通志二百卷考證三卷　（宋）鄭樵撰　清光緒
二十七年(1901)上海圖書集成局鉛印九通本
六十冊

410000－2203－0001148　291.1/2

欽定續通志六百四十卷　（清）嵇璜等纂　清
末石印本　四十冊

410000－2203－0001149　291.1/2B

欽定續通志六百四十卷　（清）嵇璜等纂　清
光緒二十七年(1901)上海圖書集成局鉛印九
通本　五十九冊　存六百三十一卷(一至三
十五、四十一至九十二、九十七至六百四十)

410000－2203－0001150　291.1/2B

欽定續通志六百四十卷　（清）嵇璜等纂　清
光緒二十七年(1901)上海圖書集成局鉛印九
通本　六十冊

410000－2203－0001151　291.1/3

通典二百卷　（唐）杜佑撰　清咸豐九年
(1859)崇仁謝氏刻三通本　四十冊

410000－2203－0001152　291.1/3B

通典二百卷考證一卷　（唐）杜佑撰　清光緒
二十七年(1901)上海圖書集成局鉛印九通本
十六冊

410000－2203－0001153　291.1/4

皇朝通志一百二十六卷　（清）嵇璜等纂　清
光緒八年(1882)浙江書局刻九通本　四十冊

410000－2203－0001154　291.1/5

文獻通考三百四十八卷考證三卷　（元）馬端
臨撰　清光緒二十七年(1901)上海圖書集成
局鉛印九通本　四十四冊

410000－2203－0001155　291.1/5B

文獻通考三百四十八卷　（元）馬端臨撰　明
嘉靖三年(1524)司禮監刻本　三十冊　存八
十四卷(一至五十六、三百二十一至三百四十
八)

410000－2203－0001156　291.1/6

皇朝通志一百二十六卷　（清）嵇璜等纂　清
光緒二十七年(1901)上海圖書集成局鉛印九
通本　十二冊

410000－2203－0001157　291.1/6

皇朝通志一百二十六卷　（清）嵇璜等纂　清
光緒二十七年(1901)上海圖書集成局鉛印九
通本　十二冊

410000－2203－0001158　291.1/7

皇朝文獻通考三百卷　（清）嵇璜等纂　清光
緒八年(1882)浙江書局刻九通本　一百六
十冊

410000－2203－0001159　291.1/7B

皇朝文獻通考三百卷　（清）嵇璜等纂　清光
緒二十七年(1901)上海圖書集成局鉛印九通
本　四十冊

410000－2203－0001160　291.1/5

文獻通考三百四十八卷考證三卷　（元）馬端
臨撰　清光緒二十七年(1901)上海圖書集成
局鉛印九通本　四十四冊

410000－2203－0001161　291.1/8

皇朝通典一百卷　（清）嵇璜等纂　清光緒二
十七年(1901)上海圖書集成局鉛印九通本
十二冊

410000－2203－0001162　291.1/8

皇朝通典一百卷　（清）嵇璜等纂　清光緒二
十七年(1901)上海圖書集成局鉛印九通本
十二冊

410000－2203－0001163　291.1/8B

皇朝通典一百卷　（清）嵇璜等纂　清光緒八
年(1882)浙江書局刻九通本　四十冊

410000－2203－0001164　291.1/9

三通考輯要七十六卷　湯壽潛編輯　清光緒
二十五年(1899)上海圖書集成局鉛印本　三
十冊

410000－2203－0001165　291.1/9

三通考輯要七十六卷　湯壽潛編輯　清光緒
二十五年(1899)上海圖書集成局鉛印本　三

十冊

410000－2203－0001166　291.1/10
吾學錄初編二十四卷　（清）吳榮光述　清光緒七年(1881)三原李氏桐蔭軒刻本　十二冊

410000－2203－0001167　291.1/10B
會典輯要二十四卷　（清）吳榮光述　清光緒二十八年(1902)上海鴻寶書局石印本　四冊

410000－2203－0001168　291.1/11
吾學錄初編二十四卷　（清）吳榮光述　清道光十二年(1832)南海吳氏筠清館刻本　八冊

410000－2203－0001169　291.1/11B
吾學錄初編二十四卷　（清）吳榮光述　清同治九年(1870)江蘇書局刻本　六冊

410000－2203－0001170　291.1/12
大清會典二百五十卷　（清）尹泰等纂　清雍正十年(1732)內府刻本　九十二冊　存二百二十八卷(二十三至二百五十)

410000－2203－0001171　291.1/12B
大清會典四卷　（清）托津等纂修　清同治十一年(1872)湖北崇文書局刻本　四冊

410000－2203－0001172　291.1/12C
欽定大清會典一百卷　（清）昆岡等修　清光緒二十五年(1899)京師官書局石印本　二十四冊

410000－2203－0001173　291.1/12D
欽定大清會典一百卷　（清）允祹等纂修　清刻本　二十四冊

410000－2203－0001174　291.1/13
廣治平畧三十六卷補編八卷　（清）蔡方炳撰　清漁古山房刻本　八冊

410000－2203－0001175　291.1/13B
廣治平畧三十六卷補編八卷　（清）蔡方炳撰　清小琅嬛館刻本　十二冊

410000－2203－0001176　291.1/13C
廣治平畧正集三十六卷續集八卷　（清）蔡方炳撰　清光緒十六年(1890)上海廣百宋齋影印本　六冊

410000－2203－0001177　291.1/14
原富不分卷　（英國）斯密亞丹著　嚴復翻譯　清光緒二十七年(1901)刻本　八冊

410000－2203－0001178　291.1/14B
原富不分卷　（英國）斯密亞丹著　嚴復翻譯　清光緒二十八年(1902)南洋公學譯書院鉛印本　八冊

410000－2203－0001179　291.1/17
欽定續文獻通考二百五十卷　（清）嵇璜等撰　清光緒二十七年(1901)上海圖書集成局鉛印九通本　三十六冊

410000－2203－0001180　291.1/20
文獻通考詳節二十四卷　（元）馬端臨著　（清）嚴虞惇錄　清刻本　四冊　存十三卷(一至十三)

410000－2203－0001181　291.1/20B
文獻通考詳節二十四卷　（元）馬端臨著　（清）嚴虞惇錄　清刻本　八冊　存十一卷(十四至二十四)

410000－2203－0001182　291.1/22
北徼彙編五卷　（清）何秋濤編錄　清刻本　四冊

410000－2203－0001183　291.1/23
文獻通考紀要二卷　（清）□□撰　清乾隆刻本　二冊

410000－2203－0001184　291.1/24
漢制考四卷　（宋）王應麟撰　元刻明正德、嘉靖、萬曆間遞修玉海本　一冊

410000－2203－0001185　291.1/25
欽定續通典一百五十卷　清光緒二十七年(1901)上海圖書集成局鉛印九通本　十二冊

410000－2203－0001186　291.2/1
四禮翼一卷　（明）呂坤撰　清同治二年(1863)呂蓮書屋刻本　一冊

410000－2203－0001187　291.2/1B
四禮翼一卷　（明）呂坤撰　清光緒二十一年(1895)湖北官書處刻本　一冊

410000－2203－0001188　291.2/1C

四禮翼一卷　（明）呂坤撰　清光緒十七年
(1891)刻本　一冊

410000－2203－0001189　291.2/2

書儀十卷　（宋）司馬光著　清光緒八年
(1882)解梁書院刻本　二冊

410000－2203－0001190　291.2/3

皇朝謚法考五卷續編一卷補編一卷　（清）鮑
康輯　清同治三年(1864)刻本　一冊

410000－2203－0001191　291.2/4

聖廟祀典圖考三卷首一卷聖蹟圖二卷　（清）
顧沅撰　清光緒上海同文書局影印本　四冊

410000－2203－0001192　291.3/2

臣鑒錄十八卷　（清）蔣伊編輯　清光緒七年
(1881)刻本　九冊

410000－2203－0001193　291.3/3

牧令全書四種　（清）丁日昌輯　清同治七年
(1868)江蘇書局刻本　十三冊

410000－2203－0001194　291.3/3B

牧令書輯要十卷　（清）徐棟輯　（清）丁日昌
重編　清同治八年(1869)湖北崇文書局刻牧
令書四種本　十冊

410000－2203－0001195　291.3/4

牧令書二十三卷　（清）徐棟輯　清道光二十
八年(1848)興國李煒刻本　十四冊　存十九
卷(一至十九)

410000－2203－0001196　291.3/4B

牧令書二十三卷保甲書四卷　（清）徐棟輯
清道光二十八年(1848)刻本　二十一冊

410000－2203－0001197　291.3/5

佐治藥言一卷續一卷學治臆說二卷　（清）汪
輝祖纂　清道光二年(1822)刻本　一冊　存
二卷(佐治藥言一卷、續一卷)

410000－2203－0001198　291.3/5B

佐治藥言一卷續一卷　（清）汪輝祖纂　清刻
本　一冊

410000－2203－0001199　291.3/8

欽頒州縣事宜一卷　（清）田文鏡　（清）李衛
撰　清同治七年(1868)江蘇書局刻牧令全書
本　一冊

410000－2203－0001200　291.3/9

欽頒州縣事宜一卷　（清）田文鏡　（清）李衛
撰　清光緒十二年(1886)榮錄堂刻宦海指南
本　一冊

410000－2203－0001201　291.3/9B

宦海指南五種　（清）許乃普輯　清咸豐九年
(1859)錢唐許氏刻本　七冊

410000－2203－0001202　291.3/10

中州簡明同官祿不分卷(辛亥春季現任)　袁
克家編輯　清宣統三年(1911)河南官紙刷印
所鉛印本　二冊

410000－2203－0001203　291.3/11

福惠全書三十二卷　（清）黃六鴻著　清刻本
　十一冊　存二十九卷(一至八、十二至三十
二)

410000－2203－0001204　291.3/12

捐輸實官銜封新章大全不分卷　（清）□□編
　清光緒三十年(1904)上海古香閣鉛印本
一冊

410000－2203－0001205　291.3/13

從政遺規摘鈔二卷　（清）陳宏謀編　清乾隆
七年(1742)刻本　一冊　存一卷(一)

410000－2203－0001206　291.3/14

宦鄉要則八卷首一卷　（清）張鑒瀛編　清光
緒二十九年(1903)影印本　二冊

410000－2203－0001207　291.3/15

歷代職官表六卷　（清）黃本驥校錄　清光緒
二十二年(1896)廣州新賓明善社刻本　三冊

410000－2203－0001208　291.4/1

籌濟編三十二卷　（清）楊景仁錄　清道光九
年(1829)刻本　八冊

410000－2203－0001209　291.4/1B

籌濟編三十二卷首一卷　（清）楊景仁輯　清
光緒五年(1879)河南刻本　八冊

410000－2203－0001210　291.4/1B

籌濟編三十二卷首一卷　（清）楊景仁輯　清光緒五年(1879)河南刻本　八冊

410000－2203－0001211　291.4/4

救荒福報一卷首一卷　（清）□□撰　清光緒二十五年(1899)刻本　一冊

410000－2203－0001212　291.4/5

增修籌餉事例不分卷　（清）□□編　清同治五年(1866)琉璃廠文貴堂書鋪魏姓刻本　四冊

410000－2203－0001213　291.4/6

保甲書輯要四卷　（清）徐棟原編　（清）丁日昌重校　清光緒二十二年(1896)上海圖書集成印書局鉛印本　一冊

410000－2203－0001214　291.4/7

牧令書輯要十卷　（清）徐棟輯　（清）丁日昌重編　清刻本　六冊　存六卷(五至十)

410000－2203－0001215　291.4/8

捐銅局推廣新章條欵一卷　（清）□□編　清咸豐十年(1860)刻本　一冊

410000－2203－0001216　291.4/9

增訂盛世危言正續編九卷　（清）鄭觀應纂　清光緒鉛印本　八冊

410000－2203－0001217　291.4/9B

盛世危言五卷　（清）鄭觀應纂　續編三卷（清）杞憂生輯著　外編二卷　（英國）李提摩太著　（清）徐仲虎譯　清光緒二十四年(1898)上海書局石印本　七冊　存七卷(盛世危言二至五,續編上、中,外編下)

410000－2203－0001218　291.4/9C

增訂盛世危言正續編九卷　（清）鄭觀應纂　清光緒鉛印本(有圖)　八冊

410000－2203－0001219　291.4/11

通商條約章程成案彙編三十卷　（清）李鴻章編　清末石印本(有圖)　八冊　存十九卷(三至五、九、十六至三十)

410000－2203－0001220　291.4/12

光緒丙午年交涉要覽七卷　（清）北洋洋務局纂輯　清光緒三十四年(1908)北洋官報局鉛印本　六冊

410000－2203－0001221　291.5/2

世界近世史五編　（日本）松本康國編著（清）中國國民叢書社譯述　清光緒二十八年(1902)上海商務印書館鉛印本　一冊

410000－2203－0001222　291.5/4

尼羅海戰史不分卷　（美國）耶特瓦德斯邊著　（日本）越山平三郎譯述　章起渭校閱　清光緒二十九年(1903)上海商務印書館鉛印本　一冊

410000－2203－0001223　291.5/7

各國政治彙編二卷　（清）□□編　清末石印本　二冊

410000－2203－0001224　291.5/8

各國時事類編十八卷　（清）沈純輯　清光緒二十一年(1895)上海書局石印本　一冊　存二卷(一至二)

410000－2203－0001225　291.5/9

各國交涉公法論十六卷　（英國）費利摩羅巴德著　清末石印本　一冊　存二卷(三集五至六)

410000－2203－0001226　291.5/10

各國政藝通考六十卷　（清）王振輯　清光緒二十九年(1903)上海文盛堂石印本　二十四冊

410000－2203－0001227　291.5/11

俄國蠶食亞洲史畧二卷　題(清)養浩齋主人輯譯　清光緒二十八年(1902)上海廣智書局鉛印本　一冊

410000－2203－0001228　291.5/11

俄國蠶食亞洲史畧二卷　題(清)養浩齋主人輯譯　清光緒二十八年(1902)上海廣智書局鉛印本　一冊

410000－2203－0001229　291.5/12

明治政黨小史不分卷　（日本）日日新聞社纂

（清）陳超譯　清光緒二十八年(1902)上海廣智書局鉛印本　一冊

410000－2203－0001230　291.5/13

埃及史不分卷　（日本）北村三郎編著　（清）趙必振譯　清光緒二十九年(1903)上海廣智書局鉛印本　一冊

410000－2203－0001231　291.5/14

世界諸國名義考不分卷　（日本）秋鹿見二著　（清）沈誦清譯　清光緒二十九年(1903)上海廣智書局鉛印本　一冊

410000－2203－0001232　291.5/14

世界諸國名義考不分卷　（日本）秋鹿見二著　（清）沈誦清譯　清光緒二十九年(1903)上海廣智書局鉛印本　一冊

410000－2203－0001233　291.5/14

世界諸國名義考不分卷　（日本）秋鹿見二著　（清）沈誦清譯　清光緒二十九年(1903)上海廣智書局鉛印本　一冊

410000－2203－0001234　291.5/14

世界諸國名義考不分卷　（日本）秋鹿見二著　（清）沈誦清譯　清光緒二十九年(1903)上海廣智書局鉛印本　一冊

410000－2203－0001235　291.5/14

世界諸國名義考不分卷　（日本）秋鹿見二著　（清）沈誦清譯　清光緒二十九年(1903)上海廣智書局鉛印本　一冊

410000－2203－0001236　291.5/15

世界通史三十卷　（日本）石川利之著　清光緒二十八年(1902)日清書館鉛印本　十冊

410000－2203－0001237　291.5/16

庸盦海外文編四卷　（清）薛福成撰　清光緒二十一年(1895)刻本　二冊

410000－2203－0001238　291.5/17

籌鄂龜鑑七卷首一卷　（清）陳俠君輯錄　清光緒二十二年(1896)賜書堂石印本(有圖)　一冊　存一卷(首一卷)

410000－2203－0001239　291.5/18

印度史攬要三卷　（英國）亨德偉良撰　（英國）李提摩太鑒定　（清）任廷旭譯　清光緒二十七年(1901)上海美華書館鉛印本　三冊

410000－2203－0001240　291.6/1

朔方備乘六十八卷首十二卷　（清）何秋濤纂輯　清末石印本　七冊　缺一卷(六十八)

410000－2203－0001241　291.6/3

日俄交涉戰紀初編十六卷　題（清）寒江釣雪叟編輯　清光緒三十年(1904)香港清記書局石印本(有圖)　六冊

410000－2203－0001242　291.6/4

中西武備新書甲集七種　（清）□□輯　清光緒武備學堂鉛印本　四冊

410000－2203－0001243　291.61/2

祥符縣兵車報銷單不分卷　（清）許貞元輯　清同治五年(1866)刻本　一冊

410000－2203－0001244　291.61/4

退厓公牘文字八卷　（清）賈臻撰　清道光、咸豐間賈氏躬自厚齋刻賈氏叢書本　一冊　存二卷(五至六)

410000－2203－0001245　291.62/1

巡防備覽十卷　（清）朱鳳檦輯　（清）趙堡琛校　守禦要覽四卷　（清）宋祖舜編　（清）周天爵訂　（清）趙寶琛校　清咸豐三年(1853)廣元縣署刻本　六冊

410000－2203－0001246　291.7/1

唐陸宣公集十六卷首一卷　（唐）陸贄撰　清刻本　四冊

410000－2203－0001247　291.7/1B

唐陸宣公集二十二卷增輯二卷　（唐）陸贄撰　（清）耆英重訂　清道光二十七年(1847)節署刻本　四冊

410000－2203－0001248　291.7/2

約章成案匯覽甲篇十卷　（清）北洋洋務局纂輯　清光緒三十一年(1905)上海點石齋鉛印本　十冊

410000－2203－0001249　291.7/3

約章成案匯覽乙篇四十二卷 （清）北洋洋務
局纂輯　清光緒三十一年（1905）上海點石齋
鉛印本　三十四冊

410000－2203－0001250　291.71/1
國朝聖訓九百六卷 （清）□□輯　清光緒石
印本　九十七冊

410000－2203－0001251　291.71/2
津門奉使紀聞一卷 （清）□□撰　清刻本
一冊

410000－2203－0001252　291.71/3
硃批諭旨不分卷 （清）世宗胤禛批　（清）鄂
爾泰等纂輯　清乾隆三年（1738）木活字朱墨
套印本　四十七冊

410000－2203－0001253　291.71/3B
硃批諭旨不分卷 （清）世宗胤禛批　（清）鄂
爾泰等纂輯　清光緒十三年（1887）上海點石
齋石印本　六十冊

410000－2203－0001254　291.72/1
駱文忠公奏議十六卷續刻四川奏議十一卷附
錄一卷 （清）駱秉章撰　清末刻本　二十三
冊　缺一卷（附錄一卷）

410000－2203－0001255　291.72/2
注陸宣公奏議十五卷制誥十卷附錄一卷
（唐）陸贄撰　清光緒十二年（1886）淮南書局
刻本　四冊

410000－2203－0001256　291.72/3
同治中興京外奏議約編八卷 （清）陳弢輯
清光緒元年（1875）篋劍囊琴之室刻本　八冊

410000－2203－0001257　291.72/3
同治中興京外奏議約編八卷 （清）陳弢輯
清光緒元年（1875）篋劍囊琴之室刻本　八冊

410000－2203－0001258　291.72/5
林文忠公政書三集三十七卷 （清）林則徐撰
　清光緒十一年（1885）刻本　十六冊

410000－2203－0001259　291.72/5B
林文忠公政書三集三十七卷 （清）林則徐撰
　清光緒十一年（1885）刻本　十六冊

410000－2203－0001260　291.72/6
奏定東河新設河防局章程不分卷 （清）許振
禕奏　清光緒十六年（1890）刻本　一冊

410000－2203－0001261　291.72/7
孝肅奏議十卷 （宋）包拯撰　清同治三年
（1864）李瀚章省心閣刻本　四冊

410000－2203－0001262　291.72/8
丁曾洋務奏議合稿十二卷 （清）沈毅等著
清光緒二十八年（1902）雲間麗澤學會石印本
　四冊

410000－2203－0001263　291.72/10
上諭奏摺不分卷 （清）□□輯　清光緒刻本
　一冊

410000－2203－0001264　291.72/11
曾文正公奏議十卷首一卷末一卷補編四卷
（清）曾國藩撰　（清）薛福成編　清光緒二十
二年（1896）上海圖書集成印書局石印本　三
冊　存十二卷（一至七、首一卷、補編四卷）

410000－2203－0001265　291.72/12
籌洋芻議一卷 （清）薛福成撰　清光緒二十
三年（1897）上海醉六堂石印本　一冊

410000－2203－0001266　291.72/13
江夏陳氏義莊條規一卷 （清）陳鑾撰　清光
緒十四年（1888）江夏陳氏京都刻本　一冊

410000－2203－0001267　291.72/14
沈文肅公政書七卷首一卷 （清）沈葆楨撰
清光緒七年（1881）精一閣鉛印本　九冊

410000－2203－0001268　291.72/15
唐陸宣公奏議二十二卷 （唐）陸贄撰　明萬
曆光裕堂刻本　六冊

410000－2203－0001269　291.72/17
河北道稟稿不分卷 （清）□□撰　清末抄本
　一冊

410000－2203－0001270　291.72/18
歷代名臣奏議策論二十卷　題（清）恥不逮齋
主人編輯　清光緒二十七年（1901）上海煥文
書局石印本　六冊

410000－2203－0001271　291.8/1

樊山公牘四卷　樊增祥撰　清宣統三年(1911)上海廣益書局影印本　四冊

410000－2203－0001272　291.8/2

谿州官牘四集　(清)張修府編　清同治四年(1865)刻本　四冊

410000－2203－0001273　291.8/3

明德學堂文牘彙存不分卷　(清)明德學堂輯　清末湖南機器印刷局鉛印本　一冊

410000－2203－0001274　291.8/4

學治識端不分卷　徐壽茲撰　清光緒二十七年(1901)大梁刻本　一冊

410000－2203－0001275　291.8/5

曾文正公批牘六卷　(清)曾國藩撰　清光緒二年(1876)傳忠書局刻曾文正公全集本六冊

410000－2203－0001276　291.8/6

曾文正公洋務尺牘二卷　(清)曾國藩撰　清刻本　二冊

410000－2203－0001277　291.8/7

籌辦萍鄉鐵路公牘四卷首一卷附刊一卷　顧家相著　清光緒三十年(1904)大梁刻本二冊

410000－2203－0001278　291.8/12

奏摺譜一卷　(清)饒旬宣纂　清光緒九年(1883)饒士騰等京都刻新刻奏對合編本一冊

410000－2203－0001279　291.8/12

奏摺譜一卷　(清)饒旬宣纂　清光緒九年(1883)饒士騰等京都刻新刻奏對合編本一冊

410000－2203－0001280　291.8/13

武安縣礦務局集股章程不分卷　(清)□□編　清光緒刻本　一冊

410000－2203－0001281　291.8/15

盧鄉公牘四卷　(清)莊綸裔著　清光緒刻本四冊

410000－2203－0001282　437/120

夢園初集一百十六卷　(清)劉曾騄著　清光緒十七年(1891)刻祥符劉氏叢書本　十五冊
　存八十六卷(正編夢園詩集八至四十六、公牘文集十八卷、駢體文集六卷、尺牘二卷、詞集一卷、聯語十三卷,副編夢園制藝三至六、律賦一卷、試帖一卷、經義一卷)

410000－2203－0001283　437/120B

夢園初集一百十六卷　(清)劉曾騄著　清光緒十七年(1891)刻祥符劉氏叢書本　四冊
　存二十八卷(正編夢園詩集一至二十八)

410000－2203－0001284　437/120C

夢園初集一百十六卷　(清)劉曾騄著　清光緒十七年(1891)刻祥符劉氏叢書本　三冊
存二十二卷(正編夢園詩集三十二至四十六、駢體文集六卷、詞集一卷)

410000－2203－0001285　291.9/2

大清律例彙輯便覽四十卷督捕則例二卷五軍道裡表一卷三流道裡表一卷　(清)湖北讞局彙輯　清同治十一年(1872)湖北讞局刻本三十二冊

410000－2203－0001286　291.9/3

大清律例增修統纂集成四十卷督捕則例附纂二卷　(清)姚潤纂輯　(清)胡仰山增修　清道光二十九年(1849)刻本　二十四冊

410000－2203－0001287　291.9/3B

大清律例增修統纂集成四十卷督捕則例附纂二卷　(清)陶東皋　(清)陶曉篔增修　清光緒十六年(1890)武林清來堂吳宅刻本　二十四冊

410000－2203－0001288　291.9/3C

大清律例增修統纂集成四十卷督捕則例附纂二卷　(清)任彭年重輯　清光緒二十年(1894)刻本　二十四冊

410000－2203－0001289　291.9/17

大清律例精言輯覽一卷律例簡明目錄一卷　(清)吳雨軒彙　清光緒十四年(1888)京都榮錄堂刻本　二冊

410000－2203－0001290　291.9/5

大清刑律總則草案不分卷　（清）□□編　清
光緒三十四年（1908）農工商部印刷科鉛印本
　一冊

410000－2203－0001291　291.9/6

大清律例全纂四十卷　（清）姚觀等輯　清嘉
慶四年（1799）杭城文苑堂書坊刻本　十冊
存二十卷（一至二十）

410000－2203－0001292　291.9/7B

律例便覽八卷處分則例圖要六卷　（清）蔡逢
年編　清同治十一年（1872）刻朱墨套印本
（有圖）　六冊

410000－2203－0001293　291.9/8

核訂現行刑律不分卷　奕劻等輯　清宣統元
年（1909）鉛印本　四冊

410000－2203－0001294　291.9/7

律例便覽八卷處分則例圖要六卷　（清）蔡逢
年編　清同治八年（1869）增修本（有圖）
六冊

410000－2203－0001295　291.9/12

欽定戶部則例一百卷首一卷　（清）榮祿等纂
　清同治十三年（1874）刻本　六十冊

410000－2203－0001296　291.9/14

名法指掌新纂四卷　（清）黃魯溪編輯　（清）
邵繩清參訂　清咸豐十一年（1861）刻本
四冊

410000－2203－0001297　291.9/15

牧令芻言不分卷　（清）陳際唐撰　清光緒三
十三年（1907）河南藩署鉛印本　一冊

410000－2203－0001298　291.9/16

學治一得編一卷　（清）何耿繩輯　清同治十
三年（1874）湖北崇文書局刻牧令書四種本
一冊

410000－2203－0001299　291.9/18

亞東各國約章不分卷　（清）陳肇章譯　（清）
王瑩修校　清光緒二十九年（1903）湖北洋務
譯書局刻本　一冊

410000－2203－0001300　291.9/19

酌定豫省道府公費及留減攤捐並扣廉各款章
程一卷　（清）□□編　清光緒六年（1880）刻
本　一冊

410000－2203－0001301　291.9/20

得一錄八卷　（清）余治輯　清光緒十一年
（1885）寶善堂刻本　八冊

410000－2203－0001302　291.9/21

洗冤錄詳義四卷首一卷　（宋）宋慈撰　（清）
許梿編校　清咸豐六年（1856）許梿刻本（有
圖）　四冊

410000－2203－0001303　291.9/21B

洗冤錄詳義四卷首一卷　（宋）宋慈撰　（清）
許梿編校　清光緒二年（1876）滂喜齋潘氏刻
本（有圖）　四冊

410000－2203－0001304　291.9/21C

洗冤錄詳義四卷首一卷　（宋）宋慈撰　（清）
許梿編校　清光緒二年（1876）滂喜齋潘氏刻
本（有圖）　四冊

410000－2203－0001305　291.9/21D

洗冤錄詳義四卷首一卷摭遺二卷摭遺補一卷
　（宋）宋慈撰　（清）許梿編校　清光緒十六
年（1890）湖北官書處刻本（有圖）　六冊

410000－2203－0001306　291.9/22

重刊補注洗冤錄集證六卷　（宋）宋慈撰
（清）王又槐增輯　（清）李觀瀾補輯　（清）
孫光烈參閱　（清）阮其新補注　（清）王又梧
校訂　（清）張錫蕃重訂　清道光二十四年
（1844）省城翰墨園刻三色套印本（有圖）
六冊

410000－2203－0001307　291.9/22B

補注洗冤錄集證四卷　（宋）宋慈撰　作吏要
言一卷　（清）葉玉屏著　（清）朱性齋增　清
道光二十三年（1843）刻三色套印本（有圖）
二冊

410000－2203－0001308　291.9/23

折獄龜鑑八卷首一卷　（宋）鄭克撰　清刻本
　二冊

410000－2203－0001309　291.9/26

刑案簡招不分卷　（清）□□撰　清末抄本
一冊

410000－2203－0001310　291.9/27

路索民約論四編　（法國）路索著　楊廷棟譯
　清光緒二十八年(1902)文明書局鉛印本
二冊

410000－2203－0001311　291.9/34

蜀僚問答二卷讀律心得三卷　（清）劉衡纂輯
　清末鉛印本　一冊

410000－2203－0001312　291.9/35

奏定度量權衡畫一制度圖說總表推行章程不
分卷　（清）載澤等拟　清末鉛印本(有圖)
一冊

410000－2203－0001313　291.9/36

約章分類輯要三十八卷　蔡乃煌總纂　清光
緒二十六年(1900)湖南商務局刻本　三十冊

410000－2203－0001314　291.9/38

折獄便覽一卷　（清）熙仲甫釐正　清道光三
十年(1850)刻本　一冊

410000－2203－0001315　291.9/41

讀法圖存四卷　（清）邵繩清編　清光緒七年
(1881)刻本　四冊

410000－2203－0001316　291.9/43

刑錢必覽十卷　（清）王又槐編輯　清刻本
五冊

410000－2203－0001317　291.9/44

病榻夢痕錄節要二卷　（清）汪輝祖著　（清）
方宗誠輯　清光緒九年(1883)廣仁堂刻本
一冊

410000－2203－0001318　291.9/42

聖諭廣訓不分卷　（清）□□輯　清光緒五年
(1879)刻本　一冊

410000－2203－0001319　291.9/45

大清光緒新法令十三類附錄一卷　（清）商務
印書館編譯所編輯　清宣統元年(1909)上海
商務印書館鉛印本　二十冊

410000－2203－0001320　291.9/46

大清現行刑律三十六卷首一卷附一卷　沈家
本等修　清宣統二年(1910)鉛印本　十二冊

410000－2203－0001321　291.9/46B

核訂現行刑律不分卷修正刑律案語二編大清
現行刑律案語不分卷　沈家本等編定　清宣
統元年(1909)修訂法律館鉛印本　二十二冊

410000－2203－0001322　291.9/47

風憲約□□卷　（明）呂坤撰　（明）陳登雲編
　清刻本　三冊　存二卷(六至七)

410000－2203－0001323　291.9/49

新刻法家六卷　（清）□□撰　清刻本　二冊

410000－2203－0001324　291.9/49

新刻法筆新春二卷　（清）□□撰　清刻本
二冊

410000－2203－0001325　291.9/50

華英讞案定章考不分卷　（英國）哲美森著
(英國)李提摩太等譯　清刻本　一冊

410000－2203－0001326　291.9/52

赦款章程及名利不分卷　（清）□□撰　清抄
本　一冊

410000－2203－0001327　291.9/53

故唐律疏議三十卷　（唐）長孫無忌等撰　律
音義一卷　（宋）孫奭等撰　宋提刑洗冤集錄
五卷　（宋）宋慈編　清光緒十七年(1891)刻
本　八冊

410000－2203－0001328　291.9/51

說帖摘要抄存十四卷　（清）泰菴氏清年輯
清道光十一年(1831)開封府署刻本　十三冊
　　　存十三卷(一至八、十至十四)

410000－2203－0001329　291.9/54

大清教育新法令十三編　（清）商務印書館編
譯所編纂　清宣統二年(1910)上海商務印書
館鉛印本　八冊

410000－2203－0001330　291.9/55

重刊補注洗冤錄集證五卷檢骨圖格一卷寶鑑
編一卷急救方一卷　（宋）宋慈撰　（清）王又

槐增輯 （清）李觀瀾補輯 （清）孫光烈參閱 （清）阮其新補注 （清）王又梧校訂 （清）張錫蕃重訂加丹　**石香秘錄一卷** （清）仲振履校訂 （清）張錫蕃重訂加丹　清道光十七年(1837)刻三色套印本（有圖）　四冊

410000 - 2203 - 0001331　291.9/56

欽定增修六部處分則例五十二卷 （清）沈椒生 （清）孫眉山校勘　清同治十年(1871)刻本　二十四冊

410000 - 2203 - 0001332　291.9/56B

欽定重修六部處分則例五十二卷 （清）沈椒生 （清）孫眉山校勘　清光緒三年(1877)金東書行刻本　二十四冊

410000 - 2203 - 0001333　291.9/57

萬國公法四卷 （英國）羅柏村著 （英國）傅蘭雅 （清）汪振聲譯　清光緒二十八年(1902)六藝書局石印本　四冊

410000 - 2203 - 0001334　292.4/1

獨斷一卷 （漢）蔡邕著 （清）嚴秉衡校　**忠經一卷** （漢）馬融撰 （清）鍾崇偁校　**孝傳一卷** （晉）陶潛著 （清）鍾崇偁校　**小爾雅一卷** （漢）孔鮒著 （清）鄧起芹校　清刻本　一冊

410000 - 2203 - 0001335　293/1

月令粹編二十四卷圖說一卷 （清）秦嘉謨編　清嘉慶十七年(1812)江都秦氏琳琅仙館刻本（有圖）　六冊

410000 - 2203 - 0001336　292.4/1B

獨斷一卷 （漢）蔡邕撰　清光緒元年(1875)湖北崇文書局刻本　一冊

410000 - 2203 - 0001337　292.4/2

地學淺釋三十八卷 （英國）雷俠兒撰 （美國）瑪高溫口譯 （清）華蘅芳筆述　**地學指略三卷** （英國）文教治口譯 （清）李慶軒筆述　清光緒二十四年(1898)上海富強齋石印本　四冊

410000 - 2203 - 0001338　293.2/2E

日知錄集釋三十二卷 （清）顧炎武撰 （清）

黃汝成集釋　**日知錄刊誤二卷續刊誤二卷** （清）黃汝成撰　清光緒十三年(1887)同文書局石印本　四冊

410000 - 2203 - 0001339　294/1

天下郡國利病書一百二十卷 （清）顧炎武輯 （清）龍萬育訂　清光緒二十七年(1901)圖書集成局鉛印本　二十八冊

410000 - 2203 - 0001340　294/1

天下郡國利病書一百二十卷 （清）顧炎武輯 （清）龍萬育訂　清光緒二十七年(1901)圖書集成局鉛印本　二十八冊

410000 - 2203 - 0001341　294/1B

天下郡國利病書一百二十卷 （清）顧炎武輯 （清）龍萬育訂　清敷文閣木活字印本　四十八冊

410000 - 2203 - 0001342　294/2

讀史方與紀要一百三十卷目錄一卷輿圖要覽四卷 （清）顧祖禹輯著 （清）彭元瑞校定　清敷文閣木活字印本　七十九冊　存一百三十四卷(讀史方與紀要一百三十卷、輿圖要覽四卷)

410000 - 2203 - 0001343　294/3

元和郡縣圖志四十卷 （唐）李吉甫撰　清光緒六年(1880)金陵書局刻本（有圖）　八冊

410000 - 2203 - 0001344　294/2B

讀史方與紀要一百三十卷輿圖要覽四卷 （清）顧祖禹輯著 （清）彭元瑞校定　清敷文閣木活字印本　五十二冊

410000 - 2203 - 0001345　294/4

乾隆府廳州縣圖志五十卷 （清）洪亮吉撰　清光緒五年(1879)洪用懃授經堂刻洪北江全集本（有圖）　十二冊

410000 - 2203 - 0001346　294/5

皇朝中外一統輿圖三十一卷 （清）嚴樹森撰　清光緒二十四年(1898)石印本（有圖）　二十一冊　存二十九卷(中一卷、南十卷、北三至二十)

410000－2203－0001347　294/6

廣輿記三十四卷　（清）蔡方炳增輯　清大文堂刻本（有圖）　十六冊

410000－2203－0001348　294/6

廣輿記三十四卷　（清）蔡方炳增輯　清大文堂刻本（有圖）　十六冊

410000－2203－0001349　294/6B

廣輿記二十四卷　（明）陸應陽輯　明刻本（有圖）　十二冊

410000－2203－0001350　294/7

歷代地理志韻編今釋二十卷皇朝輿地韻編二卷　（清）李兆洛輯　清同治九年（1870）合肥李鴻章刻李氏五種本（有圖）　六冊　存十八卷（歷代地理志韻編今釋一至五、十至二十，皇朝輿地韻編二卷）

410000－2203－0001351　294/7B

歷代地理志韻編今釋二十卷皇朝輿地韻編二卷　（清）李兆洛輯　清同治九年（1870）合肥李鴻章刻李氏五種本（有圖）　八冊

410000－2203－0001352　294/8

類腋五十五卷　（清）姚培謙集　清乾隆刻本　四冊　存十六卷（地部一至十六）

410000－2203－0001353　294/8C

類腋五十五卷　（清）姚培謙集　清刻本　六冊　存十六卷（地部一至十六）

410000－2203－0001354　294/8B

類腋五十五卷　（清）姚培謙輯　補遺一卷（清）張翰純輯　清聚業堂刻本　五冊　存二十五卷（天部一至八、地部一至十六、補遺一卷）

410000－2203－0001355　294/8D

角山樓增補類腋六十七卷　（清）姚培謙（清）張卿雲輯　（清）趙克宜增輯　（清）曹傳霖重校　清末石印本　一冊　存十五卷（人部一至十五）

410000－2203－0001356　294/9

帝輿合覽二卷　（清）何炳篡述　（清）馮登府校訂　（清）胡咸臨校訂　清道光二年（1822）王店何敬慎堂刻本　四冊

410000－2203－0001357　294/15

大清一統志五百卷　（清）和珅等篡修　清光緒二十七年（1901）上海寶善齋石印本（有圖）　六十冊

410000－2203－0001358　294/14

大清一統輿圖三十一卷首一卷　（清）嚴樹森輯　清同治二年（1863）湖北撫署刻本　三十三冊

410000－2203－0001359　294/4B

大清一統志輯要五十卷　（清）洪亮吉撰　清光緒二十八年（1902）上海山左輿圖局鉛印本（有圖）　十二冊

410000－2203－0001360　294/4B

大清一統志輯要五十卷　（清）洪亮吉撰　清光緒二十八年（1902）上海山左輿圖局鉛印本（有圖）　十二冊

410000－2203－0001361　294/16

最新地理總論圖解三卷　（清）胡方翼編輯　清光緒三十三年（1907）湖北圖書館石印本（有圖）　一冊

410000－2203－0001362　294/14B

大清一統輿圖十六卷　（清）嚴樹森輯　清光緒二十二年（1896）上海書局石印本　六冊

410000－2203－0001363　294/17

歷代地理志韻編今釋二十卷皇朝輿地韻編二卷　（清）李兆洛輯　（清）六嚴等編輯　歷代地理沿革圖一卷　（清）六嚴撰　（清）馬徵麐增輯　紀元編三卷末一卷　（清）六承如錄　清光緒十四年（1888）上海掃葉山房刻李氏五種本（有圖）　十二冊

410000－2203－0001364　294/18

三才紀要不分卷　（清）□□撰　清末江南機器製造總局刻本（有圖）　一冊

410000－2203－0001365　294/19

晉太康地志晉書地道記二卷　（清）畢沅輯

清乾隆四十九年(1784)刻本　一冊

410000－2203－0001366　294/21

經心書院課程輿地學不分卷　(清)姚炳奎編　清光緒二十九年(1903)經心書院刻本　八冊

410000－2203－0001367　294/22

萬國通鑒四卷地圖一卷　(清)趙如光撰　清光緒八年(1882)刻本　六冊

410000－2203－0001368　294/25

方輿紀要簡覽三十四卷　(清)顧祖禹原本　(清)潘鐸輯錄　清咸豐八年(1858)紅杏書屋刻本(有圖)　十六冊

410000－2203－0001369　294/26

歷代輿地沿革險要圖說不分卷　(清)王尚德繪　清光緒二十四年(1898)上海鑄記書局石印本　一冊

410000－2203－0001370　294/27

歷代輿地沿革險要圖不分卷　(清)楊守敬撰　(清)饒敦秩撰　清光緒五年(1879)東湖饒氏刻三色套印本　一冊

410000－2203－0001371　294/28

皇朝直省輿地圖志不分卷　(清)□□撰　清光緒二十八年(1902)石印本　一冊

410000－2203－0001372　294/28

皇朝直省輿地圖志不分卷　(清)□□撰　清光緒二十八年(1902)石印本　一冊

410000－2203－0001373　294/28

皇朝直省輿地圖志不分卷　(清)□□撰　清光緒二十八年(1902)石印本　一冊

410000－2203－0001374　294/28B

皇朝直省輿地圖志不分卷　(清)上海申報館編　清光緒六年(1880)上海點石齋石印本　一冊

410000－2203－0001375　294/29

萬國史記二十卷　(日本)岡本監輔撰　清光緒二十三年(1897)申報館鉛印申報館叢書本　八冊

410000－2203－0001376　294.1/2

海國圖志一百卷　(清)魏源撰　續集二十五卷　(英國)麥高爾輯著　(美國)林樂知等譯　(清)徐建寅筆述　清光緒二十一年(1895)上海書局石印本(有圖)　十六冊

410000－2203－0001377　294.1/1

五大洲志三卷　(日本)辻武雄著　清光緒二十八年(1902)泰東同文局鉛印本　三冊

410000－2203－0001378　294.1/1

五大洲志三卷　(日本)辻武雄著　清光緒二十八年(1902)泰東同文局鉛印本　三冊

410000－2203－0001379　294.1/3

瀛環志略十卷　(清)徐繼畬輯著　清光緒二十八年(1902)有益堂刻本(有圖)　四冊

410000－2203－0001380　294.1/2B

海國圖志一百卷　(清)魏源撰　清光緒二十一年(1895)上海積山書局石印本　十四冊

410000－2203－0001381　294.1/2B

海國圖志一百卷　(清)魏源撰　續集二十五卷　(英國)麥高爾輯著　(美國)林樂知等譯　(清)徐建寅筆述　清光緒二十一年(1895)上海書局石印本(有圖)　二冊　存二十五卷(續集二十五卷)

410000－2203－0001382　294.1/3B

瀛環志略十卷續集三卷　(清)徐繼畬輯著　清光緒二十八年(1902)漢讀樓石印本(有圖)　六冊

410000－2203－0001383　294.1/4

亞斐利加州志不分卷　(清)前編書局編纂　清宣統元年(1909)學部編譯圖書局鉛印本　一冊

410000－2203－0001384　294.1/3C

瀛環志略十卷　(清)徐繼畬輯著　清光緒二十一年(1895)上海寶文局石印本(有圖)　四冊

410000－2203－0001385　294.1/5

東洋史要二卷　(日本)桑原隲藏原著　樊炳

清譯　清光緒二十五年(1899)東文學社石印本　二冊

410000－2203－0001386　294.1/5B

東洋史要二卷　(日本)桑原隲藏原著　樊炳清譯　清光緒二十五年(1899)東文學社石印本　四冊

410000－2203－0001387　294.1/6

八星之一總論一卷　(英國)李提摩太著　清光緒二十八年(1902)上海美華書館鉛印本　一冊

410000－2203－0001388　294.1/8

地球韻言四卷　(清)張士瀛撰　清光緒二十三年(1897)刻本(有圖)　二冊

410000－2203－0001389　294.1/10

萬國政治藝學全書三百八十卷　(清)朱大文編輯　(清)凌賡颺編輯　清光緒二十八年(1902)上海鴻文書局石印本　五十四冊

410000－2203－0001390　294.1/8B

地球韻言四卷　(清)張士瀛撰　清光緒二十七年(1901)藻文書局石印本　二冊

410000－2203－0001391　294.1/8C

地球韻言二卷　(清)張士瀛編　(清)徐鐘祜重刊　(清)劉學斌補注　清光緒三十一年(1905)山西河東道刻本(有圖)　二冊

410000－2203－0001392　294.1/12

日本全史二十二卷　(日本)中村正直撰　清光緒二十八年(1902)通文局石印本　十六冊

410000－2203－0001393　294.1/13

五洲圖考不分卷　(清)龔柴撰　(清)徐彬續譯　清光緒二十八年(1902)上海徐家匯印書館鉛印本　四冊

410000－2203－0001394　294.1/14

英法俄德四國志略不分卷　(清)沈敦和輯譯　清光緒二十二年(1896)上海圖書集成印書局鉛印本　一冊

410000－2203－0001395　294.1/16

皇朝直省府廳州縣歌括不分卷　(清)蔣升撰

清光緒二十九年(1903)上海慈母堂印書局鉛印本(有圖)　一冊

410000－2203－0001396　294.1/16

皇朝直省府廳州縣歌括不分卷　(清)蔣升撰　清光緒二十九年(1903)上海慈母堂印書局鉛印本(有圖)　一冊

410000－2203－0001397　294.2/2

[嘉慶]涉縣志八卷　(清)戚學標重修　清嘉慶四年(1799)刻本(有圖)　四冊

410000－2203－0001398　294.1/18

十九世紀外交史十七章　(日本)平田久著　張相譯　清光緒二十八年(1902)杭州史學齋刻本　四冊

410000－2203－0001399　294.2/3

[乾隆]齊河縣志十卷　(清)上官有儀　(清)許琰纂修　清刻本(有圖)　四冊

410000－2203－0001400　294.2/7

[光緒]通州志十卷　(清)李培祜　(清)王維珍纂　清光緒五年(1879)刻本　六冊　存三卷(八至十)

410000－2203－0001401　294.1/19

西洋史要發端四期附圖　(日本)小川銀次郎著　樊炳清　薩端譯　清光緒二十九年(1903)金粟齋鉛印本　三冊

410000－2203－0001402　294.2/8

[正德]武功縣志三卷首一卷　(明)康海撰　清光緒十三年(1887)大梁書舍影印本　二冊

410000－2203－0001403　294.2/8B

[正德]武功縣志三卷首一卷　(明)康海撰　(清)孫景烈評注　清乾隆二十六年(1761)長白瑪星阿刻光緒十三年(1887)補刻本　一冊

410000－2203－0001404　294.2/8B

[正德]武功縣志三卷首一卷　(明)康海撰　(清)孫景烈評注　清乾隆二十六年(1761)長白瑪星阿刻光緒十三年(1887)補刻本　一冊

410000－2203－0001405　294.2/10

[道光]直隸定州志二十二卷　(清)寶琳纂修

清道光二十九年(1849)刻本　十二冊

410000－2203－0001406　294.2/12

[雍正]臨漳縣志六卷　(清)陶穎發纂修　清雍正九年(1731)刻本(有圖)　六冊

410000－2203－0001407　294.2/13

[正德]武功縣誌三卷首一卷　(明)康海撰　(清)孫景烈評注　清同治十二年(1873)湖北崇文書局刻本　一冊

410000－2203－0001408　294/14C

大清一統輿圖三十一卷首一卷　(清)嚴樹森撰　清同治二年(1863)湖北撫署刻本　三十一冊　存三十一卷(中一卷,南十卷,北一至七、九至二十,首一卷)

410000－2203－0001409　294.2/17

[乾隆]福建通志七十八卷首四卷　(清)郝玉麟　(清)謝道承修　清乾隆二年(1737)刻本　四十二冊　存五十卷(一至二、二十至三十三、三十六至三十七、三十九至四十、四十二至四十四、四十六至五十三、五十五至五十六、五十九至六十二、六十六至七十四、七十八,首一至三)

410000－2203－0001410　294.2/19

山西志輯要十卷　(清)雅德修　(清)汪本直纂　清刻本(有圖)　十冊

410000－2203－0001411　294.2/18

[光緒]亳州志二十卷首一卷　(清)宗能徵等纂修　清光緒二十年(1894)木活字印本(有圖)　十三冊　存十九卷(一至十八、首一卷)

410000－2203－0001412　294.2/21

[雍正]處州府志二十卷　(清)曹掄彬修　清雍正十一年(1733)刻本(有圖)　九冊　存十一卷(一、三、八至十、十三至十六、十八至十九)

410000－2203－0001413　294.2/22

欽定滿洲源流考二十卷　(清)阿桂等纂　清光緒十九年(1893)杭州價益書局石印本　四冊

410000－2203－0001414　294.2/23

[乾隆]咸陽縣志二十二卷首一卷　(清)臧應桐纂修　清乾隆刻本　一冊　存六卷(五至十)

410000－2203－0001415　294.2/24

襄陽府輿圖　(清)□□繪　清抄本　一張

410000－2203－0001416　294.2/27

[正德]朝邑縣志二卷　(明)王道修　(明)韓邦靖纂　清刻本　一冊

410000－2203－0001417　294.2/28

歷代定域史綱四卷　張印西著　清光緒二十九年(1903)藜碧軒石印本　一冊

410000－2203－0001418　294.2/24

襄陽縣憲綱輿圖清冊不分卷　(清)□□集　清末手寫本(有圖)　一冊

410000－2203－0001419　294.2/29

廣輿記三十八卷　(宋)歐陽忞撰　清乾隆武英殿聚珍本　五冊　存三十二卷(一至五、十二至三十八)

410000－2203－0001420　294.21/1

[雍正]河南通志八十卷　(清)田文鏡等纂修　清雍正刻乾隆、道光、同治、光緒間遞修民國三年(1914)河南教育司補刻本(有圖)　四十冊

410000－2203－0001421　294.21/1B

[雍正]河南通志八十卷　(清)田文鏡等纂修　清雍正刻乾隆、道光、同治、光緒間遞修民國三年(1914)河南教育司補刻本(有圖)　四十冊

410000－2203－0001422　294.21/1C

[雍正]河南通志八十卷　(清)田文鏡等纂修　清雍正刻乾隆、道光、同治、光緒間遞修民國三年(1914)河南教育司補刻本(有圖)　四十冊

410000－2203－0001423　294.21/1C

[乾隆]續河南通志八十卷首四卷　(清)阿思哈纂　清乾隆三十二年(1767)刻道光、同治、

光緒、民國三年（1914）河南教育司遞修本
二十四册

410000－2203－0001424　294.21/2

[乾隆]續河南通志八十卷首四卷　（清）阿思
哈纂　清乾隆三十二年（1767）刻道光、同治、
光緒、民國三年（1914）河南教育司遞修本
二十四册

410000－2203－0001425　294.21/2

[乾隆]續河南通志八十卷首四卷　（清）阿思
哈纂　清乾隆三十二年（1767）刻道光、同治、
光緒、民國三年（1914）河南教育司遞修本
二十四册

410000－2203－0001426　294.22/1

[康熙]開封府志四十卷　（清）管竭忠纂修
（清）張沐等編訂　清康熙三十四年（1695）刻
同治二年（1863）印本（有圖）　十册

410000－2203－0001427　294.22/1

[康熙]開封府志四十卷　（清）管竭忠纂修
（清）張沐等編訂　清康熙三十四年（1695）刻
同治二年（1863）印本（有圖）　十册

410000－2203－0001428　294.22/1B

[康熙]開封府志四十卷　（清）管竭忠纂修
（清）張沐等編訂　清康熙三十四年（1695）刻
同治二年（1863）印本（有圖）　九册　存三十
五卷（一至九、十五至四十）

410000－2203－0001429　294.22/2

[光緒]祥符縣志二十四卷首一卷　（清）沈傳
義　（清）黃舒昺纂　清光緒二十四年（1898）
刻本（有圖）　二十四册

410000－2203－0001430　294.22/4

[宣統]陳留縣志四十二卷首一卷　（清）武從
超總纂　（清）趙文琳等纂修　清宣統二年
（1910）石印本（有圖）　四册

410000－2203－0001431　294.22/2B

[光緒]祥符縣志二十四卷首一卷　（清）沈傳
義　（清）黃舒昺纂　清光緒二十四年（1898）
刻本（有圖）　十二册

410000－2203－0001432　294.22/5

[康熙]考城縣志四卷　（清）李國亮等纂修
清康熙三十七年（1698）刻本（有圖）　四册

410000－2203－0001433　294.22/2B

[光緒]祥符縣志二十四卷首一卷　（清）沈傳
義　（清）黃舒昺纂　清光緒二十四年（1898）
刻本（有圖）　十二册

410000－2203－0001434　294.22/2C

[光緒]祥符縣志二十四卷首一卷　（清）沈傳
義　（清）黃舒昺纂　清光緒二十四年（1898）
刻本（有圖）　十册　存十三卷（一至十二、首
一卷）

410000－2203－0001435　294.22/6

[乾隆]杞縣志二十卷首一卷　（清）王之衛等
纂修　清乾隆刻本（有圖）　八册

410000－2203－0001436　294.22/8

[乾隆]儀封縣志十二卷首一卷末一卷　（清）
紀黃中　（清）王績修　清乾隆二十九年
（1764）補修抄本（有圖）　八册

410000－2203－0001437　294.22/6B

[乾隆]杞縣志二十四卷　（清）周璣纂修　清
乾隆五十三年（1788）刻本（有圖）　十二册

410000－2203－0001438　294.22/6B

[乾隆]杞縣志二十四卷　（清）周璣纂修　清
乾隆五十三年（1788）刻本（有圖）　十二册

410000－2203－0001439　294.22/15

[同治]中牟縣志十二卷首一卷末一卷　（清）
吳若烺修　清同治九年（1870）刻本（有圖）
六册

410000－2203－0001440　294.22/11

[嘉慶]開州志八卷首一卷　（清）沈樂善
（清）李符清纂修　清嘉慶十一年（1806）刻本
（有圖）　六册

410000－2203－0001441　294.22/16

[乾隆]登封縣志三十二卷　（清）洪亮吉纂
（清）陸繼萼纂　清乾隆五十二年（1787）刻本
八册

410000－2203－0001442　294.22/13

[乾隆]滎澤縣志十四卷　（清）崔淇纂修
（清）王博　（清）李維嶠編輯　清乾隆十三年
(1748)刻本(有圖)　四冊

410000－2203－0001443　294.22/20

[嘉慶]安陽縣志二十八卷首一卷金石錄十二
卷　（清）貴泰修　清嘉慶二十四年(1819)刻
本(有圖)　十冊　存二十九卷(安陽縣志二
十八卷、首一卷)

410000－2203－0001444　294.22/23

[嘉慶]濬縣志二十二卷首一卷金石錄二卷
(清)熊象階纂修　清嘉慶六年(1801)刻本
(有圖)　六冊

410000－2203－0001445　294.22/20C

[嘉慶]安陽縣志二十八卷首一卷金石錄十二
卷　（清）貴泰修　清嘉慶二十四年(1819)刻
本(有圖)　十冊　存二十九卷(安陽縣志二
十八卷、首一卷)

410000－2203－0001446　294.22/24

[光緒]續濬縣志八卷　（清）黃璟纂　清光緒
十三年(1887)刻本　二冊

410000－2203－0001447　294.22/25

[同治]滑縣志十二卷　（清）姚錕　（清）唐
咸仰纂修　清同治六年(1867)刻本(有圖)
八冊

410000－2203－0001448　294.22/33

[乾隆]輝縣志十二卷首一卷末一卷　（清）文
兆奭纂修　清乾隆二十二年(1757)刻本(有
圖)　八冊

410000－2203－0001449　294.22/33

[乾隆]輝縣志十二卷首一卷末一卷　（清）文
兆奭纂修　清乾隆二十二年(1757)刻本(有
圖)　八冊

410000－2203－0001450　294.22/31

[道光]武陟縣志三十六卷　（清）王榮陛修
(清)方履籛纂　清道光九年(1829)刻本(有
圖)　八冊

410000－2203－0001451　294.22/34

[道光]輝縣志二十卷首一卷末一卷　（清）周
際華纂修　清道光十五年(1835)刻本(有圖)
八冊

410000－2203－0001452　294.22/41

[順治]孟津縣志四卷　（清）孟常裕修
(清)徐元燦增修　清順治十六年(1659)刻康
熙四十八年(1709)增刻本(有圖)　四冊

410000－2203－0001453　294.22/35

[康熙]延津縣志十卷　（清）余心孺纂修　清
康熙四十一年(1702)刻本(有圖)　四冊

410000－2203－0001454　294.22/37

[順治]胙城縣志二卷　（清）劉純德修
(清)郭金鼎纂　清順治十六年(1659)刻本
(有圖)　二冊

410000－2203－0001455　294.22/39

[乾隆]河南府志一百十六卷首四卷　（清）施
誠纂修　清乾隆四十四年(1779)刻本(有圖)
二十四冊

410000－2203－0001456　294.22/48B

[順治]封邱縣志九卷首一卷　（清）余縉
(清)李嵩陽纂修　清康熙刻本　四冊　存七
卷(三至九)

410000－2203－0001457　294.22/48C

[康熙]封邱縣續志不分卷　（清）王賜魁
(清)李會生纂修　清康熙十九年(1680)刻本
一冊

410000－2203－0001458　294.22/48D

[康熙]封邱縣續志五卷　（清）孟鏐　（清）
耿紘祚纂修　清康熙三十六年(1697)刻本
(有圖)　二冊

410000－2203－0001459　294.22/49

[乾隆]陳州府志三十卷　（清）崔應階纂修
清乾隆十二年(1747)刻本　四冊　存四卷
(二十七至三十)

410000－2203－0001460　294.22/52

[順治]淇縣志十卷　（清）王謙吉等纂修　清

順治十七年(1660)刻本(有圖)　二冊

410000－2203－0001461　294.22/53

光緒鹿邑縣志十六卷首一卷　于滄瀾等纂修
清光緒二十二年(1896)刻本(有圖)　八冊

410000－2203－0001462　294.22/53

光緒鹿邑縣志十六卷首一卷　于滄瀾等纂修
清光緒二十二年(1896)刻本(有圖)　八冊

410000－2203－0001463　294.22/54

[光緒]歸德府志三十六卷首一卷　(清)陳錫
輅修　清光緒十九年(1893)刻本(有圖)
十冊

410000－2203－0001464　294.22/56

[宣統]寧陵縣志十二卷首一卷末一卷　(清)
蕭濟南修　(清)呂敬直纂　清宣統三年
(1911)刻本(有圖)　八冊

410000－2203－0001465　294.22/54

[光緒]歸德府志三十六卷首一卷　(清)陳錫
輅修　清光緒十九年(1893)刻本(有圖)
十冊

410000－2203－0001466　294.22/63

[康熙]鎮平縣志三卷　(清)張琮修　清康熙
三十四年(1695)刻本(有圖)　三冊

410000－2203－0001467　294.22/61

[乾隆]汲縣志十四卷首一卷末一卷　(清)徐
汝瓚纂修　清乾隆二十年(1755)刻本(有圖)
六冊

410000－2203－0001468　294.22/61

[乾隆]汲縣志十四卷首一卷末一卷　(清)徐
汝瓚纂修　清乾隆二十年(1755)刻本(有圖)
六冊

410000－2203－0001469　294.22/61

[乾隆]汲縣志十四卷首一卷末一卷　(清)徐
汝瓚纂修　清乾隆二十年(1755)刻本(有圖)
六冊

410000－2203－0001470　294.22/66

[乾隆]陽武縣志十二卷　(清)談諟曾修　清
乾隆十年(1745)刻本(有圖)　六冊

410000－2203－0001471　294.22/65

[咸豐]淅川廳志四卷　(清)徐光第纂修　清
咸豐十一年(1861)刻本(有圖)　四冊

410000－2203－0001472　294.22/68

平原縣輿地全圖　姚詩志繪　清光緒二十七
年(1901)繪圖本　一張

410000－2203－0001473　294.22/71

[嘉慶]商城縣志十四卷首一卷末一卷　(清)
武開吉纂修　清嘉慶八年(1803)刻本(有圖)
十二冊

410000－2203－0001474　294.22/72

[乾隆]滎澤縣志十四卷　(清)崔淇纂修
(清)王博　(清)李維墧編輯　清乾隆十三年
(1748)刻本(有圖)　一冊　存四卷(一至
四)

410000－2203－0001475　294.22/72

[乾隆]滎澤縣志十四卷　(清)崔淇纂修
(清)王博　(清)李維墧編輯　清乾隆十三年
(1748)刻本　二冊　存八卷(七至十四)

410000－2203－0001476　294.22/73

[道光]淮寧縣志二十七卷　(清)永銘纂修
清道光六年(1826)文昌宮刻本(有圖)　十一
冊　存二十四卷(一至七、十一至二十七)

410000－2203－0001477　294.3/3

[光緒]洵陽縣志十四卷　劉德全　李丙焱總
纂　郭焱昌　姜善繼分纂　清光緒二十九年
(1903)刻本(有圖)　四冊

410000－2203－0001478　294.3/7

[乾隆]東明縣志八卷　(清)儲元升纂修　清
乾隆二十一年(1756)刻本(有圖)　一冊　存
二卷(一至二)

410000－2203－0001479　294.3/8

浙江沿海圖說不分卷附海島表　(清)朱正元
撰　清光緒二十五年(1899)上海鉛印本
一冊

410000－2203－0001480　294.31/1

臥龍崗志二卷　(清)羅景輯　(清)羅鍆校

清康熙五十一年(1712)南陽刻本(有圖)
二冊

410000－2203－0001481　294.32/1
三輔黃圖六卷補遺一卷　(漢)□□撰　(清)
畢沅校　清乾隆四十九年(1784)靈巖山館刻
本　一冊

410000－2203－0001482　294.32/1B
三輔黃圖六卷　(漢)□□撰　(清)鄧傅安校
清刻本　一冊

410000－2203－0001483　294.38/2
西京雜記六卷　(漢)劉歆著　(清)洪占銓校
清刻本　一冊

410000－2203－0001484　294.38/3
蜀景匯覽十四卷賦三卷　(清)鍾登甲編校
清光緒八年(1882)樂道齋刻本　十二冊

410000－2203－0001485　294.38/7
如夢錄十紀　(清)常茂徠訂　清寫夢盦鉛印
本　一冊

410000－2203－0001486　294.38/7
如夢錄十紀　(清)常茂徠訂　清寫夢盦鉛印
本　一冊

410000－2203－0001487　294.38/6
北隅掌錄二卷　(清)黃士珣著　清道光二十
五年(1845)錢塘汪氏振綺堂刻本　二冊

410000－2203－0001488　294.38/8
豫乘識小錄二卷　(清)朱雲錦撰　清同治十
二年(1873)文耀齋刻本　二冊

410000－2203－0001489　294.38/15
衛藏圖識二卷　(清)魯華祝撰　清刻本(有
圖)　二冊

410000－2203－0001490　294.38/16
閩雜記十二卷　(清)施鴻保輯　清光緒四年
(1878)申報館鉛印本　四冊

410000－2203－0001491　294.38/17
南海百咏一卷　(宋)方信孺撰　(清)吳蘭修
校　清道光元年(1821)嘉應吳氏刻本　一冊

410000－2203－0001492　295/2
山海經釋義十八卷圖二卷　(晉)郭璞著傳
(明)王崇慶釋義　(明)董漢儒校訂　明萬曆
大業堂刻本　四冊　存十二卷(一至十二)

410000－2203－0001493　295/3
雲南勘界籌邊記二卷　(清)姚文棟撰　清光
緒二十三年(1897)湖南新學書局刻本　一冊

410000－2203－0001494　295.1/1
廬山志十五卷首一卷　(清)毛德琪纂修　清
康熙五十九年(1720)刻同治十年至十二年
(1871－1873)重修本(有圖)　十六冊

410000－2203－0001495　295.1/2
爛柯山志十三卷　鄭永禧補輯　清光緒三十
二年(1906)不其山館刻本　四冊

410000－2203－0001496　295.1/3
天台山記一卷　(唐)徐靈府撰　清光緒遵義
黎氏日本東京使署刻古逸叢書本　一冊

410000－2203－0001497　295.1/4
長白山錄一卷補遺一卷　(清)王士禎撰　清
刻王漁洋遺書本　一冊

410000－2203－0001498　295.1/6
華嶽志八卷首一卷　(清)李榕纂輯　(清)楊
翼武評閱　清道光十一年(1831)刻光緒九年
(1883)湘鄉楊昌濬補刻本(有圖)　四冊

410000－2203－0001499　295.1/5
說嵩三十二卷　(清)景日昣撰　清康熙六十
年(1721)嶽生堂刻本　三冊　存十卷(一至
六、十一、三十至三十二)

410000－2203－0001500　295.2/1
水經注四十卷　(北魏)酈道元撰　清刻武英
殿聚珍版書本　十六冊

410000－2203－0001501　295.2/1B
水經注匯校四十卷首一卷　(北魏)酈道元撰
(清)楊希閔校　附錄二卷　(清)趙一清錄
清光緒七年(1881)福州刻本　十一冊

410000－2203－0001502　295.2/2
水道提綱二十八卷　(清)齊召南編錄　清光

緒二十四年(1898)新化三味書室刻本　　八冊

410000 - 2203 - 0001503　　295.2/3
澱湖源流圖不分卷　(清)□□繪纂　清刻本
(有圖)　一冊

410000 - 2203 - 0001504　　294.38/8
豫乘識小錄二卷　(清)朱雲錦撰　清同治十
二年(1873)文耀齋刻本　二冊

410000 - 2203 - 0001505　　294.38/8
豫乘識小錄二卷　(清)朱雲錦撰　清同治十
二年(1873)文耀齋刻本　二冊

410000 - 2203 - 0001506　　295.2/8
山東直隸河南三省黃河全圖不分卷　(清)顧
潮等測繪　清光緒十六年(1890)上海鴻文書
局石印本(有圖)　三冊

410000 - 2203 - 0001507　　295.2/8
山東直隸河南三省黃河全圖不分卷　(清)顧
潮等測繪　清光緒十六年(1890)上海鴻文書
局石印本(有圖)　五冊

410000 - 2203 - 0001508　　295.2/10
江西水道考五卷　(清)蔣湘南撰　清資益館
鉛印本　二冊

410000 - 2203 - 0001509　　295.2/11
新譯中國江海險要圖誌五卷　(英國)海軍海
圖官局著　(清)陳壽彭譯　清經世文社石印
本(有圖)　五冊

410000 - 2203 - 0001510　　295.2/12
新譯中國江海險要圖誌五卷補編五卷　(英
國)海軍海圖官局著　(清)陳壽彭譯　清廣
東廣雅書局石印本(有圖)　三冊　存五卷
(一至二、補編三至五)

410000 - 2203 - 0001511　　295.2/13
峽江救生船志二卷圖考一卷行川必要一卷
(清)賀縉紳輯　清光緒三年(1877)水師新副
中營刻本(有圖)　四冊

410000 - 2203 - 0001512　　295.2/14
安瀾紀要二卷迴瀾紀要二卷　(清)徐端撰
清光緒十四年(1888)刻本　四冊

410000 - 2203 - 0001513　　295.2/15
江蘇沿海圖說不分卷附海島表　(清)朱正元
撰　清光緒二十五年(1899)上海鉛印本
一冊

410000 - 2203 - 0001514　　295.2/16
長江圖說十二卷　(清)馬徵麟撰　清同治十
年(1871)湖北崇文書局刻本　五冊

410000 - 2203 - 0001515　　295.2/17
峽江救生船志二卷圖考一卷行川必要一卷
(清)賀縉紳輯　清刻本　一冊　存一卷(圖
考一卷)

410000 - 2203 - 0001516　　295.2/19
黃運修防摘要三卷　(清)龔慶祥著　(清)龔
泰元編　清道光二十七年(1847)抄本　三冊

410000 - 2203 - 0001517　　295.2/20
河防芻議一卷　(清)劉成忠撰　清同治十三
年(1874)刻本　一冊

410000 - 2203 - 0001518　　295.2/21
治河方畧十卷首一卷　(清)靳輔撰　清嘉慶
四年(1799)靳文鈞刻本(有圖)　十一冊

410000 - 2203 - 0001519　　295.2/22
合校水經注四十卷首一卷　(北魏)酈道元撰
　王先謙校　附錄二卷　(清)趙一清錄　清
光緒十八年(1892)長沙王氏思賢講舍刻本
十六冊

410000 - 2203 - 0001520　　296/3
鴻雪因緣圖記三集　(清)麟慶著　(清)汪春
泉繪　清光緒十年(1884)上海點石齋石印本
六冊

410000 - 2203 - 0001521　　296/4
皇華紀聞四卷　(清)王士禎撰　清康熙二十
九年(1690)刻本　二冊

410000 - 2203 - 0001522　　296/6
適可齋記行六卷　(清)馬建忠撰　清刻本
三冊

410000 - 2203 - 0001523　　296/7
蜀輶日記四卷(嘉慶十五年五月十五日至十

一月二十二日） （清）陶澍撰　清道光七年
(1827)刻本　四冊

410000－2203－0001524　296/8

孫文定公南遊記一卷　（清）孫嘉淦撰　清同
治五年(1866)皖江臬署刻本　一冊

410000－2203－0001525　296/60

嵩遊徵實前紀不分卷　（清）□□撰　清末鉛
印本　一冊

410000－2203－0001526　297/3

越南輯略二卷　（清）徐延旭編　清光緒三年
(1877)梧州郡署刻本(有圖)　二冊

410000－2203－0001527　297/4

羅馬志畧十三卷　（清）□□撰　清光緒二十
四年(1898)石印本(有圖)　一冊

410000－2203－0001528　297/6

希臘志畧七卷　（清）□□著　清光緒二十四
年(1898)石印本(有圖)　一冊

410000－2203－0001529　298.1/1

中州金石記五卷　（清）畢沅撰　清末鉛印本
一冊

410000－2203－0001530　298.1/1

中州金石記五卷　（清）畢沅撰　清末鉛印本
一冊

410000－2203－0001531　298.1/1

中州金石記五卷　（清）畢沅撰　清末鉛印本
一冊

410000－2203－0001532　298.1/3

關中金石記八卷　（清）畢沅撰　清乾隆四十
六年(1781)經訓堂刻本　三冊

410000－2203－0001533　298.1/3B

關中金石記八卷　（清）畢沅撰　目錄一卷
（清）蔡錫棟增編　附記一卷　（清）蔡汝霖編
輯　清光緒三十四年(1908)渭南嚴氏刻本
四冊

410000－2203－0001534　298.1/4

金石全例十一種　（清）朱記榮輯　清光緒刻
十八年(1892)吳縣朱氏彙印本　十五冊　存

十一種四十九卷

410000－2203－0001535　298.1/4B

金石全例十一種　（清）朱記榮輯　清光緒刻
十八年(1892)吳縣朱氏彙印本　十冊　存七
種二十九卷

410000－2203－0001536　298.1/5

金石圖二卷　（清）褚峻摹　（清）牛運震說
清乾隆刻本　四冊

410000－2203－0001537　298.1/7

朱近漪所箸書七種　（清）朱楓撰　清乾隆刻
本　四冊　存三種二十三卷

410000－2203－0001538　298.1/8B

金石萃編一百六十卷　（清）王昶纂　續編二
十一卷　（清）陸耀遹纂　清光緒十九年
(1893)上海醉六堂石印本　二十四冊

410000－2203－0001539　298.1/9

金石續錄四卷　（清）劉青藜著　清傳經堂刻
本　二冊

410000－2203－0001540　298.1/11

金石文鈔八卷續鈔二卷　（清）趙紹祖輯　清
光緒二年(1876)刻本　十冊

410000－2203－0001541　298.1/12

授堂金石文字續跋十四卷　（清）武億著　清
嘉慶元年(1796)武穆淳刻本　五冊

410000－2203－0001542　298.1/12B

授堂金石文字續跋十四卷　（清）武億著　清
道光二十三年(1843)偃師武氏刻授堂遺書本
三冊

410000－2203－0001543　298.1/12C

授堂金石文字續跋十四卷　（清）武億著　清
道光二十三年(1843)偃師武氏刻授堂遺書本
四冊

410000－2203－0001544　298.1/13

金石一跋四卷二跋四卷三跋二卷　（清）武億
著　清道光二十三年(1843)偃師武氏刻授堂
遺書本　三冊

410000－2203－0001545　298.1/13

金石一跋四卷二跋四卷三跋二卷　（清）武億著　清道光二十三年(1843)偃師武氏刻授堂遺書本　二冊

410000－2203－0001546　298.1/14

金石續編二十一卷首一卷　（清）陸耀遹纂（清）陸增祥校訂　清同治十三年(1874)毗陵陸氏雙白燕堂刻本　十六冊

410000－2203－0001547　298.1/15

兩漢金石記二十二卷　（清）翁方綱撰　清乾隆五十四年(1789)南昌使院刻蘇齋叢書本十冊

410000－2203－0001548　298.1/19

金石圖不分卷　（清）褚峻摹圖　（清）牛運震說　清乾隆六年至八年(1741－1743)刻本四冊

410000－2203－0001549　298.1/19B

金石圖說四卷　（清）褚峻摹圖　（清）牛運震說　清貴池劉氏聚學軒刻本　四冊

410000－2203－0001550　298.1/20B

金石索十二卷首一卷　（清）馮雲鵬（清）馮雲鵷輯　清道光元年(1821)嶸陽署齋刻本（有圖）　十二冊　存六卷(石索六卷)

410000－2203－0001551　298.1/20

金石索十二卷首一卷　（清）馮雲鵬（清）馮雲鵷輯　清道光元年(1821)嶸陽署齋刻本（有圖）　十五冊　存十卷(金索一下、二上下、三下、四上、五上下,石索一上、二上下、四下、五至六)

410000－2203－0001552　298.1/20D

金石索十二卷首一卷　（清）馮雲鵬（清）馮雲鵷輯　清道光元年(1821)嶸陽署齋刻本（有圖）　十二冊

410000－2203－0001553　298.1/20E

金石索十二卷首一卷　（清）馮雲鵬（清）馮雲鵷輯　清光緒三十二年(1906)上海文新局石印本（有圖）　十三冊

410000－2203－0001554　298.1/23

槐廬叢書五十種　（清）朱記榮輯　清光緒吳縣朱氏槐廬家塾刻本　四冊　存四種十四卷

410000－2203－0001555　298.1/26B

金石錄三十卷　（宋）趙明誠編著　劄記一卷碑目一卷　繆荃孫撰　清光緒三十一年(1905)仁和朱氏刻結一廬朱氏賸餘叢書本四冊

410000－2203－0001556　298.1/30

金石三例　（清）盧見曾輯　（清）王芑孫評清光緒四年(1878)南海馮氏讀有用書齋刻本　一冊　存三種十五卷

410000－2203－0001557　298.1/30B

金石三例　（清）盧見曾輯　（清）王芑孫評清光緒四年(1878)南海馮氏讀有用書齋刻本　四冊　存三種十五卷

410000－2203－0001558　298.1/31

金石契不分卷　（清）張燕昌撰　清光緒二十二年(1896)貴池劉氏聚學軒刻本（有圖）四冊

410000－2203－0001559　298.1/34

泊如齋重修宣和博古圖錄三十卷　（宋）王黼等撰　明萬曆十六年(1588)泊如齋刻本（有圖）　七冊　存十三卷(一至二、五至十五)

410000－2203－0001560　298.1/35

長安獲古編二卷補一卷　（清）劉喜海輯　清刻本(有圖)　一冊

410000－2203－0001561　298.2/1

歷代鐘鼎彝器款識法帖二十卷　（宋）薛尚功輯　清嘉慶二年(1797)阮氏刻本　四冊

410000－2203－0001562　298.2/6

積古齋鐘鼎彝器款識十卷　（清）阮元編錄清嘉慶九年(1804)刻本　六冊

410000－2203－0001563　298.2/9

陶齋吉金錄八卷　（清）端方輯　清光緒三十四年(1908)石印本(有圖)　八冊

410000－2203－0001564　298.2/9－2

陶齋吉金續錄二卷　（清）端方輯　清宣統元

年(1909)石印本(有圖)　二冊

410000－2203－0001565　298.3/3
隸釋二十七卷隸續二十一卷　（宋）洪適輯
清乾隆汪氏刻本　十冊

410000－2203－0001566　298.3/3
隸釋二十七卷隸續二十一卷　（宋）洪適輯
清乾隆汪氏刻本　十冊

410000－2203－0001567　298.3/3B
隸釋二十七卷隸續二十一卷　（宋）洪適輯
汪本隸釋刊誤一卷　（清）黃丕烈撰　清同治
十年至十一年(1871－1872)皖南洪氏晦木齋
刻本　七冊　存三十七卷(隸釋二十七卷、隸
續一至九、刊誤一卷)

410000－2203－0001568　298.3/7
歷代石經略二卷　（清）桂馥著　清末刻朱印
本　一冊

410000－2203－0001569　298.3/7
歷代石經略二卷　（清）桂馥著　清末刻朱印
本　一冊

410000－2203－0001570　298.3/10
寰宇訪碑錄十二卷　（清）孫星衍　（清）邢澍
撰　清光緒九年(1883)江蘇書局刻本　四冊

410000－2203－0001571　298.3/64
漢碑范八卷　張祖翼選臨　清宣統三年
(1911)上海文明書局石印本　二冊

410000－2203－0001572　298.3/64B
漢碑范八卷　張祖翼選臨　清宣統三年
(1911)上海文明書局石印本　一冊　存四卷
(一至四)

410000－2203－0001573　298.3/64B
漢碑范八卷　張祖翼選臨　清宣統三年
(1911)上海文明書局石印本　一冊　存四卷
(一至四)

410000－2203－0001574　298.3/92
陶齋藏石記四十四卷首一卷藏甎記二卷
（清）端方　龔錫齡輯　清宣統元年(1909)石
印本　十一冊

410000－2203－0001575　298.3/95
熹平石經殘字一卷　（清）陳雪峰輯　清末影
印本　一冊

410000－2203－0001576　298.3/96
石墨鐫華八卷　（明）趙崡撰　明萬曆四十六
年(1618)刻清補刻本　一冊　存三卷(一至
三)

410000－2203－0001577　298.3/98
石鼓文匯一卷音訓集證一卷　（清）尹彭壽撰
清光緒諸城尹氏來山園刻本　一冊

410000－2203－0001578　298.5/2
錢式圖四卷　（清）謝堃撰　清道光二十年
(1840)曲邑奎文齋刻春草堂集本　五冊

410000－2203－0001579　298.5/3
錢錄十六卷　（清）梁詩正等編　清刻本
二冊

410000－2203－0001580　298.5/4
吉金所見錄十六卷首一卷末一卷　（清）初尚
齡纂輯　（清）初夏齡參訂　（清）初瑣齡校字
清道光七年(1827)古香書舍刻本(有圖)
四冊

410000－2203－0001581　298.5/6
幣制問答不分卷　（清）賀璧理著　清光緒三
十二年(1906)鉛印本　一冊

410000－2203－0001582　298.5/8
欽定錢錄十六卷　（清）梁詩正等纂輯　清道
光二十一年(1841)刻本(有圖)　四冊

410000－2203－0001583　298.6/3
[篆刻印譜]不分卷　（清）□□輯　清刻本
一冊

410000－2203－0001584　298.6/6
雙虞壺齋印存八卷　（清）吳式芬攷藏　清刻
鈐印本　八冊

410000－2203－0001585　298.6/15
相石齋印存不分卷　（清）咸士俊篆刻　清同
治元年(1862)刻鈐印本　一冊

410000－2203－0001586　299.1/1

史略六卷 （宋）高似孫撰 清光緒九年(1883)虞山鮑氏影宋刻本 二冊

410000 - 2203 - 0001587 299.1/1

史略六卷 （宋）高似孫撰 清光緒九年(1883)虞山鮑氏影宋刻本 二冊

410000 - 2203 - 0001588 299.1/3

武林藏書錄三卷首一卷末一卷 （清）丁申撰 清光緒二十六年(1900)嘉惠堂刻本 二冊

410000 - 2203 - 0001589 299.1/5

宋元書影不分卷 （清）□□輯 清影印本 四冊

410000 - 2203 - 0001590 299.1/6

書林清話十卷 葉德輝撰 清宣統三年(1911)刻本 五冊

410000 - 2203 - 0001591 299.1/7

曝書雜記二卷 （清）錢泰吉撰 清道光海昌蔣氏刻別下齋叢書本 一冊

410000 - 2203 - 0001592 299.2/5B

欽定四庫全書簡明目錄二十卷 （清）永瑢等編纂 清刻本 九冊 存十八卷(一至六、九至二十)

410000 - 2203 - 0001593 299.2/5C

欽定四庫全書簡明目錄二十卷 （清）永瑢等編纂 清刻本 十二冊

410000 - 2203 - 0001594 299.2/13

資治通鑑目錄三十卷 （宋）司馬光撰 清光緒十四年(1888)上海蜚英館石印本 四冊

410000 - 2203 - 0001595 299.3/1

鴻雪齋書目不分卷 （清）馮毓麟編 清同治十一年(1872)抄本 六冊

410000 - 2203 - 0001596 299.3/6

行素堂目睹書錄十編 （清）朱記榮輯訂 清光緒十年(1884)古吳朱氏槐廬家塾刻本 十冊

410000 - 2203 - 0001597 299.3/6B

行素堂目睹書錄十編 （清）朱記榮輯訂 清光緒十年(1884)古吳朱氏槐廬家塾刻本 八冊 存八編(甲、乙、丙、午、己、辛、壬、癸)

410000 - 2203 - 0001598 299.3/7B

讀書敏求記四卷 （清）錢曾撰 清道光二十七年(1847)刻海山仙館叢書本 二冊

410000 - 2203 - 0001599 299.3/8

稽瑞樓書目一卷 （清）陳揆撰 清光緒三年(1877)八喜齋刻本 一冊

410000 - 2203 - 0001600 299.3/9

式古堂目錄十七卷 （清）尤瑩編 清光緒十九年(1893)石印本 二冊

410000 - 2203 - 0001601 299.3/11

鐵琴銅劍樓藏書目錄二十四卷 （清）瞿鏞撰 清光緒二十四年(1898)刻本 十冊

410000 - 2203 - 0001602 299.4/3

大樑書院藏書總目一卷 （清）顧璜編 清光緒二十四年(1898)刻本 一冊

410000 - 2203 - 0001603 299.4/3

大樑書院藏書總目一卷 （清）顧璜編 清光緒二十四年(1898)刻本 一冊

410000 - 2203 - 0001604 299.5/1

彙刻書目不分卷 （清）顧修編 清光緒十五年(1889)上海福瀛書局刻本 二十冊

410000 - 2203 - 0001605 299.5/1

彙刻書目不分卷 （清）顧修編 清光緒十五年(1889)上海福瀛書局刻本 二十冊

410000 - 2203 - 0001606 299.5/5

書目答問不分卷附國朝著述諸家姓名略 （清）張之洞撰 清光緒四年(1878)上海淞隱閣鉛印本 四冊

410000 - 2203 - 0001607 299.6/1

咫進齋叢書三十七種 （清）姚覲元輯 清光緒九年(1883)歸安姚氏刻本 四冊 存三種三卷

410000 - 2203 - 0001608 299.6/1B

禁書總目一卷 （清）□□編 清刻本 一冊

410000 - 2203 - 0001609 299.7/1

欽定四庫全書總目二百卷首一卷　（清）紀昀
等纂　清同治七年(1868)廣東書局刻本　八
十冊

410000 – 2203 – 0001610　299.7/6

宋元舊本書經眼錄三卷附錄二卷　（清）莫友
芝撰　清同治十二年(1873)莫繩孫刻影山草
堂六種本　二冊

410000 – 2203 – 0001611　299.7/9

書目舉要一卷　（清）周貞亮　（清）李之鼎編
清宜秋館刻本　一冊

410000 – 2203 – 0001612　299.7/8

隋書經籍志四卷　（唐）長孫無忌等撰　清光
緒八年(1882)成都御風樓刻本　四冊

410000 – 2203 – 0001613　299.7/10

欽定天祿琳琅書目十卷後編二十卷　（清）高
宗弘曆撰　清光緒十年(1884)長沙王氏刻本
十冊

410000 – 2203 – 0001614　299.7/13

八史經籍志三十卷　（清）張壽榮輯　清光緒
八年(1882)刻本　十六冊

410000 – 2203 – 0001615　299.7/15

江刻書目三種　（清）江標輯　清光緒元和江
氏靈鶼閣刻上海朝記書莊印本　一冊　存三
種十卷

410000 – 2203 – 0001616　299.7/34

士禮居藏書題跋記續二卷　（清）黃丕烈撰
清光緒二十二年(1896)元和江氏刻本　二冊

410000 – 2203 – 0001617　299.8/1B

古今偽書考一卷　（清）姚際恒著　清光緒十
五年(1889)長沙經濟書堂刻本　一冊

410000 – 2203 – 0001618　31/2

二十五子彙函　（清）鴻文書局輯　清光緒十
九年(1893)上海鴻文書局石印本　十冊　存
十七種二百四十二卷

410000 – 2203 – 0001619　31/4

墨子閒詁十五卷目錄一卷附錄一卷後語二卷
（清）孫詒讓輯　清上海掃葉山房石印本

八冊

410000 – 2203 – 0001620　31/7

舉業要言三卷墨選觀止一卷　（清）梁葆慶輯
清刻本　一冊

410000 – 2203 – 0001621　31/8

墨選清腴六卷　（清）□□輯　清刻本　一冊
存一卷(四)

410000 – 2203 – 0001622　31/9

諸子品節五十卷　（明）陳深輯　明萬曆刻本
二十五冊　存四十八卷(一至三十三、三十
六至五十)

410000 – 2203 – 0001623　31/9B

諸子品節五十卷　（明）陳深輯　明萬曆刻本
四冊　存八卷(一至八)

410000 – 2203 – 0001624　31/10

新鍥翰林三狀元會選二十九子品彙釋評二十
卷首一卷　（明）焦竑校正　（明）翁正春參閱
（明）朱之蕃圈點　明萬曆刻本　十冊

410000 – 2203 – 0001625　31/11

墨子三卷　（戰國）墨翟撰　王闓運注　清光
緒三十年(1904)江西官書局刻本　二冊

410000 – 2203 – 0001626　31/12

墨子十六卷　（戰國）墨翟撰　（清）畢沅校注
墨子篇目考一卷　清光緒二年(1876)浙江
書局刻二十二子本　四冊

410000 – 2203 – 0001627　31/13

五種遺規　（清）陳宏謀編輯　清道光五年
(1825)王康乂開封刻二十九年(1849)瑛桂補
刻光緒十六年至十七年(1890 – 1891)海豐吳
重憙重修補刻本　八冊　存四種十四卷

410000 – 2203 – 0001628　32/1

近思錄十四卷　（宋）朱熹　（宋）呂祖謙輯
（清）江永集注　考訂朱子世家一卷　（清）江
永著　清光緒十九年(1893)刻本　四冊

410000 – 2203 – 0001629　31/14

李氏遺書十一種　（清）李銳撰　清光緒十六
年(1890)刻本　三冊　存八種十三卷

410000 – 2203 – 0001630　32/1
近思錄十四卷　(宋)朱熹　(宋)呂祖謙輯
(清)江永集注　**考訂朱子世家一卷**　(清)江
永著　清光緒十九年(1893)刻本　四冊

410000 – 2203 – 0001631　32/1B
近思錄十四卷　(宋)朱熹　(宋)呂祖謙輯
(清)江永集注　**考訂朱子世家一卷**　(清)江
永著　清光緒崇德局刻本　六冊

410000 – 2203 – 0001632　32/1C
近思錄十四卷校勘記一卷　(宋)朱熹　(宋)
呂祖謙輯　(清)江永集注　**考訂朱子世家一
卷**　(清)江永著　清光緒二十七年(1901)書
業德刻本　六冊

410000 – 2203 – 0001633　32/2
說苑二十卷　(漢)劉向著　清刻本　六冊

410000 – 2203 – 0001634　32/3
淵鑒齋御纂朱子全書六十六卷　(宋)朱熹撰
(清)李光地等纂修　清嘉慶刻本　四十冊

410000 – 2203 – 0001635　32/3B
淵鑒齋御纂朱子全書六十六卷　(宋)朱熹撰
(清)李光地等纂修　清康熙五十二年
(1713)刻本　三十五冊　存六十四卷(一至
十七、二十至六十六)

410000 – 2203 – 0001636　32/4
孔子家語八卷　(明)何孟春注　(清)盧文弨
校補　清乾隆三十二年(1767)益元堂刻本
三冊　存六卷(一至六)

410000 – 2203 – 0001637　32/4B
孔子家語八卷　(明)何孟春注　(清)盧文弨
校補　清道光二十八年(1848)鼎翰樓刻本
四冊

410000 – 2203 – 0001638　32/4C
孔子家語十卷　(三國魏)王肅注　清光緒元
年(1875)湖北崇文書局刻子書百家本　二冊
存六卷(一至六)

410000 – 2203 – 0001639　32/4D
孔子家語十卷　(三國魏)王肅注　清上海同

文書局石印本　五冊

410000 – 2203 – 0001640　32/4E
孔子家語十卷　(三國魏)王肅注　清乾隆四
十五年(1780)刻本　四冊

410000 – 2203 – 0001641　32/4E
孔子家語十卷　(三國魏)王肅注　清刻本
一冊　存三卷(五至七)

410000 – 2203 – 0001642　32/5
朱子家禮八卷首一卷　(明)丘濬輯　四禮初
稿四卷　(明)宋纁輯　四禮約言四卷　(明)
呂維祺著　清康熙四十年(1701)刻本(有圖)
八冊

410000 – 2203 – 0001643　32/5B
朱子家禮八卷首一卷　(明)丘濬輯　四禮初
稿四卷　(明)宋纁輯　四禮約言四卷　(明)
呂維祺著　清乾隆三十八年(1773)博雅堂刻
本(有圖)　八冊

410000 – 2203 – 0001644　321/6
五種遺規　(清)陳宏謀編輯　清道光五年
(1825)王康義開封刻二十九年(1849)瑛桂補
刻光緒十六年至十七年(1890 – 1891)海豐吳
重憙重修宣統元年(1909)補刻本　十冊　存
五種十八卷

410000 – 2203 – 0001645　32/6D
四種遺規　(清)陳宏謀編輯　清乾隆陳氏培
遠堂刻本　十冊

410000 – 2203 – 0001646　32/7
御纂性理精義十二卷　(清)李光地等輯　清
康熙五十六年(1717)內府刻本　六冊

410000 – 2203 – 0001647　32/7
御纂性理精義十二卷　(清)李光地等輯　清
康熙五十六年(1717)內府刻本　六冊

410000 – 2203 – 0001648　32/7B
御纂性理精義十二卷　(清)李光地等輯　清
咸豐二年(1852)崇文堂刻本　五冊　存十卷
(一至八、十一至十二)

410000 – 2203 – 0001649　32/7C

御纂性理精義十二卷 （清）李光地等輯　清康熙五十六年（1717）內府刻本　五冊

410000－2203－0001650　32/8

二程粹言二卷 （宋）楊時編輯　（清）張伯行重訂　清康熙四十七年（1708）正誼堂刻本　二冊

410000－2203－0001651　32/9

呂語集粹四卷 （明）呂坤著　（清）陳宏謀評　清宣統元年（1909）上海文瑞樓石印本　二冊

410000－2203－0001652　32/10

小學集解六卷 （清）張伯行纂輯　（清）李蘭汀校訂　清道光三十年（1850）大梁學署刻本　二冊

410000－2203－0001653　32/10B

小學集解六卷 （清）張伯行纂輯　（清）李蘭汀校訂　清同治六年（1867）楚北崇文書局刻本　三冊

410000－2203－0001654　32/11

荀子二十卷 （戰國）荀況撰　（唐）楊倞注　清乾隆五十一年（1786）嘉善謝氏刻本　六冊

410000－2203－0001655　32/11B

荀子二十卷 （戰國）荀況撰　（唐）楊倞注　校勘補遺一卷　（清）盧文弨　（清）謝墉校　清光緒二年（1876）浙江書局刻二十二子本　六冊

410000－2203－0001656　32/11D

荀子二十卷 （戰國）荀況撰　（唐）楊倞注　校勘補遺一卷　（清）盧文弨　（清）謝墉校　清嘉慶九年（1804）寶慶經編堂刻本　六冊

410000－2203－0001657　32/12

文中子中說十卷 （隋）王通撰　（宋）阮逸注　清道光二年（1822）并門六山閣氏力恕堂刻本　四冊

410000－2203－0001658　32/12B

文中子中說十卷 （隋）王通撰　（宋）阮逸注　清光緒二年（1876）浙江書局刻二十二子本　二冊

410000－2203－0001659　32/12D

文中子中說一卷 （隋）王通撰　清光緒元年（1875）湖北崇文書局刻子書百家本　一冊

410000－2203－0001660　32/12E

文中子中說十卷 （隋）王通撰　（宋）阮逸注　清道光五年（1825）敬忍居刻本　四冊

410000－2203－0001661　32/13

鄉塾正誤二卷 （清）李江著　清光緒二十年（1894）百尺軒刻本　一冊

410000－2203－0001662　32/14

養正遺規摘鈔一卷補鈔一卷 （清）陳宏謀編　清同治七年（1868）楚北崇文書局刻五種遺規摘鈔本　一冊

410000－2203－0001663　32/16

三字經注解備要一卷 （宋）王應麟著　（清）賀興思注解　清光緒二十五年（1899）上海掃葉山房鉛印本　一冊

410000－2203－0001664　32/17

教女遺規摘鈔二卷 （清）陳宏謀編　清同治七年（1868）楚北崇文書局刻五種遺規摘鈔本　一冊

410000－2203－0001665　32/22

八銘堂塾鈔初集四卷二集四卷 （清）吳懋政編次　清乾隆五十八年（1793）書業德刻本　十冊

410000－2203－0001666　32/18

女兒經一卷 （清）□□撰　清刻本　一冊

410000－2203－0001667　32/21

北溪先生字義二卷補遺一卷嚴陵講義一卷 （宋）陳淳撰　（宋）王雋編　（清）戴嘉禧增訂　（清）顧秀虎校閱　清光緒二十六年（1900）刻本　二冊

410000－2203－0001668　32/23

塾課文鈔八卷首一卷 （清）王步青評　（清）于光華編　清乾隆五十七年（1792）英德堂刻本　三十一冊　缺（一下）

410000－2203－0001669　32/24

傳家寶全集三十二卷　（清）石成金撰集　清刻本　三十二冊

410000－2203－0001670　32/25

廣理學備考八十一種　（清）范鄗鼎彙編　清五經堂刻本　十三冊　存二十二種十三卷

410000－2203－0001671　32/26

家範十卷　（宋）司馬光著　清光緒六年(1880)解梁書院刻本　二冊

410000－2203－0001672　32/26B

家範十卷　（宋）司馬光著　（清）朱軾評點清刻本　二冊

410000－2203－0001673　32/27

女子四書讀本二卷　（清）王相箋注　清光緒刻本　一冊　存一卷(一)

410000－2203－0001674　32/28

呂近溪先生小兒語一卷女小兒語一卷　（明）呂得勝著　呂新吾夫子續小兒語一卷演小兒語一卷　（明）呂坤續演　清道光二十七年(1847)開封聚文齋刻本　一冊

410000－2203－0001675　32/29

呂書四種合刻　（明）呂得勝著　清道光七年(1827)開封府署刻本　一冊

410000－2203－0001676　32/30

小學考證一卷釋文二卷　（清）尹嘉銓述　清刻本　一冊

410000－2203－0001677　32/33

聖人家門喻補編一卷　（清）魏象樞輯　（清）寇守信補編　清光緒十二年(1886)刻本　一冊

410000－2203－0001678　32/35

增訂小學金丹集注不分卷　（清）王期齡講義　（清）張惠春增訂　清鮑乾元刻本　四冊

410000－2203－0001679　32/36

陸清獻公治嘉格言一卷　（清）陸隴其撰　清同治七年(1868)刻本　一冊

410000－2203－0001680　32/37

修身範本七章　（日本）秋山四郎著　董瑞椿譯述　清光緒二十九年(1903)上海文明書局鉛印本　一冊

410000－2203－0001681　32/39

日知薈說四卷　（清）高宗弘曆撰　清乾隆元年(1736)內府刻本　四冊

410000－2203－0001682　32/40

答問三卷　（清）孫奇逢著　（清）孫奏雅編清刻本　一冊

410000－2203－0001683　32/41

孝友堂家規一卷　（清）孫奇逢撰　清刻本一冊

410000－2203－0001684　32/42

傳家寶二集八卷三集八卷　（清）石成金撰集　清刻本　四冊　存八卷(二集一至四,三集一至二、七至八)

410000－2203－0001685　32/42B

傳家寶二集不分卷　（清）石成金撰集　清刻本　十冊

410000－2203－0001686　32/43

荀子八卷補遺一卷　（戰國）荀況撰　（清）王念孫注　清刻本　二冊

410000－2203－0001687　32/46

龍文鞭影二卷　（明）蕭良有撰　（明）楊臣諍增訂　二集二卷　（清）李暉吉　（清）徐瓚輯清光緒十四年(1888)三義堂刻本　四冊

410000－2203－0001688　32/46B

龍文鞭影二卷　（明）蕭良有著　（明）楊臣諍增訂　清咸豐十年(1860)芸經堂刻本　四冊

410000－2203－0001689　32/46C

龍文鞭影四卷　（明）蕭良有著　（明）楊臣諍增訂　清光緒三十年(1904)善成堂刻本二冊

410000－2203－0001690　32/46E

龍文鞭影四卷　（明）蕭良有纂輯　（明）楊臣諍增訂　（清）李恩綬校補　清光緒二十六年(1900)新化三昧堂刻本　二冊

410000－2203－0001691　32/46F

龍文鞭影四卷　（明）蕭良有著　（明）楊臣諍增訂　清光緒二十七年（1901）聚賢齋刻本一冊　存一卷（一）

410000－2203－0001692　32/46F

龍文鞭影四卷　（明）蕭良有著　（明）楊臣諍增訂　（清）李恩綬校補　清文成堂刻本　一冊　存二卷（三至四）

410000－2203－0001693　32/46G

龍文鞭影二卷　（明）蕭良有著　（明）楊臣諍增訂　清道光二十七年（1847）鐵筆齋刻本四冊

410000－2203－0001694　32/46H

龍文鞭影二卷　（明）蕭良有著　（明）楊臣諍增訂　清光緒省城善成堂刻本　二冊

410000－2203－0001695　32/47

普通學歌訣不分卷　（清）張一鵬撰　清光緒三十一年（1905）上海商務印書館鉛印本一冊

410000－2203－0001696　32/48

子書百家　（清）崇文書局輯　清光緒元年（1875）湖北崇文書局刻本　三冊　存七種三十三卷

410000－2203－0001697　32/49

薛文清公讀書錄八卷　（明）薛瑄撰　（清）張伯行訂　清咸豐三年（1853）鄢陵書院刻本四冊

410000－2203－0001698　32/52

思補齋課藝不分卷　（清）汪學源著　清刻本一冊

410000－2203－0001699　32/53

孔子集語二卷　（宋）薛據纂　清光緒元年（1875）湖北崇文書局刻子書百家本　一冊

410000－2203－0001700　32/53B

孔子集語十七卷　（清）孫星衍撰　清光緒二十三年（1897）文瑞樓鉛印本　二冊

410000－2203－0001701　32/54

新序十卷　（漢）劉向撰　清光緒元年（1875）湖北崇文書局刻子書百家本　二冊

410000－2203－0001702　32/58

桐齋課幼新編不分卷　（清）章錢選評　清乾隆四十一年（1776）刻本　一冊

410000－2203－0001703　32/62

明夷待訪錄一卷　（清）黃宗羲著　清光緒二十三年（1897）上海鴻文局石印本　一冊

410000－2203－0001704　32/62B

明夷待訪錄一卷　（清）黃宗羲著　清刻本一冊

410000－2203－0001705　32/63

呂語集粹四卷　（明）呂坤著　（清）陳宏謀評　清光緒五年（1879）刻本　六冊

410000－2203－0001706　32/64

養蒙針度五卷　（清）潘子聲撰　清光緒十年（1884）古越墨潤堂刻本　二冊

410000－2203－0001707　32/64B

養蒙針度五卷　（清）潘子聲撰　清道光十八年（1838）揚州友于堂刻本　四冊

410000－2203－0001708　32/64C

養蒙針度五卷　（清）潘子聲撰　清同治八年（1869）敬文堂刻本　二冊

410000－2203－0001709　32/64D

養蒙針度五卷　（清）潘子聲撰　清光緒八年（1882）善成堂刻本　一冊

410000－2203－0001710　32/65

澄衷蒙學堂字課圖說四卷檢字一卷類字一卷　劉樹屏撰　吳子城繪圖　清光緒三十年（1904）澄衷蒙學堂石印本　八冊

410000－2203－0001711　32/66

二論講義養正編十卷　（清）史廷輝撰　清乾隆二十九年（1764）寸知堂刻本　四冊

410000－2203－0001712　32/67

四種遺規　（清）陳宏謀編輯　清乾隆五十五年（1790）含英閣刻本　四冊　存二種七卷

410000－2203－0001713　32/67

從政遺規二卷　（清）陳宏謀編輯　清乾隆五十五年(1790)含英閣刻四種遺規本　二冊

410000－2203－0001714　32/68

小學集注六卷　（明）陳選注　清刻本　二冊

410000－2203－0001715　32/68B

小學集注六卷　（明）陳選注　**忠經一卷**（漢）馬融撰　（漢）鄭玄集注　**孝經一卷**（明）陳選集注　清光緒三十二年(1906)鴻寶齋石印本　四冊

410000－2203－0001716　32/68C

張大宗師鑒定小學大全名解六卷　（清）陸義山　（清）仇滄柱論定　（清）陸有奇輯　**孝經體註一卷**（清）陸有奇輯　**忠經大全名解一卷**（清）沈李龍纂輯　清康熙三十六年(1697)武林抱青閣刻本　五冊

410000－2203－0001717　32/69

時務三字經一卷　（清）□□撰　清刻本(有圖)　一冊

410000－2203－0001718　32/70

小學韻語一卷　（清）羅澤南撰　清光緒三年(1877)刻本　一冊

410000－2203－0001719　32/70B

小學韻語一卷　（清）羅澤南撰　清光緒七年(1881)聯雅齋刻本　一冊

410000－2203－0001720　32/70B

小學韻語一卷　（清）羅澤南撰　清光緒七年(1881)聯雅齋刻本　一冊

410000－2203－0001721　32/72

豫南書院課藝不分卷　（清）朱壽鏞編　清光緒二十三年(1897)刻本　二冊

410000－2203－0001722　32/72

創建豫南書院存略一卷　（清）朱壽鏞編　清光緒十七年(1891)刻本(有圖)　一冊

410000－2203－0001723　32/73

家塾蒙求五卷　（清）康基淵纂輯　清嘉慶七年(1802)霞蔭堂刻本　二冊

410000－2203－0001724　32/75

呻吟語六卷　（明）呂坤撰　清刻本　六冊

410000－2203－0001725　32/76

小學集解六卷　（清）張伯行纂輯　（清）李蘭汀校訂　清道光三十年(1850)大梁學署刻本　四冊

410000－2203－0001726　32/78

明辯錄一卷　（清）陳法訂　清嘉慶二十一年(1816)務滋堂刻本　一冊

410000－2203－0001727　32/83

闇脩記四卷　（清）王檢心撰　清刻本　一冊　存一卷(二)

410000－2203－0001728　32/85

弟子規一卷　（清）李毓秀撰　清刻本(有圖)　一冊

410000－2203－0001729　32/86

新書十卷　（漢）賈誼撰　**董子春秋繁露十七卷**（漢）董仲舒撰　清光緒十九年(1893)鴻文書局石印本　一冊

410000－2203－0001730　32/87

廣近思錄十四卷　（清）張伯行編　清光緒二十年(1894)學署刻本　一冊　存七卷(一至七)

410000－2203－0001731　32/88

朱子經濟文衡類編前集二十五卷後集二十五卷續集二十二卷　（宋）朱熹撰　清刻本　一冊　存五卷(後集二十一至二十五)

410000－2203－0001732　32/89

京師大學堂譯學館章程不分卷　（清）京師大學堂譯學館編　清末鉛印本　一冊

410000－2203－0001733　32/90

景行錄二卷　（清）邊鳴珂編　清道光二十四年(1844)信陽郭鑑庚刻本　二冊

410000－2203－0001734　32/91

家範十卷　（宋）司馬光撰　清刻本　一冊

410000－2203－0001735　32/93

初學指掌四卷　（清）郝正嵩評注　清聚奎堂

刻本　一冊　存一卷(一)

410000－2203－0001736　32/94

初學必讀清真雅正正編不分卷　(清)王傑訂
清乾隆六十年(1795)崇文堂刻本　一冊

410000－2203－0001737　32/95

初等小學堂五年完全科圖畫教授書不分卷
(清)學部編譯圖書局編纂　清宣統元年
(1909)學部圖書局鉛印本　一冊

410000－2203－0001738　32/95

初等小學圖畫教科書不分卷　(清)學部編譯
圖書局編纂　清宣統二年(1910)學部圖書局
鉛印本　一冊

410000－2203－0001739　32/96

雲林別墅新輯酬世錦囊書啟合編初集八卷家
禮集成二集七卷　(清)謝梅林　(清)鄒可庭
定　(清)鄒景揚輯　清末石印本　二冊　存
八卷(書啟合編初集五至八、家禮集成二集一
至四)

410000－2203－0001740　415/38

有明名賢遺翰二卷　(清)謝若農藏　清光緒
三十三年(1907)漢皋文淵書局刻本　四冊

410000－2203－0001741　32/97

慈生篇一卷　(□)□□撰　清刻本　一冊

410000－2203－0001742　32/99

幼學歌五卷　(清)王用臣編　清光緒十一年
(1885)深澤王氏刻本　一冊　存二卷(一至
二)

410000－2203－0001743　32/102

塾課分編注釋八集　(清)王步青撰　清乾隆
五十一年(1786)敦化堂刻本　十二冊

410000－2203－0001744　32/103

聖賢實學不分卷　(清)唐道宗述　清道光二
十九年(1849)刻本　一冊

410000－2203－0001745　32/104

女四書四卷　(清)王相箋　清光緒二十六年
(1900)江陰寶文堂刻本　二冊

410000－2203－0001746　32/105

新刻女日記故事二十四孝圖說一卷　題(清)
寄雲山人編次　清光緒二十一年(1895)江南
城李光明莊刻本　一冊

410000－2203－0001747　32/106

女四書四卷　(清)王相箋　清光緒十八年
(1892)善成堂刻本　二冊

410000－2203－0001748　32/108

呻吟語摘二卷　(明)呂坤撰　明萬曆四十四
年(1616)刻本　四冊

410000－2203－0001749　32/112

大學衍義四十三卷　(宋)真德秀彙輯　(明)
陳仁錫評閱　明崇禎陳仁錫刻本　十二冊

410000－2203－0001750　32/113

大學衍義補一百六十卷首一卷　(明)丘濬撰
(明)陳仁錫評閱　明末刻本　五冊　存二
十五卷(一至十九、二十六至三十一)

410000－2203－0001751　32/115

勸學篇二卷　(清)張之洞撰　清光緒二十四
年(1898)中江書院刻本　一冊

410000－2203－0001752　32/115B

勸學篇二卷　(清)張之洞撰　清光緒二十四
年(1898)江西書局刻本　二冊

410000－2203－0001753　32/115B

勸學篇二卷　(清)張之洞撰　清光緒二十四
年(1898)江西書局刻本　二冊

410000－2203－0001754　32/116

語珍切要錄二卷　(清)許立陞輯　達生編二
卷　題(清)亟齋居士編　清光緒六年(1880)
北京寶文齋刻本　一冊

410000－2203－0001755　32/117

楊椒山公家訓不分卷　(明)楊繼盛撰　清光
緒十年(1884)宿邑汪會文堂刻本　一冊

410000－2203－0001756　32/118

溫氏母訓一卷　(明)溫璜述　清末上海文瑞
樓石印本　一冊

410000－2203－0001757　32/119

五子近思錄發明十四卷　(宋)朱熹撰　(清)

施璜纂注　清饒城集益堂刻本　六冊

410000－2203－0001758　32/120

文公家禮儀節八卷　（宋）朱熹編　（明）丘濬輯　清嘉慶元年(1796)刻本　六冊

410000－2203－0001759　32/121

忠經一卷　（漢）馬融撰　（漢）鄭玄集注　**孝經一卷**　（明）陳選集注　清光緒三十三年(1907)上洋京師書業公司石印本(有圖)　一冊　存一卷(忠經一卷)

410000－2203－0001760　32/122

輶軒語一卷　（清）張之洞撰　清刻本　一冊

410000－2203－0001761　32/122B

輶軒語一卷　（清）張之洞撰　清光緒刻本　一冊

410000－2203－0001762　32/123

張子全書十五卷　（宋）張載撰　（宋）朱熹注釋　（清）朱軾校　清康熙五十八年(1719)刻本　五冊

410000－2203－0001763　32/124

棉陽學準五卷　（清）藍鼎元撰　清刻本　二冊

410000－2203－0001764　33/4

莊子十卷　（戰國）莊周撰　（晉）郭象注　（唐）陸德明音義　清光緒二年(1876)浙江書局刻二十二子本　六冊

410000－2203－0001765　33/5

莊子不分卷　（戰國）莊周撰　王閩運注　清同治王氏刻本　一冊

410000－2203－0001766　33/7

莊子因六卷　（清）林雲銘評述　清康熙二十七年(1688)刻本　三冊

410000－2203－0001767　33/7B

莊子因六卷　（清）林雲銘評述　清光緒六年(1880)刻本　四冊

410000－2203－0001768　33/8

南華真經評注五卷　（戰國）莊周著　（晉）向秀注　清初刻本　五冊

410000－2203－0001769　33/10

道德經評注二卷　（漢）河上公章句　（明）歸有光批閱　（明）文震孟訂正　**南華真經十卷**　（戰國）莊周撰　（晉）郭象注　（唐）陸德明音義　清嘉慶九年(1804)寶慶經綸堂刻本　五冊

410000－2203－0001770　33/12

子書百家一百一種　（清）崇文書局輯　清光緒元年(1875)湖北崇文書局刻本　一冊　存四種五卷

410000－2203－0001771　33/13

列子二卷　（戰國）列禦寇撰　清光緒元年(1875)湖北崇文書局刻子書百家本　一冊

410000－2203－0001772　33/13

列子二卷　（戰國）列禦寇撰　清光緒元年(1875)湖北崇文書局刻子書百家本　一冊

410000－2203－0001773　33/14

子書百家一百一種　（清）崇文書局輯　清光緒元年(1875)湖北崇文書局刻本　一冊　存二種二卷

410000－2203－0001774　33/15

南華發覆八卷　（戰國）莊周撰　（明）釋性通注　（明）方應祥較　清乾隆十四年(1749)雲林懷德堂刻本　六冊

410000－2203－0001775　33/16B

南華真經解六卷　（清）宣穎著　（清）王暉吉較　清懷義堂刻本　六冊

410000－2203－0001776　33/18

道德真經注四卷　（元）吳澄述　清嘉慶八年(1803)致和堂刻本　四冊

410000－2203－0001777　33/19

莊子集釋十卷　（清）郭慶藩輯　清光緒上海掃葉山房石印本　八冊

410000－2203－0001778　33/20

徐氏襍箸四種　（清）徐大椿撰　清光緒十九年(1893)上海圖書集成印書局鉛印本　一冊

410000－2203－0001779　33/21

老子道德經圖解一卷 （春秋）李耳撰 清光緒三年(1877)刻本 一冊

410000－2203－0001780 33/22

七注陰符經一卷 （周）姜尚注 （漢）張良解釋 （三國蜀）諸葛亮釋 （唐）李淳風校正 清刻本 一冊

410000－2203－0001781 33/22

孫子九地問對一卷 （宋）徂徠先生(石介)訓解 （清）大純鎮編輯 清光緒十年(1884)刻本 一冊

410000－2203－0001782 33/24

老子道德經攷異二卷 （清）畢沅撰 清乾隆四十八年(1783)刻經訓堂叢書本 一冊

410000－2203－0001783 33/28

莊子故三卷 （戰國）莊周撰 （清）何夢瑤注 清乾隆十九年(1754)樂知堂刻本 三冊

410000－2203－0001784 34/2

管子二十四卷 （春秋）管仲撰 （唐）房玄齡注 （明）劉績補注 清光緒二年(1876)浙江書局刻二十二子本 六冊

410000－2203－0001785 34/2B

管子二十四卷 （春秋）管仲撰 （唐）房玄齡注 清光緒五年(1879)影宋刻本 六冊

410000－2203－0001786 34/2C

管子二十四卷 （春秋）管仲撰 清光緒元年(1875)湖北崇文書局刻子書百家本 四冊

410000－2203－0001787 34/2D

管子二十四卷 （春秋）管仲撰 （唐）房玄齡注 （明）劉績補注 清光緒二年(1876)浙江書局刻二十二子本 六冊

410000－2203－0001788 34/2E

管子二十四卷 （春秋）管仲撰 （唐）房玄齡注 （明）劉績增注 （明）朱長春通演 （明）周元會 （明）朱養純纂評 清刻本 四冊 存十二卷(十三至二十四)

410000－2203－0001789 34/3

管子二十四卷 （春秋）管仲撰 （唐）房玄齡

注 （明）劉績增注 （明）朱長春通演 （明）張榜等評 （明）沈鼎新 （明）朱養純纂評 （明）朱養純輯訂 清嘉慶九年(1804)刻本 八冊

410000－2203－0001790 34/5

韓非子二十卷 （戰國）韓非撰 （□）□□注 清光緒元年(1875)湖北崇文書局刻子書百家本 四冊

410000－2203－0001791 34/6

韓非子二十卷 （戰國）韓非撰 清嘉慶九年(1804)刻本 四冊

410000－2203－0001792 35/1B

讀史兵略四十六卷 （清）胡林翼撰 清咸豐十一年(1861)武昌茆署刻本 十六冊

410000－2203－0001793 35/2

練兵實紀九卷雜集六卷 （明）戚繼光撰 清京都琉璃廠刻本(有圖) 六冊

410000－2203－0001794 35/4

紀效新書十八卷首一卷 （明）戚繼光撰 （清）許乃釗校 清道光二十三年(1843)刻本(有圖) 四冊

410000－2203－0001795 35/6

武經三書匯解三卷採輯騎兵射法一卷 （清）曹曰瑋等纂輯 清康熙五十一年(1712)刻本 六冊

410000－2203－0001796 35/7

守城救命書一卷 （明）呂坤撰 清道光二十二年(1842)仕學齋刻本 一冊

410000－2203－0001797 35/8

紀效新書十八卷首一卷 （明）戚繼光撰 清道光十年(1830)刻本(有圖) 六冊

410000－2203－0001798 35/9

平津館叢書三十八種 （清）孫星衍輯 清光緒十一年(1885)吳縣朱氏槐廬家塾刻本 一冊 存六種十四卷

410000－2203－0001799 35/11

孫子十家注十三卷 （春秋）孫武撰 （宋）吉

天保輯 （清）孫星衍 （清）吳人驥校 **敍錄一卷** （清）畢以珣撰 **遺説一卷** （宋）鄭友賢撰 清光緒三年(1877)浙江書局刻二十二子本 五册 存十二卷(孫子十家注一至十、敍錄一卷、遺説一卷)

410000－2203－0001800 35/11B

孫子十家注十三卷 （春秋）孫武撰 （宋）吉天保輯 （清）孫星衍 （清）吳人驥校 **敍錄一卷** （清）畢以珣撰 **遺説一卷** （宋）鄭友賢撰 清咸豐五年(1855)刻本 四册

410000－2203－0001801 35/11B

孫子十家注十三卷 （春秋）孫武撰 （宋）吉天保輯 （清）孫星衍 （清）吳人驥校 **敍錄一卷** （清）畢以珣撰 **遺説一卷** （宋）鄭友賢撰 清咸豐五年(1855)刻本 一册

410000－2203－0001802 35/11C

孫子十家注十三卷 （春秋）孫武撰 （宋）吉天保輯 （清）孫星衍 （清）吳人驥校 **敍錄一卷** （清）畢以珣撰 **遺説一卷** （宋）鄭友賢撰 清光緒二十三年(1897)文瑞樓鉛印本 四册

410000－2203－0001803 35/12

救命書一卷 （明）呂坤撰 （明）喬允訂 清咸豐十年(1860)刻本 一册

410000－2203－0001804 35/13

中西武備新書甲集 （清）□□輯 清光緒二十七年(1901)刻本 一册 存五種九卷

410000－2203－0001805 35/14

戰法學二卷 （日本）石井忠利著 （清）王治本訂 清末武備學堂鉛印本 一册

410000－2203－0001806 35/15

練兵實紀九卷雜集六卷 （明）戚繼光撰 清京都琉璃廠刻本(有圖) 六册

410000－2203－0001807 35/15B

練兵實紀九卷雜集六卷 （明）戚繼光撰 **各國旗式一卷** （清）□□輯 清光緒二十一年(1895)上海醉經樓影印本(有圖) 四册

410000－2203－0001808 35/16

洴澼百金方十四卷首一卷 （清）惠麓酒民(袁宮桂)編次 清刻本(有圖) 十册

410000－2203－0001809 35/17

西洋兵書五種 （清）張之洞編定 清末石印本(有圖) 六册

410000－2203－0001810 35/17B

西洋兵書五種後五種 （清）張之洞編定 清末石印本(有圖) 十一册 存十種七十七卷(克虜伯礮說四卷、操法四卷、礮表六卷,水操新義十八卷、首一卷、水師操練附卷并表一卷,行軍測繪十卷并圖、首一卷,防海新論九至十八,御風要術三卷,水雷秘要五卷并圖,兵船礮法六卷,海軍調度要言三卷并圖,營城揭要二卷并圖,開地道轟藥法三卷并圖)

410000－2203－0001811 35/18

自強兵法通考十一種 （清）張之洞編定 清光緒刻本(有圖) 十五册 存七種十五卷

410000－2203－0001812 35/19

普法戰紀二十卷 （清）張宗良口譯 （清）王韜撰輯 清光緒二十一年(1895)弢園王氏鉛印本(有圖) 十册

410000－2203－0001813 35/20

兵法史略學二卷 陳慶年纂 清光緒二十九年(1903)揚州益智書社鉛印本 一册 存一卷(一)

410000－2203－0001814 35/21

兵器學教科書 （清）陸軍部陸軍速成學堂編 清光緒三十四年(1908)陸軍部陸軍速成學堂鉛印本(有圖) 一册 存一卷(三)

410000－2203－0001815 35/22

創辦團練要畧一卷 （清）尹嘉賓撰 清光緒二十六年(1900)刻本(有圖) 一册

410000－2203－0001816 35/23

車營百八叩一卷 （明）孫承宗撰 清乾隆嘉慶間抄本 一册

410000－2203－0001817 35/23B

車營百八叩答說合編四卷　（明）孫承宗撰
清末鉛印本　一冊　存一卷（二）

410000－2203－0001818　35/24
兵書二十一種　（清）□□編　清光緒二十九
年（1903）仿泰西法石印本（有圖）　一冊　存
二種六卷

410000－2203－0001819　35/25
陸操新義四卷附錄一卷　（德國）康貝著
（清）李鳳苞譯　清末武備學堂刻中西武備新
書本（有圖）　二冊

410000－2203－0001820　35/27
洴澼百金方十四卷　（清）惠麓酒民（袁宮桂）
編　清嘉慶抄本　六冊

410000－2203－0001821　35/28
神機制敵太白陰經十卷　（唐）李筌撰　清咸
豐四年（1854）新昌莊氏過客軒刻長恩書室叢
書本　二冊

410000－2203－0001822　35/29
虎鈐經二十卷　（宋）許洞撰　清刻本　四冊

410000－2203－0001823　35/30
武備輯要六卷　（清）許學范撰　清道光十二
年（1832）廣州刻敏果齋七種本（有圖）　四冊

410000－2203－0001824　35/30
武備輯要六卷　（清）許學范撰　清道光十二
年（1832）廣州刻敏果齋七種本（有圖）　一冊

410000－2203－0001825　35/31
歷朝武機捷錄十四卷國朝武機捷錄三卷
（明）王守仁著　（明）郭子章注　（明）商周
祚評　明末刻本　一冊　存四卷（歷朝武機
捷錄一至四）

410000－2203－0001826　35/32
臨陣管見九卷　（德國）斯拉弗司撰　（美國）
金楷理口譯　（清）趙元益筆述　清同治刻本
四冊

410000－2203－0001827　36/3
區田試種實驗說不分卷　（清）馮繡編輯　清
光緒三十四年（1908）石印本　一冊

410000－2203－0001828　36/3
區田試種實驗說不分卷　（清）馮繡編輯　清
光緒三十四年（1908）石印本　一冊

410000－2203－0001829　36/5
秘傳花鏡六卷圖一卷　（清）陳淏子訂輯　清
同治八年（1869）掃葉山房刻本　六冊

410000－2203－0001830　36/9
農學報三百十五期　（清）農學會編　清光緒
石印本　三十五冊　存三十五卷（二百四十
二至二百四十三、二百四十七至二百七十九）

410000－2203－0001831　36/10
齊民要術十卷雜說一卷　（北魏）賈思勰撰
清光緒二十四年（1898）上海鴻文書局石印本
一冊

410000－2203－0001832　36/11
神農最要三卷　（清）陳開沚述　清光緒二十
三年（1897）潼川文明堂刻本　一冊

410000－2203－0001833　36/11
神農最要三卷　（清）陳開沚述　清光緒二十
三年（1897）潼川文明堂刻本　一冊

410000－2203－0001834　36/11B
神農最要三卷　（清）陳開沚述　清光緒二十
三年（1897）潼川永義和刻本　一冊

410000－2203－0001835　36/12
蠶桑萃編十五卷首一卷　（清）衛傑編　清光
緒二十五年（1899）刻本（有圖）　八冊

410000－2203－0001836　36/13
蠶桑芻言一卷　（清）□□撰　清光緒三十年
（1904）河南商務農工總局刻本　一冊

410000－2203－0001837　36/14
楊峕峰中丞蠶桑簡編一卷　（清）楊峕峰編
清刻本　一冊

410000－2203－0001838　36/15
植物學八卷　（英國）韋廉臣輯譯　（清）李善
蘭筆述　清咸豐八年（1858）刻本（有圖）
四冊

410000－2203－0001839　36/16

蠶桑輯要合編不分卷河南試辦蠶桑局章程十條　（清）河南蠶桑局編　清光緒六年（1880）河南蠶桑局刻本（有圖）　二冊

410000－2203－0001840　36/16

蠶桑輯要略編一卷　（清）河南蠶桑局編　清光緒六年（1880）河南蠶桑局刻本　一冊

410000－2203－0001841　36/17

救荒簡易書十二卷　（清）郭雲陞輯　清光緒二十二年（1896）開封刻本　四冊　存四卷（一至四）

410000－2203－0001842　36/18

區田書一卷　（清）王心敬撰　清咸豐七年（1857）刻本　一冊

410000－2203－0001843　371/1

醫鈔類編二十四卷　（清）翁藻編輯　清光緒二十一年（1895）奉新許振褘刻本（有圖）　二十二冊　存二十卷（一至四、七至二十、二十三至二十四）

410000－2203－0001844　371/2

金匱翼八卷　（清）尤怡集　（清）徐錦讀　清嘉慶刻本　八冊

410000－2203－0001845　371/3

筆花醫鏡四卷　（清）江涵暾著　（清）劉宣齋　（清）謝菊坪校　增補救急中毒跌打瘡毒諸驗方一卷　（清）黃鼎鎮輯　清光緒九年（1883）開封朱聚文齋刻本　二冊

410000－2203－0001846　371/3

筆花醫鏡四卷　（清）江涵暾著　（清）劉宣齋　（清）謝菊坪校　增補救急中毒跌打瘡毒諸驗方一卷　（清）黃鼎鎮輯　清光緒九年（1883）開封朱聚文齋刻本　二冊

410000－2203－0001847　371/3B

筆花醫鏡四卷　（清）江涵暾著　（清）劉宣齋　（清）謝菊坪校　清宣統元年（1909）俞謙抄本　一冊

410000－2203－0001848　371/9

衛生要旨不分卷　（美國）嘉約翰口譯　清光緒九年（1883）刻本　一冊

410000－2203－0001849　371/13

御纂醫宗金鑑九十三卷首一卷　（清）弘晝等纂　清宣統二年（1910）簡青齋書局石印本（有圖）　二十二冊

410000－2203－0001850　371/15

身理啓蒙十章　（英國）艾約瑟譯　清光緒二十四年（1898）石印本　一冊

410000－2203－0001851　371/16

醫學實在易八卷　（清）陳念祖著　（清）陳元犀糸訂　清文翰樓刻本　一冊　存二卷（一至二）

410000－2203－0001852　371/16B

醫學實在易八卷　（清）陳念祖著　（清）陳元犀糸訂　清陳心典刻本　三冊　存六卷（一至六）

410000－2203－0001853　371/17

訂正東醫寶鑑二十三卷目錄二卷　（朝鮮）許浚撰　清光緒十五年（1889）江左書林刻本　二十五冊

410000－2203－0001854　371/19

東垣十書　（明）□□輯　清刻本　八冊　存六種十二卷

410000－2203－0001855　371/20

張氏醫通十六卷　（清）張璐纂述　清光緒二十年（1894）上海圖書集成印書局鉛印張氏醫書七種本　十冊

410000－2203－0001856　371/21

醫學從眾八卷　（清）陳念祖著　（清）陳元犀糸訂　清陳心典刻本　三冊

410000－2203－0001857　371/23

醫學源流論二卷　（清）徐大椿著　清末鉛印本　一冊

410000－2203－0001858　371/23

神農本草經百種錄一卷醫貫砭二卷　（清）徐大椿著　清末鉛印本　一冊

410000－2203－0001859　371/24

王春溪明理活人論不分卷 （清）王瀾著
（清）徐均芝校正 清光緒二十七年（1901）刻
本 一冊

410000－2203－0001860 371/25

唐王燾先生外臺秘要方四十卷 （唐）王燾著
（宋）林億校 （宋）陸錫明校閱 清光緒二
十四年（1898）上海圖書集成印書局鉛印本
十六冊

410000－2203－0001861 371/27

醫門法律六卷 （清）喻昌著 清光緒二十六
年（1900）上海掃葉山房石印本 三冊

410000－2203－0001862 371/28

南雅堂醫書全集四十種 （清）陳念祖著 清
光緒三十二年（1906）吳閩醫學書會石印本
十冊 存九種四十八卷

410000－2203－0001863 371/30

長沙方歌括六卷 （清）陳念祖著 （清）陳蔚
擬注 （清）陳元犀糸訂 清大文堂刻本
二冊

410000－2203－0001864 371/31

增訂士材三書四種 （明）李中梓撰 （清）尤
乘增訂 清康熙六年（1667）宏道堂刻本
八冊

410000－2203－0001865 371/32

新刊醫林狀元壽世保元十卷 （明）龔廷賢編
（清）周亮登校 清康熙五十七年（1718）刻
本 一冊 存一卷（一）

410000－2203－0001866 371/32C

增補醫林狀元壽世保元十卷 （明）龔廷賢編
（清）周亮登校 清宣統元年（1909）煥文書
局石印本 六冊 存六卷（一至四、七至八）

410000－2203－0001867 371/33

壽世青編二卷 （清）尤生洲纂 清刻本
二冊

410000－2203－0001868 371/35

沈氏尊生書 （清）沈金鰲撰 清光緒二十一
年（1895）圖書集成局鉛印本 九冊 存四種

二十六卷

410000－2203－0001869 372/1

黃帝內經靈樞注證發微九卷補遺一卷 （明）
馬蒔注證 清嘉慶十年（1805）古歙鮑氏慎余
堂刻本 六冊

410000－2203－0001870 372/2

黃帝內經素問注證發微九卷 （明）馬蒔注證
清嘉慶十年（1805）古歙鮑氏慎余堂刻本
九冊 存八卷（一至三、五至九）

410000－2203－0001871 372/3B

內經知要二卷 （明）李念莪輯 清末石印本
一冊

410000－2203－0001872 372/3C

內經知要二卷 （明）李念莪輯 清光緒三十
三年（1907）上海普新端記書局石印本 一冊

410000－2203－0001873 372/4C

圖注八十一難經辨真四卷 （戰國）秦越人述
（明）張世賢注 清道光善成堂刻本 二冊

410000－2203－0001874 372/4D

圖注八十一難經辨真四卷 （戰國）秦越人述
（明）張世賢注 明刻本 二冊

410000－2203－0001875 372/6

中藏經三卷華佗內照法一卷 （漢）華佗撰
（清）徐舜山重校 清光緒六年（1880）上虞徐
氏刻本 三冊

410000－2203－0001876 372/7

醫學三字經四卷 （清）陳念祖著 清文奎堂
刻本 二冊

410000－2203－0001877 372/8

靈素提要淺注十二卷 （清）陳念祖撰 清同
治四年（1865）文奎堂刻南雅堂醫學全集本
六冊

410000－2203－0001878 372/9

時病論八卷 （清）雷豐著 清光緒八年
（1882）石印本 四冊

410000－2203－0001879 372/10

寓意草一卷 （清）喻昌著 清光緒二十六年

（1900）上海掃葉山房石印本　一冊

410000－2203－0001880　372/12

文祖正訂傷寒瘟疫條辨六卷　（清）楊璿撰
（清）楊鼎編次　清同治八年（1869）刻本　二
冊　存三卷（一、三至四）

410000－2203－0001881　372/14

全體闡微三卷　（美國）柯為良編譯　清光緒
影印本（有圖）　二冊　存二卷（二至三）

410000－2203－0001882　372/17

類經三十二卷圖翼十一卷附翼四卷　（明）張
介賓類注　清初刻本　二十冊

410000－2203－0001883　373/1

本草綱目五十二卷圖三卷奇經八脈攷一卷脈
訣考證一卷瀕湖脈學一卷　（明）李時珍撰輯
　　本草萬方鍼線八卷本草藥品總目一卷
（清）蔡烈先輯　清乾隆四十九年（1784）金閶
書業堂刻本　四十八冊

410000－2203－0001884　373/1B

本草綱目五十二卷圖三卷奇經八脈攷一卷脈
訣考證一卷瀕湖脈學一卷　（明）李時珍撰輯
　　本草萬方鍼線八卷本草藥品總目一卷
（清）蔡烈先輯　清道光六年（1826）英德堂刻
本　四十八冊　存五十九卷（本草綱目五十
二卷、圖三卷,奇經八脈攷一卷,脈訣考證一
卷,瀕湖脈學一卷,本草藥品總目一卷）

410000－2203－0001885　373/2

新鐫本草醫方合編三十四卷　（清）汪昂著輯
　清刻本　六冊

410000－2203－0001886　373/2B

新鐫本草醫方合編三十四卷　（清）汪昂著輯
　清刻本　四冊　存十七卷（增訂本草備要
一至四,醫方集解上一至六、中一至七）

410000－2203－0001887　373/2C

增訂本草備要四卷經絡歌訣一卷醫方湯頭歌
括一卷　（清）汪昂著輯　清刻本（有圖）
三冊

410000－2203－0001888　373/3

太醫院補遺本草歌訣雷公炮製八卷　（金）李
東垣（李杲）輯　（明）余應奎補遺　清古吳三
多齋刻本　四冊

410000－2203－0001889　373/3

珍珠囊指掌補遺藥性賦四卷　（金）李東垣
（李杲）編輯　清雲林藜光樓刻本　二冊

410000－2203－0001890　373/4

新刻校正大字李東垣先生珍珠囊二卷　（金）
李東垣（李杲）編輯　清刻本（有圖）　一冊

410000－2203－0001891　373/6

雷公炮製藥性解六卷　（明）李中梓編輯
（清）王子接重訂　清刻本　二冊

410000－2203－0001892　373/9

本草原始十二卷　（明）李中立纂輯　（明）葛
鼎校訂　清經餘堂刻本（有圖）　三冊　存七
卷（一至四、九至十一）

410000－2203－0001893　373/9B

本草原始合雷公炮製四卷　（明）李中立撰
清石印本（有圖）　一冊

410000－2203－0001894　374/3

傷寒兼證析義一卷　（清）張倬著　清光緒二
十年（1894）上海圖書集成局鉛印張氏醫書七
種本　一冊

410000－2203－0001895　374/3

傷寒舌鑑一卷　（清）張登彙纂　清光緒二十
年（1894）上海圖書集成局鉛印張氏醫書七種
本（有圖）　一冊

410000－2203－0001896　374/4

石頭老人診宗三昧一卷　（清）張登編次　清
刻本　一冊

410000－2203－0001897　374/5

圖注脈訣辨真四卷　（晉）王叔和撰　（明）張
世賢注　清善成堂木活字印本（有圖）　二冊

410000－2203－0001898　374/5B

圖注脈訣辨真四卷附方一卷　（晉）王叔和撰
　（明）張世賢注　明刻本（有圖）　二冊　存
四卷（圖注脈訣辨真四卷）

410000－2203－0001899　374/7

保赤推拏法一卷　（清）夏雲集編著　（清）夏樹忠等參考　清光緒十一年（1885）河南新息夏雲集金陵刻本（有圖）　一冊

410000－2203－0001900　374/8

奇經八脈攷一卷　（明）李時珍撰輯　明刻本　一冊

410000－2203－0001901　374/9

刪注脈訣規正二卷　（清）沈鏡刪注　清刻本（有圖）　二冊

410000－2203－0001902　375/1

重校舊本湯頭歌訣一卷重校舊本經絡歌訣一卷　（清）汪昂編輯　（清）李保常重校　清光緒二十二年（1896）上海圖書集成印書局鉛印本　一冊

410000－2203－0001903　375/2

增廣合劑局方用藥總論三卷　（清）□□撰　清續鮑叢書刻本　一冊

410000－2203－0001904　375/3

繆仲醇藥例不分卷　（明）繆希雍撰　清抄本　三冊

410000－2203－0001905　375/4

摘錄醫方不分卷　清抄本　一冊

410000－2203－0001906　375/5

同仁堂藥目一卷　（清）樂鳳鳴輯　清光緒十五年（1889）京都同仁堂刻本　一冊

410000－2203－0001907　375/6

醫方捷徑指南全書二卷　（明）王宗顯輯（明）錢允治校　清刻本　一冊

410000－2203－0001908　375/7

備用藥物一卷經驗簡便良方一卷　（清）□□輯　清末鉛印本　一冊

410000－2203－0001909　375/9

時方歌括二卷　（清）陳念祖著　清嘉慶八年（1803）刻本　一冊

410000－2203－0001910　375/11

醫醇賸義四卷　（清）費伯雄著　清光緒二十

七年（1901）上海書局石印本　一冊

410000－2203－0001911　375/12

時方妙用四卷　（清）陳念祖著　清嘉慶八年（1803）刻本　一冊

410000－2203－0001912　375/16

防疫不分卷　（日本）森林太郎　（日本）小池正直撰　（清）胡學齋譯　清光緒二十九年（1903）鉛印本　一冊

410000－2203－0001913　375/16

防疫不分卷　（日本）森林太郎　（日本）小池正直撰　（清）胡學齋譯　清光緒二十九年（1903）鉛印本　一冊

410000－2203－0001914　375/17

防疫良方一卷喉證症舉要一卷　（清）□□撰　清光緒二十六年（1900）陝甘督署刻本　一冊

410000－2203－0001915　375/18

經驗廣集四卷　（清）李文炳纂　清刻本　一冊　存一卷（四）

410000－2203－0001916　375/20

增補醫方本草合編三十一卷　（清）汪昂編　清光緒二十二年（1896）上海圖書集成印書局鉛印本　二冊　存七卷（增評童氏醫方集解一至二、十至十四）

410000－2203－0001917　375/21

賽金丹二卷　題（清）蘊真子輯　清道光二十七年（1847）刻本　二冊

410000－2203－0001918　375/22

孫真人千金方衍義三十卷　（清）張璐著（清）席世臣校　清掃葉山房刻本　二冊　存二卷（十一、三十）

410000－2203－0001919　375/24

醫方易簡新編六卷　（清）龔自章彙輯　清咸豐元年（1851）刻本　四冊

410000－2203－0001920　375/24B

醫方易簡新編六卷　（清）龔自章彙輯　清咸豐六年（1856）順德羅葉祥刻本　四冊

410000 – 2203 – 0001921　375/25

蘭臺軌範八卷　（清）徐靈胎著　清末石印本　四冊

410000 – 2203 – 0001922　376/1

臨證指南醫案十卷種福堂續選臨證指南四卷　（清）葉桂著　清光緒十年(1884)文富堂刻本　十一冊　存十二卷(臨證指南醫案十卷、種福堂續選臨證指南一至二)

410000 – 2203 – 0001923　376/3

續名醫類案三十六卷　（清）魏之琇編集　清宣統元年(1909)上海書局石印本　十四冊

410000 – 2203 – 0001924　376/4

潛齋醫書五種　（清）王士雄著　清光緒三十年(1904)石印本　三冊　存二種十卷

410000 – 2203 – 0001925　376/5

名醫類案十二卷　（明）江瓘集　清宣統元年(1909)上海書局石印本　六冊

410000 – 2203 – 0001926　377/1

明吳又可先生瘟疫論二卷　（明）吳有性撰　（清）孔毓禮評閱　（清）楊大任　（清）陳元校　清乾隆三十七年(1772)謙益堂刻本　一冊　存一卷(上)

410000 – 2203 – 0001927　377/2

痢疾論四卷　（清）孔毓禮著輯　（清）楊大任參閱　（清）陳元校　清乾隆三十七年(1772)謙益堂刻本　一冊　存二卷(一至二)

410000 – 2203 – 0001928　377/3

豫醫雙璧二種　（清）吳重熹輯　清宣統元年(1909)海豐吳氏梁園節署鉛印本　八冊

410000 – 2203 – 0001929　377/3B

豫醫雙璧二種　（清）吳重熹輯　清宣統元年(1909)海豐吳氏梁園節署鉛印本　八冊

410000 – 2203 – 0001930　377/4B

醫林改錯二卷　（清）王清任著　清光緒五年(1879)掃葉山房刻本(有圖)　二冊

410000 – 2203 – 0001931　377/4C

醫林改錯二卷　（清）王清任著　清咸豐三年

(1853)刻本(有圖)　一冊

410000 – 2203 – 0001932　377/6

傷寒辯證四卷　（清）陳堯道著　（清）陳守鑌粲訂　清康熙二十八年(1689)刻本　四冊

410000 – 2203 – 0001933　377/7

問心堂溫病條辨六卷首一卷　（清）吳瑭著　清嘉慶十八年(1813)問心堂刻本　四冊

410000 – 2203 – 0001934　377/7B

溫病條辨六卷　（清）吳瑭著　清慈溪葉氏濬吾樓刻本　四冊

410000 – 2203 – 0001935　377/8

傷寒論淺注補正七卷首一卷　（漢）張仲景著　（清）陳念祖箋注　（清）唐宗海補正　清光緒二十年(1894)申江順成書局石印本　四冊

410000 – 2203 – 0001936　377/11

瘟疫條辨摘畧一卷　（清）宋炘如編　清同治七年(1868)開封朱聚文齋刻本　一冊

410000 – 2203 – 0001937　377/12

傷寒真方歌括六卷　（清）陳念祖著　（清）林壽萱校　清文奎堂刻本　一冊

410000 – 2203 – 0001938　377/13

傷寒論類方一卷蘭臺軌範八卷　（清）徐大椿編輯　清末鉛印本　四冊

410000 – 2203 – 0001939　377/14

溫病指南二卷　（清）婁杰輯　（清）蕭惠清參訂　清光緒三十二年(1906)三邑顧文華齋刻本　一冊

410000 – 2203 – 0001940　377/14B

溫病指南二卷　（清）婁杰輯　（清）蕭惠清參訂　清光緒二十九年(1903)聽虛館刻本　一冊

410000 – 2203 – 0001941　377/14B

溫病指南二卷　（清）婁杰輯　（清）蕭惠清參訂　清光緒二十九年(1903)聽虛館刻本　一冊

410000 – 2203 – 0001942　377/15

傷寒緒論二卷　（清）張璐纂述　清光緒二十

年（1894）上海圖書集成局鉛印張氏醫書七種
本　二冊

410000－2203－0001943　377/15B
傷寒緒論三卷　（清）張璐纂述　（清）張登
（清）張倬糸訂　清刻本　三冊

410000－2203－0001944　377/16
傷寒纘論二卷　（清）張璐纂述　清光緒二十
年（1894）上海圖書集成局鉛印張氏醫書七種
本　二冊

410000－2203－0001945　377/17
溫熱經緯五卷　（清）王士雄纂　（清）沈宗淦
參　（清）楊照藜　（清）汪曰楨評　清光緒三
十年（1904）石印本　二冊

410000－2203－0001946　377/17B
溫熱經緯五卷　（清）王士雄纂　（清）沈宗淦
參　（清）楊照藜　（清）汪曰楨評　清末上海
文瑞樓石印本　一冊

410000－2203－0001947　377/21
隨息居重訂霍亂論四卷　（清）王士雄纂　清
光緒三十年（1904）石印本　二冊

410000－2203－0001948　377/22
尚論篇四卷首一卷後篇四卷　（清）喻昌撰
清光緒二十六年（1900）上海掃葉山房影印本
二冊

410000－2203－0001949　377/23
傷寒明理論四卷　（金）成無己撰　清刻本
二冊

410000－2203－0001950　377/24
瘟疫條辨摘要一卷　（清）陳良佐　（清）楊璿
論　（清）呂田集錄　清光緒十五年（1889）浙
江書局刻本　一冊

410000－2203－0001951　377/26
傷寒論條辨八卷本草鈔一卷或問一卷痙書一
卷　（明）方有執著　（明）陳友恭較　明萬曆
古歙靈山方氏刻清初浩然樓印本　四冊

410000－2203－0001952　377/27
金匱要畧淺注十卷　（漢）張仲景撰　（清）陳

念祖集注　清咸豐經綸堂刻本　五冊

410000－2203－0001953　377/28
痧症發微二卷張氏醫通番痧一卷經驗良方一
卷　（清）□□輯　清咸豐十年（1860）刻本
一冊

410000－2203－0001954　377/29
尚論篇四卷首一卷後篇四卷　（清）喻昌撰
清善成堂刻本　一冊　存二卷（後篇三至四）

410000－2203－0001955　377/30
傷寒證治準繩八卷　（明）王肯堂輯　（明）張
綖校　明萬曆刻六科證治準繩本　八冊

410000－2203－0001956　377/32
重刻痰火點雪四卷　（明）龔居中輯　（清）曾
師誠糸　清嘉慶九年（1804）書林星聚樓刻本
一冊

410000－2203－0001957　377/33
蘭室秘藏三卷　（金）李杲撰　（明）吳勉學校
明刻本　三冊

410000－2203－0001958　377/34
傅青主男科二卷女科二卷產後編二卷　（清）
傅山撰　清刻本　一冊

410000－2203－0001959　377/7D
溫病條辨六卷首一卷　（清）吳瑭著　（清）朱
武曹點評　清光緒十九年（1893）上海圖書集
成印書局鉛印本　三冊　存六卷（一至二、四
至六，首一卷）

410000－2203－0001960　378/1
全體通考十八卷圖二卷　（英國）德貞輯　清
光緒十二年（1886）鉛印本　十二冊

410000－2203－0001961　378/2
喉科秘旨二卷　（清）□□輯　清光緒十九年
（1893）慎獨書屋刻本（有圖）　二冊

410000－2203－0001962　378/2
喉科秘旨二卷　（清）□□輯　清光緒十九年
（1893）慎獨書屋刻本（有圖）　二冊

410000－2203－0001963　378/4
御纂醫宗金鑑九十三卷首一卷　（清）弘晝等

纂　清光緒二十七年（1901）上海醉六堂石印本（有圖）　十冊　存四十六卷（内科四十五至七十四、外科一至十六）

410000－2203－0001964　378/5

時疫白喉捷要合編不分卷　（清）黃炳乾著　清光緒五年（1879）刻本（有圖）　一冊

410000－2203－0001965　378/6

喉科秘旨二卷　（清）□□輯　清光緒十九年（1893）慎獨書屋刻本（有圖）　二冊

410000－2203－0001966　378/7

證治準繩八卷　（明）王肯堂輯　明刻本　一冊　存一卷（六）

410000－2203－0001967　378/8

瘍醫準繩六卷　（明）王肯堂輯　清刻本　十二冊

410000－2203－0001968　379/1

銀海精微四卷　（唐）孫思邈輯　（清）周亮節較正　（清）龔雲林編定　清宏道堂刻本（有圖）　一冊

410000－2203－0001969　379/2

白喉秘方一卷　（清）楊恩銘藏　清光緒二十九年（1903）聽虛館刻本　一冊

410000－2203－0001970　379/2

白喉秘方一卷　（清）楊恩銘藏　清光緒二十九年（1903）聽虛館刻本　一冊

410000－2203－0001971　379/3

傅氏眼科審視瑤函六卷醫案一卷圖說一卷首一卷　（明）傅仁宇纂輯　（清）林長生較補（清）張文凱参閱　（清）傅維藩編集　（清）張秀徵訂正　清光緒三十三年（1907）上海廣益書局石印本　二冊

410000－2203－0001972　379.1/1

大生要旨六卷首一卷　（清）孫義莊輯著（清）秦潤田校訂　清刻本　一冊

410000－2203－0001973　379.1/3

大生要旨五卷　（清）唐千頃纂　（清）蔣勲校　清道光二十七年（1847）刻本　一冊

410000－2203－0001974　379.1/4

達生編不分卷　題（清）亟齋居士編　題（清）冶山氏校　清道光五年（1825）刻本　一冊

410000－2203－0001975　379.1/5

濟陰綱目十四卷　（明）武之望輯著　（清）張志聰訂正　（清）汪淇箋釋　（清）查望糸閱　**保生碎事一卷**　（清）汪淇論定　清光緒三十三年（1907）上海文瑞樓石印本　六冊

410000－2203－0001976　379.1/6

婦女秘錄一卷　（清）□□輯　清抄本　一冊

410000－2203－0001977　379.1/8

生產合纂一卷　題（清）博愛學人撰　清同治七年（1868）刻本　一冊

410000－2203－0001978　379.1/9

女科二卷產後編二卷　（清）傅山著　清末大興官彤紳刻本　一冊

410000－2203－0001979　379.1/10

胎產秘書四卷　（清）□□撰　清同治十年（1871）會稽馬傳誠、貴筑傅壽彤刻本　二冊

410000－2203－0001980　379.1/11

胎產心法三卷　（清）閻純璽撰　清刻本四冊

410000－2203－0001981　379.1/12

竹林寺女科秘傳不分卷　（清）□□輯　清咸豐十年（1860）開封刻本　一冊

410000－2203－0001982　379.2/1

鼎鍥幼幼集成六卷　（清）陳復正輯訂　（清）劉勷校正　（清）周宗頤参定　清末石印本三冊

410000－2203－0001983　379.2/2

痘症精言四卷　（清）袁句著　（清）潘遇隆校　清崇文堂刻本（有圖）　一冊

410000－2203－0001984　379.2/3

洞主仙師白喉治法忌表抉微一卷　題（清）耐修子錄并注　清光緒十七年（1891）刻本一冊

410000－2203－0001985　379.2/3C

洞主仙師白喉治法忌表抉微一卷　題(清)耐修子錄并注　清光緒二十五年(1899)開封刻本　一冊

410000－2203－0001986　379.2/4

保嬰備要六卷　(清)莊逵吉輯　清嘉慶三年(1798)刻本　一冊　存二卷(一至二)

410000－2203－0001987　379.2/5

增補痘疹金鏡錄四卷　(明)翁仲仁著　清乾隆二十八年(1763)姑蘇書業堂刻本(有圖)　四冊

410000－2203－0001988　379.2/5B

增補痘疹玉髓金鏡錄四卷首一卷　(明)翁仲仁輯著　(清)仇天一參閱　清末上海章福記書局石印本(有圖)　一冊

410000－2203－0001989　379.2/6

痘疹正宗二卷　(清)宋麟祥著　清刻本　一冊　存一卷(下)

410000－2203－0001990　379.2/8

痘科活人四卷　(清)鄧曜南纂輯　清刻本　一冊　存一卷(三)

410000－2203－0001991　379.2/9

福幼編一卷　(清)莊一夔著　(清)海慶訂　清道光二十年(1840)刻本　一冊

410000－2203－0001992　379.2/10

救嬰利害論一卷　(清)□□撰　清光緒十三年(1887)長沙刻本　一冊

410000－2203－0001993　379.2/11

救偏瑣言八卷備用良方一卷　(清)費啟泰著　(清)費英等訂　清嘉慶五年(1800)繡文堂刻本　一冊　存四卷(一至四)

410000－2203－0001994　379.2/11B

救偏瑣言十卷備用良方一卷　(清)費啟泰著　清惠迪堂刻本　四冊　存七卷(三至九)

410000－2203－0001995　379.2/12

引痘略一卷繙譯西洋醫種牛痘原說一卷堅信洋痘說一卷引痘明辨一卷勸信種牛痘附說一卷　(清)邱熺輯　出痘有勿藥有用藥論一卷　(清)吳珍儒撰　清光緒六年(1880)甘涼道署刻本(有圖)　一冊

410000－2203－0001996　379.2/12

遂生福幼合編二卷　(清)莊一夔著　清光緒三年(1877)甘涼道署刻本　一冊

410000－2203－0001997　379.2/13

幼科鐵鏡六卷　(清)夏鼎撰　清宣統元年(1909)土山灣慈母堂鉛印本(有圖)　一冊

410000－2203－0001998　379.3/1

鍼灸甲乙經十二卷　(晉)皇甫謐撰　(宋)高保衡等校　清光緒十一年(1885)四明存存軒刻本　四冊

410000－2203－0001999　379.3/3

鍼灸甲乙經十二卷　(晉)皇甫謐撰　(宋)高保衡等校　清光緒十一年(1885)四明存存軒刻本　三冊

410000－2203－0002000　379.4/1

新編壽世傳真八卷洗心輯要二卷　(清)徐文弼編　(清)王世芳定　清乾隆三十六年(1771)刻本(有圖)　二冊

410000－2203－0002001　379.4/5

葆精大論一卷　(清)王建善著　清光緒二十七年(1901)石印本　一冊

410000－2203－0002002　379.4/6

弦雪居重訂遵生八牋十九卷目錄一卷　(明)高濂編　(明)鍾惺較閱　清嘉慶十五年(1810)刻本(有圖)　九冊　存九卷(十至十四、十六至十九)

410000－2203－0002003　379.6/1

高等小學衛生教科書十六篇續補二篇　(美國)項爾構著　(清)文明書局編譯　清光緒二十九年(1903)上海文明書局鉛印本　一冊

410000－2203－0002004　381/1

武備天文不分卷　(清)施永圖輯　清刻本(有圖)　一冊

410000－2203－0002005　381/3

天文啓蒙七卷首一卷　(清)□□撰　清光緒

二十四年(1898)石印本(有圖) 一冊

410000－2203－0002006　381/4

談天十八卷首一卷表一卷　(英國)侯失勒撰
　(美國)偉烈亞力口譯　(清)李善蘭刪述
(清)徐建寅續述　清光緒二十二年(1896)上
海著易堂石印本(有圖) 四冊

410000－2203－0002007　381/4

談天十八卷首一卷表一卷　(英國)侯失勒撰
　(美國)偉烈亞力口譯　(清)李善蘭刪述
(清)徐建寅續述　清光緒二十二年(1896)上
海著易堂石印本(有圖) 四冊

410000－2203－0002008　382/1

御製欽若曆書上編十六卷下篇十卷表十六卷
　清乾隆武英殿刻本　四冊　存四卷(表二、
四至六)

410000－2203－0002009　382/2

大清光緒十九年歲次癸巳時憲書不分卷
(清)欽天監纂　清光緒刻朱墨套印本　一冊

410000－2203－0002010　382/2

大清光緒二十一年歲次乙未時憲書不分卷
(清)欽天監纂　清光緒刻朱墨套印本　一冊

410000－2203－0002011　382/2

大清光緒二十二年歲次丙申時憲書不分卷
(清)欽天監纂　清光緒刻朱墨套印本　一冊

410000－2203－0002012　382/2

大清光緒二十三年歲次丁酉時憲書不分卷
(清)欽天監纂　清光緒刻朱墨套印本　一冊

410000－2203－0002013　382/2

大清光緒二十三年歲次丁酉時憲書不分卷
(清)欽天監纂　清光緒刻朱墨套印本　一冊

410000－2203－0002014　382/2

大清光緒二十四年歲次戊申時憲書不分卷
(清)欽天監纂　清光緒刻朱墨套印本　一冊

410000－2203－0002015　382/2

大清宣統三年歲次辛亥時憲書不分卷 （清）
欽天監纂　清宣統刻朱墨套印本　一冊

410000－2203－0002016　382/3

大清光緒二年歲次丙子時憲書不分卷 （清）
欽天監纂　清光緒刻朱墨套印本　一冊

410000－2203－0002017　382/3－2

大清光緒五年歲次己卯時憲書不分卷 （清）
欽天監纂　清光緒刻朱墨套印本　一冊

410000－2203－0002018　382/3－2

大清光緒七年歲次辛巳時憲書不分卷 （清）
欽天監纂　清光緒刻朱墨套印本　一冊

410000－2203－0002019　382/3－2

大清光緒八年歲次壬午時憲書不分卷 （清）
欽天監纂　清光緒刻朱墨套印本　一冊

410000－2203－0002020　382/3－2

大清光緒十年歲次甲申時憲書不分卷 （清）
欽天監纂　清光緒刻朱墨套印本　一冊

410000－2203－0002021　382/3－2

大清光緒十一年歲次乙酉時憲書不分卷
(清)欽天監纂　清光緒刻朱墨套印本　一冊

410000－2203－0002022　382/5

管窺輯要八十卷　(清)黃鼎纂　清順治十年
(1653)刻本(有圖) 十七冊

410000－2203－0002023　382/6

大清光緒三年歲次丁丑時憲書不分卷 （清）
欽天監纂　清光緒刻朱墨套印本　一冊

410000－2203－0002024　382/6

大清光緒六年歲次庚辰時憲書不分卷 （清）
欽天監纂　清光緒刻朱墨套印本　一冊

410000－2203－0002025　382/6

大清光緒九年歲次癸未時憲書不分卷 （清）
欽天監纂　清光緒刻朱墨套印本　一冊

410000－2203－0002026　382/6

大清光緒十三年歲次丁亥時憲書不分卷
(清)欽天監纂　清光緒刻朱墨套印本　一冊

410000－2203－0002027　382/6

大清光緒十三年歲次丁亥時憲書不分卷
(清)欽天監纂　清光緒刻朱墨套印本　一冊

410000－2203－0002028　382/6

大清光緒十八年歲次壬辰時憲書不分卷

（清）欽天監纂　清光緒刻朱墨套印本　一冊

410000－2203－0002029　382/6

大清光緒二十年歲次甲午時憲書不分卷

（清）欽天監纂　清光緒刻朱墨套印本　一冊

410000－2203－0002030　382/6

大清光緒二十四年歲次戊戌時憲書不分卷

（清）欽天監纂　清光緒刻朱墨套印本　一冊

410000－2203－0002031　382/6

大清光緒三十二年歲次丙午時憲書不分卷

（清）欽天監纂　清光緒刻朱墨套印本　一冊

410000－2203－0002032　382/7

大清同治十一年歲次壬申時憲書不分卷

（清）欽天監纂　清同治刻朱墨套印本　一冊

410000－2203－0002033　382/7

大清同治十二年歲次癸酉時憲書不分卷

（清）欽天監纂　清同治刻朱墨套印本　一冊

410000－2203－0002034　382/7

大清同治十三年歲次甲戌時憲書不分卷

（清）欽天監纂　清同治刻朱墨套印本　一冊

410000－2203－0002035　382/7

大清宣統元年歲次己酉時憲書不分卷　（清）
欽天監纂　清宣統刻朱墨套印本　一冊

410000－2203－0002036　383/1

算經十書十二種　（清）孔繼涵輯　清光緒十
六年(1890)滬刻本(有圖)　十冊

410000－2203－0002037　383/2

九數通考十一卷首一卷末一卷　（清）屈曾發
輯　清同治十一年(1872)刻本　四冊

410000－2203－0002038　383/3

古籌算考釋六卷　（清）勞乃宣撰　清光緒十
二年(1886)完縣官舍刻本　六冊

410000－2203－0002039　383/5

算學歌訣不分卷　（清）葉廷琦校　（清）茅乃
登校　（清）繆九疇校　清江楚書局鉛印本
一冊

410000－2203－0002040　383/8

代數術補式二十六卷首一卷　（英國）華裡司
輯　（英國）傅蘭雅口譯　（清）華蘅芳筆述
（清）解崇輝學　清光緒二十六年(1900)上海
順成書局石印本　八冊

410000－2203－0002041　383/10

金匱華氏行素軒學算全書十六種　（清）華蘅
芳撰　清光緒袖海山房石印本　十二冊

410000－2203－0002042　383/10B

學算筆談十二卷　（清）華蘅芳學　清鴻寶齋
書局石印本　四冊

410000－2203－0002043　383/10C

學算筆談十二卷　（清）華蘅芳學　清光緒二
十八年(1902)算學館鉛印本　六冊

410000－2203－0002044　383/11

代數學十八卷　（英國）羅密士撰　（英國）偉
烈亞力口譯　（清）李善蘭筆述　清光緒二十
三年(1897)上海書局石印本　三冊　存十五
卷(一至十五)

410000－2203－0002045　383/12

測量指要一卷籌算舉隅一卷　（清）董恩新撰
清光緒二十九年(1903)刻本　一冊

410000－2203－0002046　383/13

籌算淺釋二卷　（清）勞乃宣撰　清光緒二十
三年(1897)清苑官廨刻本　二冊

410000－2203－0002047　383/14

新編算學啟蒙三卷　（元）朱世傑編撰　識誤
一卷　（清）羅士琳撰　清同治十年(1871)江
南機器製造局刻本　二冊

410000－2203－0002048　383/14

新編算學啟蒙三卷　（元）朱世傑編撰　識誤
一卷　（清）羅士琳撰　清同治十年(1871)江
南機器製造局刻本　二冊

410000－2203－0002049　383/15

翠微山房數學十四種　（清）張作楠撰　清光
緒二十三年(1897)上海鴻寶齋石印本(有圖)
八冊

410000－2203－0002050　383/16

籌算舉隅一卷比例規約一卷方元互證一卷對數發明一卷　（清）董恩新撰　清光緒二十八年(1902)刻本　一冊

410000－2203－0002051　383/17

代數通藝録十六卷　（清）方愷撰　清光緒二十四年(1898)上海石印本　六冊

410000－2203－0002052　391.1/1

御刻三希堂石渠寶笈法帖三十二冊　（清）梁詩正等編　清光緒二十年(1894)蜚英館石印本　十四冊　存二十八冊(一至八、十三至三十二)

410000－2203－0002053　391.1/1B

御刻三希堂石渠寶笈法帖三十二冊　（清）梁詩正等編　清末石印本　十五冊　存三十冊(一至十六、十九至三十二)

410000－2203－0002054　391.1/9B

草字彙十二集　（清）石梁輯　清存古齋石印本　六冊

410000－2203－0002055　391.1/11

新刻名公筆法草書重珍八卷印雋一卷　（清）陳伯齡纂輯　清書林陳國晉刻朱墨套印本　四冊　存四卷(二至四、印雋一卷)

410000－2203－0002056　391.1/14

書法摘要善本三卷　（清）清照齋輯　清光緒十年(1884)善成堂刻本　二冊

410000－2203－0002057　391.1/23

吳中丞說文部首墨蹟不分卷　（清）吳大澂撰　清光緒十一年(1885)石印本　一冊

410000－2203－0002058　391.1/29

書法正宗不分卷　（清）錢延鵬輯　清道光三十年(1850)京都琉璃廠刻本　一冊

410000－2203－0002059　391.1/32

翁同龢墨蹟不分卷　（清）翁同龢書　清光緒三十一年(1905)石印本　一冊

410000－2203－0002060　391.1/33

翁松禪寫書譜墨蹟一卷　（清）翁同龢書　清宣統二年(1910)上海有正書局石印本　一冊

410000－2203－0002061　391.1/33

翁松禪寫書譜墨蹟一卷　（清）翁同龢書　清宣統二年(1910)上海有正書局石印本　一冊

410000－2203－0002062　391.1/34

松禪老人遺墨不分卷　（清）翁同龢書　清光緒三十一年(1905)石印本　一冊

410000－2203－0002063　391.1/38

文衡山書赤壁賦一卷　（明）文徵明書　清光緒五年(1879)上海點石齋石印本　一冊

410000－2203－0002064　391.1/39B

增補安樂銘不分卷　（清）王正明輯　清同治三年(1864)陳明德堂刻本　一冊

410000－2203－0002065　391.1/39C

增訂安樂銘箋便讀不分卷　（清）鐵珊注　清光緒刻本　一冊

410000－2203－0002066　391.1/39C

增訂安樂銘箋便讀不分卷　（清）鐵珊注　清光緒刻本　一冊

410000－2203－0002067　391.1/42

劉文清公真蹟不分卷　（清）劉墉書　清光緒三十四年(1908)影印本　一冊

410000－2203－0002068　391.1/47

明東林八賢遺札不分卷　（明）趙南星等書　清光緒三十四年(1908)上海國學保存會影印本　一冊

410000－2203－0002069　391.1/53

左恪靖侯手札不分卷　（清）左宗棠書　**彭大司馬手札不分卷**　（清）彭麟玉書　**曾威毅伯手札不分卷**　（清）曾國荃書　清岵瞻堂刻本　一冊

410000－2203－0002070　391.1/55

湘鄉師相言兵事手函不分卷　（清）曾國藩書　清光緒二十六年(1900)石印本　二冊

410000－2203－0002071　391.1/70

成親王歸去來兮辭一卷　（清）永瑆書　清光緒十八年(1892)刻本　一冊

410000 - 2203 - 0002072   391.1/71

篆書金剛經不分卷   （姚秦）釋鳩摩羅什譯
（宋）釋道肯集篆   清抄本   二冊

410000 - 2203 - 0002073   391.1/72

書畫鑑影二十四卷   （清）李佐賢編輯   清同
治十年(1871)利津李氏刻本   八冊

410000 - 2203 - 0002074   391.1/77

禊敘集言一卷   （清）唐仲冕書   （清）翟璜訂
清嘉慶十六年(1811)崇川官廨刻本   一冊

410000 - 2203 - 0002075   391.1/81

甌鉢羅室書畫過目攷四卷首一卷附一卷
（清）李玉棻編輯   清光緒上海鴻文齋石印本
一冊

410000 - 2203 - 0002076   391.1/86

辛丑銷夏記五卷   （清）吳榮光撰   （清）翟樹
辰等訂   清光緒三十一年(1905)郎園刻本
五冊

410000 - 2203 - 0002077   391.1/92

庚子銷夏記八卷   （清）孫承澤撰   清光緒四
年(1878)崇川葛氏刻本   四冊

410000 - 2203 - 0002078   391.1/93

藝舟雙楫不分卷   （清）包世臣撰   清光緒八
年(1882)蒲圻但氏刻本   一冊

410000 - 2203 - 0002079   391.1/97

今文房四譜一卷   （清）謝崧梁撰   清光緒十
六年(1890)湘鄉掔經榭謝氏刻本   一冊

410000 - 2203 - 0002080   391.1/100

程夫子四箴   （清）彭仁書   清道光十年
(1830)抄本   一冊

410000 - 2203 - 0002081   391.1/103

孔子聖蹟圖不分卷   （清）孔憲蘭輯   清同治
十三年(1874)刻本(有圖)   一冊

410000 - 2203 - 0002082   391.1/105

草說十五卷   （清）李濱撰   清末影印本   一
冊   存二卷(七至八)

410000 - 2203 - 0002083   391.1/108

柯丹丘小楷墨跡一卷   （元）柯九思書   元至

順寫本   一冊

410000 - 2203 - 0002084   391.1/109

漢溪書法通解八卷   （清）戈守智篆著   （清）
陸聲鍾編次   清乾隆霽雲閣刻本   四冊

410000 - 2203 - 0002085   391.1/112

欽定重刻淳化閣帖十卷   （清）于敏中等撰
（清）吳省蘭錄   清刻本   四冊

410000 - 2203 - 0002086   391.1/113

歷代帝王法帖釋文十卷   （清）徐朝弼集釋
清嘉慶十七年(1812)刻本   一冊

410000 - 2203 - 0002087   391.11/2

紉齋畫賸不分卷   （清）陳允升繪   清光緒二
年(1876)陳氏得古觀堂刻本   二冊

410000 - 2203 - 0002088   391.11/3

增刻紅樓夢圖詠不分卷   （清）王芸階輯   清
光緒八年(1882)上海點石齋石印本   二冊

410000 - 2203 - 0002089   391.11/4

蘭石畫譜四卷   （清）吳煥采繪   清光緒二十
二年(1896)刻本(有圖)   四冊

410000 - 2203 - 0002090   391.11/5

精選畫譜采新一卷西湖十八景圖一卷   （清）
□□輯   清光緒十二年(1886)武林問經堂石
印本   二冊

410000 - 2203 - 0002091   391.11/6

晚笑堂竹莊畫傳不分卷   （清）上官周繪   清
乾隆八年(1743)刻本(有圖)   二冊

410000 - 2203 - 0002092   391.11/6B

晚笑堂竹莊畫傳不分卷   （清）上官周繪   清
乾隆八年(1743)刻本(有圖)   六冊

410000 - 2203 - 0002093   391.11/7

國朝畫徵錄三卷   （清）張庚著   清末刻本
二冊

410000 - 2203 - 0002094   391.11/7C

國朝畫徵錄三卷續錄二卷   （清）張庚著   清
光緒十九年(1893)上海積山書局石印本
二冊

410000－2203－0002095　391.11/8

青在堂畫譜四種　（清）王蓍等著　清乾隆四十七年(1782)金閶書業堂刻五色套印本　三冊　存三種三卷

410000－2203－0002096　391.11/8

青在堂畫譜四種　（清）王蓍等著　清乾隆四十七年(1782)金閶書業堂刻五色套印本　三冊　存三種三卷

410000－2203－0002097　391.11/9

芥子園畫傳初集六卷二集九卷三集六卷　（清）王槩等摹　清光緒十三年(1887)石印本　十二冊

410000－2203－0002098　391.11/9B

芥子園畫傳五卷　（清）王槩摹　清刻本　四冊

410000－2203－0002099　391.11/9B

芥子園畫傳二集　（清）王槩等摹　清刻本　一冊　存一集(蘭譜)

410000－2203－0002100　391.11/9B

芥子園畫傳四集四卷　（清）丁皋著　**芥子園圖章會纂一卷**　（清）李漁纂輯　清刻本　三冊　存四卷(畫傳四集二至四、圖章會纂一卷)

410000－2203－0002101　391.11/9C

芥子園畫傳初集六卷　（清）王槩摹　清光緒十三年(1887)上海鴻文書局石印本　四冊

410000－2203－0002102　391.11/9D

芥子園畫傳初集六卷　（清）王槩摹　清刻本　二冊　存二卷(二至三)

410000－2203－0002103　391.11/9D

芥子園畫傳三集六卷　（清）王槩等摹　清光緒十四年(1888)刻本　一冊　存二卷(一至二)

410000－2203－0002104　391.11/9D

芥子園畫傳三集六卷　（清）王槩等摹　清光緒十四年(1888)刻本　二冊　存二卷(五至六)

410000－2203－0002105　391.11/9E

芥子園畫傳四集四卷　（清）丁皋著　**圖章會纂一卷**　（清）李漁纂輯　清嘉慶二十三年(1818)刻本　四冊

410000－2203－0002106　391.11/9G

芥子園畫傳五卷　（清）王槩等摹　清康熙十八年(1679)刻本　五冊

410000－2203－0002107　391.11/9H

芥子園畫傳四集四卷　（清）丁皋著　清嘉慶二十三年(1818)刻本　一冊　存一卷(一)

410000－2203－0002108　391.11/9H

芥子園畫傳四集四卷　（清）丁皋著　清小酉山房刻本　一冊　存一卷(一)

410000－2203－0002109　391.11/9J

芥子園畫傳五卷　（清）王槩等摹　清刻本　三冊　存三卷(三至五)

410000－2203－0002110　391.11/9I

芥子園畫傳二集　（清）王槩等摹　清乾隆四十七年(1782)金閶書業堂刻本　一冊　存一集(蘭譜)

410000－2203－0002111　391.11/10

益智圖二卷　（清）童葉庚撰　清光緒四年(1878)童氏刻本　二冊

410000－2203－0002112　391.11/10

益智圖二卷　（清）童葉庚撰　清光緒四年(1878)童氏刻本　二冊

410000－2203－0002113　391.11/12

亭園閣不分卷　（清）□□繪　清刻本(有圖)　一冊

410000－2203－0002114　391.11/13

二樵樵者壯遊圖記不分卷　（清）黃璟著　清光緒二十六年(1900)點石齋石印本　二冊

410000－2203－0002115　391.11/14

玲瓏雪月山房百猋圖不分卷　（清）鮑瑩著　清光緒三十三年(1907)石印本　二冊

410000－2203－0002116　391.11/15

蘭譜一卷　（清）王寅述　清光緒八年(1882)

合肥李氏東瀛刻本(有圖)　一冊

410000－2203－0002117　391.11/16

竹譜一卷　(清)劉源繪　清刻本(有圖)
一冊

410000－2203－0002118　391.11/18

畫學心印八卷　(清)秦祖永評輯　清光緒四
年(1878)刻朱墨套印本　八冊

410000－2203－0002119　391.11/19

澄蘭室古緣萃錄十八卷　邵松年輯　清光緒
三十年(1904)上海鴻文書局石印本　六冊

410000－2203－0002120　391.11/21

畫禪室隨筆四卷　(明)董其昌撰　(清)董紹
敏重校　清末石印本　四冊

410000－2203－0002121　391.11/21B

畫禪室隨筆四卷　(明)董其昌撰　(清)董紹
敏重校　清宣統元年(1909)掃葉山房石印本
三冊

410000－2203－0002122　391.11/25

古今名人畫稾不分卷　(清)□□輯　清光緒
十六年(1890)上洋書局石印本　二冊

410000－2203－0002123　391.11/28

俞氏畫稿不分卷　(清)俞禮繪　清光緒十五
年(1889)上海秀文書局石印本　二冊

410000－2203－0002124　391.11/29

水滸畫像不分卷　(清)陳章侯繪　清光緒十
年(1884)上海同文書局石印本　一冊

410000－2203－0002125　391.11/31

太平歡樂圖不分卷　(清)方蘭坻繪　清光緒
十四年(1888)積山書局石印本　一冊

410000－2203－0002126　391.11/34

十竹齋畫譜八卷　(明)胡正言輯　清初刻套
印本　一冊　存一卷(梅譜)

410000－2203－0002127　391.11/35

津逮祕書　(明)毛晉輯　明崇禎虞山毛氏汲
古閣刻本　三冊　存四種十七卷

410000－2203－0002128　391.11/38

桐陰論畫二卷首一卷附錄一卷續一卷桐陰畫
訣一卷　(清)秦祖永著　清同治三年(1864)
刻朱墨套印本　二冊

410000－2203－0002129　391.11/38

桐陰論畫二編二卷三編二卷　(清)秦祖永著
清光緒八年(1882)刻朱墨套印本　二冊

410000－2203－0002130　391.11/38B

桐陰論畫二卷首一卷附錄一卷桐陰畫訣一卷
(清)秦祖永著　清同治四年(1865)河南聚
文齋刻朱墨套印本　四冊

410000－2203－0002131　391.11/40

瓶花書屋竹譜一卷　(清)楊士安著　清光緒
二年(1876)刻本(有圖)　一冊

410000－2203－0002132　391.11/41

詩中畫二卷　(清)馬濤繪　清光緒十一年
(1885)石印本　二冊

410000－2203－0002133　391.11/44

芥子園畫傳初集六卷二集九卷三集六卷
(清)王槩等摹　清光緒十四年(1888)鴻文書
局石印本　六冊

410000－2203－0002134　391.11/47

蘭石畫譜四卷　(清)吳煥采繪　清光緒二十
年(1894)古蓮池華南硯北草堂刻本　四冊

410000－2203－0002135　391.11/7B

國朝畫徵錄三卷　(清)張庚著　清宣統二年
(1910)上海中國書畫會石印本　一冊

410000－2203－0002136　391.2/1

金貞祐銅印題詞一卷　(清)兀魯特錫縝輯
清刻本　一冊

410000－2203－0002137　391.2/3

慎思堂印譜二卷　(清)黃鸝篆　(清)張學宗
輯　清咸豐五年(1855)刻鈐印本　二冊

410000－2203－0002138　391.3/1

德音堂琴譜十卷　(清)汪天榮輯　清康熙六
十年(1721)有文堂刻本　五冊

410000－2203－0002139　391.3/2

五知齋琴譜八卷　(清)徐祺鑒定　(清)周魯

封彙輯 清乾隆十一年(1746)懷德堂刻本
(有圖) 七冊 存七卷(一至三、五至八)

410000－2203－0002140 391.3/3B
琴學入門二卷 (清)張鶴輯 清同治六年
(1867)刻本(有圖) 四冊

410000－2203－0002141 391.3/3
琴學入門二卷 (清)張鶴輯 清光緒七年
(1881)刻本(有圖) 三冊

410000－2203－0002142 391.3/5
琴譜六卷 (明)楊表正撰 明萬曆金陵唐富
春刻本 五冊 存五卷(二至六)

410000－2203－0002143 391.3/7
重修正文對音捷要眞傳琴譜大全十卷 (明)
楊表正撰 明萬曆十三年(1585)金陵唐富春
刻本 十一冊 存九卷(一、三至十)

410000－2203－0002144 391.3/8
聖門樂誌一卷 (清)孔尚任纂 (清)孔尚忻
彙輯 清刻本(有圖) 一冊

410000－2203－0002145 391.4/1
兼山堂奕譜不分卷 (清)徐星友輯 清光緒
六年(1880)刻本 一冊

410000－2203－0002146 391.4/1B
兼山堂奕譜不分卷 (清)徐星友輯 清宣統
二年(1910)上海文瑞樓石印本 一冊

410000－2203－0002147 391.4/4
桃花泉奕譜二卷 (清)范世勳著 清刻本
二冊

410000－2203－0002148 391.4/8
國奕初刊不分卷 (清)鮑鼎輯 清光緒十二
年(1886)蝸簬刻本 一冊

410000－2203－0002149 391.4/9
圍棋近譜不分卷 (清)徐星友等撰 (清)金
枈志輯 清康熙五十五年(1716)刻本 一冊

410000－2203－0002150 391.4/14
梁程十四局一卷 (清)鄧元鏸輯 清光緒七
年(1881)奕潛齋刻本 一冊

410000－2203－0002151 391.4/16
翻刻棋溪山人摘星譜不分卷 (清)胡陶軒編
清光緒十四年(1888)刻本 一冊

410000－2203－0002152 391.5/1
楹聯叢話十二卷續話四卷 (清)梁章鉅輯
清道光十年(1830)懷德堂刻本 六冊

410000－2203－0002153 391.5/1B
楹聯叢話十二卷 (清)梁章鉅輯 清道光二
十年(1840)桂林署齋刻本 四冊

410000－2203－0002154 391.5/6
精選楹聯新編二卷 (清)俞樾著 清宣統二
年(1910)上海萃英書莊石印本 二冊

410000－2203－0002155 391.5/7
格言聯璧不分卷 (清)金纓輯 清光緒六年
(1880)開封朱聚文齋刻本 一冊

410000－2203－0002156 391.5/7B
格言聯璧不分卷 (清)金纓輯 清刻本
一冊

410000－2203－0002157 391.5/8
楹聯彙編八卷 王榮商輯 清光緒三十年
(1904)上海書局石印本 五冊 存四卷(一
至四)

410000－2203－0002158 391.5/10
鵝幻彙編十二卷 (清)唐再豐撰 清末石印
本(有圖) 四冊

410000－2203－0002159 391.5/12
瀆訂聯詞二卷 (清)孔廣安編輯 清道光二
十一年(1841)京都刻本 二冊

410000－2203－0002160 391.5/15
注解牙牌靈數不分卷 題(清)岳慶山樵著
清光緒石印本 一冊

410000－2203－0002161 391.5/16
對聯滙海十四卷 (清)邱日虹編輯 清同治
二年(1863)敬業堂刻本 四冊

410000－2203－0002162 392.3/1
文房肆攷圖說八卷 (清)唐秉鈞纂 清乾隆
四十三年(1778)唐秉鈞竹暎山莊刻本 四冊

410000－2203－0002163　392.3/2

匋雅二卷　陳瀏著　清宣統二年(1910)上海
朝記書莊石印本　四冊

410000－2203－0002164　392.2/7

硯箋四卷　(宋)高似孫修　清康熙硃抄本
二冊

410000－2203－0002165　392.3/8

墨法集要一卷　(明)沈繼孫撰　清乾隆武英
殿木活字印武英殿聚珍版書本(有圖)　一冊

410000－2203－0002166　392.3/9

各國鐵路圖攷四卷　(清)劉啟彤譯述　清光
緒二十四年(1898)上海書局石印本　八冊

410000－2203－0002167　392.4/1

百獸圖說一卷　(清)韋門道著　清光緒八年
(1882)益智書會刻本　一冊

410000－2203－0002168　392.4/2

高等小學博物教科書三篇　(清)張肇熊繙譯
　清光緒二十九年(1903)上海文明書局鉛印
本(有圖)　一冊

410000－2203－0002169　392.4/3

蠁範八卷　(清)李元撰　清乾隆刻同治十三
年(1874)李錦雲重修本　四冊

410000－2203－0002170　392.4/4

百鳥圖說一卷　(清)□□撰　清光緒八年
(1882)益智書會刻本　一冊

410000－2203－0002171　392.5/1

菊志一卷　(清)何鼎撰　清光緒五年(1879)
蔬香小圃刻本　一冊

410000－2203－0002172　393/1

子書百家一百一種　(清)崇文書局輯　清光
緒元年(1875)湖北崇文書局刻本　一冊　存
四種四卷

410000－2203－0002173　393/2

古逸書十二卷　(明)潘基慶選注　清刻本
六冊

410000－2203－0002174　393.1/3

墨子十六卷篇目考一卷　(戰國)墨翟撰

(清)畢沅校注　清乾隆四十九年(1784)畢氏
靈巖山館刻經訓堂叢書本　四冊

410000－2203－0002175　393.1/3B

墨子十六卷篇目考一卷　(戰國)墨翟撰
(清)畢沅校注　清光緒二年(1876)浙江書局
刻二十二子本　四冊

410000－2203－0002176　393.1/3C

墨子十六卷篇目考一卷　(戰國)墨翟撰
(清)畢沅校注　清光緒二十七年(1901)新化
三味書室刻本　四冊

410000－2203－0002177　393.1/4

墨子六卷　(戰國)墨翟撰　(清)王念孫輯
清道光十一年(1831)刻本　二冊

410000－2203－0002178　393.1/6

御製勸善要言一卷　(清)世祖福臨撰　清光
緒二十三年(1897)河南書局刻本　一冊

410000－2203－0002179　393.1/6

御製勸善要言一卷　(清)世祖福臨撰　清光
緒二十三年(1897)河南書局刻本　一冊

410000－2203－0002180　393.1/6

御製勸善要言一卷　(清)世祖福臨撰　清光
緒二十三年(1897)河南書局刻本　一冊

410000－2203－0002181　393.1/6

御製勸善要言一卷　(清)世祖福臨撰　清光
緒二十三年(1897)河南書局刻本　一冊

410000－2203－0002182　393.1/6

御製勸善要言一卷　(清)世祖福臨撰　清光
緒二十三年(1897)河南書局刻本　一冊

410000－2203－0002183　393.1/6

御製勸善要言一卷　(清)世祖福臨撰　清光
緒二十三年(1897)河南書局刻本　一冊

410000－2203－0002184　393.1/6

御製勸善要言一卷　(清)世祖福臨撰　清光
緒二十三年(1897)河南書局刻本　一冊

410000－2203－0002185　393.1/8

茶香室叢鈔二十三卷續鈔二十五卷三鈔二十
九卷　(清)俞樾撰　清光緒九年(1883)刻本

二十四冊

410000－2203－0002186　393.1/10
居易錄三十四卷　（清）王士禎著　清康熙刻本　八冊

410000－2203－0002187　393.1/11B
游藝錄三卷　（清）蔣子瀟著　清光緒十四年（1888）湖南臬署會心閣刻本　二冊

410000－2203－0002188　393.1/13
退菴隨筆二十二卷　（清）梁章鉅編　清同治十一年（1872）梁恭辰補刻本（卷四至六配抄本）　八冊

410000－2203－0002189　393.1/16
隨園隨筆二十八卷　（清）袁枚著　清刻本　五冊

410000－2203－0002190　393.1/16C
隨園隨筆二十八卷　（清）袁枚著　清隨園刻本　八冊

410000－2203－0002191　393.1/17
歸田瑣記八卷　（清）梁章鉅撰　清道光二十五年（1845）北東園刻本　二冊

410000－2203－0002192　393.1/17B
歸田瑣記八卷　（清）梁章鉅撰　清道光二十五年（1845）北東園刻本　四冊

410000－2203－0002193　393.1/18
郘亭讀書記坿錄二卷　（清）莫友芝著　清刻本　一冊

410000－2203－0002194　393.1/20
郎潛紀聞初筆七卷　（清）陳康祺著　清宣統二年（1910）上海埽葉山房石印本　三冊

410000－2203－0002195　393.1/22
二十二史感應錄二卷　（清）彭希涑錄　清光緒刻本　一冊

410000－2203－0002196　393.1/23
風俗通義十卷　（漢）應劭著　（明）鍾惺評　清刻本　二冊

410000－2203－0002197　393.1/24

玉歷鈔傳警世不分卷　（清）□□傳　清光緒十一年（1885）開封奇文齋刻本（有圖）　一冊

410000－2203－0002198　294.1/15
瀛寰志畧續集四卷末一卷續補一卷　（英國）慕維廉纂輯　（清）陳俠君校訂　清光緒二十三年（1897）新學會堂石印本（有圖）　五冊

410000－2203－0002199　393.1/26
雪心賦正解四卷　（唐）卜應天著　（清）孟浩注　辯論三十篇一卷　（清）孟浩著　清刻本　三冊　存四卷（雪心賦正解二至四、辯論三十篇一卷）

410000－2203－0002200　393.1/28
求闕齋日記類鈔二卷（辛丑正月至辛未六月）　（清）曾國藩撰　（清）王啟原校編　清光緒二年（1876）傳忠書局刻曾文正公全集本　二冊

410000－2203－0002201　393.1/29
求闕齋讀書錄十卷　（清）曾國藩著　（清）王啟原編輯　清光緒二年（1876）傳忠書局刻曾文正公全集本　四冊

410000－2203－0002202　393.1/30－33
子書百家一百一種　（清）崇文書局輯　清光緒元年（1875）湖北崇文書局刻本　四冊　存十種十七卷

410000－2203－0002203　393.1/34
淮南鴻烈解二十一卷　（漢）劉安撰　清刻朱墨套印本　八冊

410000－2203－0002204　393.1/35
金樓子六卷　（南朝梁）元帝蕭繹撰　清光緒元年（1875）湖北崇文書局刻子書百家本　二冊

410000－2203－0002205　393.1/35
金樓子六卷　（南朝梁）元帝蕭繹撰　清光緒元年（1875）湖北崇文書局刻子書百家本　二冊

410000－2203－0002206　393.1/36
山居瑣言一卷　（清）王晉之撰　清光緒七年

(1881)刻本 　一册

410000－2203－0002207　393.1/37

不可不可錄四卷 　(清)姚士堅著 　清道光二
十八年(1848)濟南會文齋刻本 　一册

410000－2203－0002208　393.1/38

富國養民策十六章 　(英國)□□譯 　清光緒
二十四年(1898)石印本 　一册

410000－2203－0002209　393.1/39

增訂安樂銘箴不分卷 　(清)鐵珊注 　清光緒
二十年(1894)鉛印本 　一册

410000－2203－0002210　393.1/41

齊東野語二十卷 　(宋)周密撰 　清末上海掃
葉山房石印本 　六册

410000－2203－0002211　393.1/42

遜志堂雜鈔十卷 　(清)吳翌鳳撰 　清光緒十
三年(1887)吳縣朱氏槐廬家塾刻槐廬叢書本
四册

410000－2203－0002212　393.1/44

身世準繩二卷 　(清)李迪光纂輯 　(清)王海
文鑒定 　清道光二十七年(1847)廣仁堂施種
牛痘局刻本 　二册

410000－2203－0002213　393.1/44

身世準繩二卷 　(清)李迪光纂輯 　(清)王海
文鑒定 　清道光二十七年(1847)廣仁堂施種
牛痘局刻本 　二册

410000－2203－0002214　393.1/44

身世準繩二卷 　(清)李迪光纂輯 　(清)王海
文鑒定 　清道光二十七年(1847)廣仁堂施種
牛痘局刻本 　二册

410000－2203－0002215　393.1/44

身世準繩二卷 　(清)李迪光纂輯 　(清)王海
文鑒定 　清道光二十七年(1847)廣仁堂施種
牛痘局刻本 　二册

410000－2203－0002216　393.1/44

身世準繩二卷 　(清)李迪光纂輯 　(清)王海
文鑒定 　清道光二十七年(1847)廣仁堂施種
牛痘局刻本 　二册

410000－2203－0002217　393.1/45

庸書內篇二卷外篇二卷續富國策四卷 　(清)
陳熾撰 　清光緒二十四年(1898)刻本 　八册

410000－2203－0002218　393.1/46

普天忠憤全集十四卷 　(清)孔廣德編定 　清
光緒二十一年(1895)石印本 　十二册

410000－2203－0002219　393.1/47

校邠廬抗議二卷 　(清)馮桂芬著 　清咸豐十
一年(1861)刻本 　一册

410000－2203－0002220　393.1/48

人譜一卷類記二卷 　(清)劉宗周撰 　清光緒
三十年(1904)上海玉麟書局石印本 　一册

410000－2203－0002221　393.1/51

弟子職音誼一卷 　鍾廣纂集 　清光緒十六年
(1890)刻留垞叢刻本 　一册

410000－2203－0002222　393.1/52

新選近世文牘不分卷 　(清)□□輯 　清末油
印本 　五册

410000－2203－0002223　393.1/53

稟啓零紈四卷 　(清)徐紉裳輯 　清末石印本
一册

410000－2203－0002224　393.1/54

搭題文苑□□卷 　(清)□□輯 　清刻本 　四
册 　存四卷(上論二、四至六)

410000－2203－0002225　393.1/56

讀問學錄一卷 　(清)汪紱著 　清光緒二十年
(1894)刻本 　一册

410000－2203－0002226　393.1/58

古言二卷 　(明)鄭曉撰 　清刻本 　一册 　存
一卷(下)

410000－2203－0002227　393.1/59

更豈有此理四卷 　(清)□□撰 　清嘉慶十九
年(1814)醒目齋刻本 　四册

410000－2203－0002228　393.1/60

國聞報彙編□□卷 　(清)愛穎編輯 　清光緒
二十九年(1903)競化書局鉛印本 　一册 　存
一卷(下)

410000－2203－0002229　393.1/61

蒙學報二十四期　（清）上海蒙學報館編　清光緒三十一年(1905)吳縣汪氏影印本(有圖)　二十四冊

410000－2203－0002230　393.1/62

評注才子古文□□卷　（清）王之績評注　清刻本　一冊　存二卷(歷朝三至四)

410000－2203－0002231　393.1/63

上蔡謝先生語錄三卷　（宋）謝良佐撰　（宋）朱熹輯　**考證一卷**　（□）□□撰　清同治二年(1863)刻本　一冊

410000－2203－0002232　393.1/65

小試鐵網珊瑚集一卷鐵網珊瑚課藝二集一卷三集一卷　（清）周鴻藻等撰　清道光二十五年至三十年(1845－1850)刻本　三冊

410000－2203－0002233　393.1/66

陔余叢考四十三卷　（清）趙翼撰　清乾隆五十五年(1790)湛貽堂刻本　十二冊

410000－2203－0002234　393.1/67

老學庵筆記十卷　（宋）陸游撰　明萬曆會稽商濬半埜堂刻稗海本　四冊

410000－2203－0002235　393.1/67B

老學庵筆記十卷　（宋）陸游撰　（明）商濬校　明刻本　一冊

410000－2203－0002236　393.1/68

論衡三十卷　（漢）王充著　（明）錢震瀧閱　明末錢震瀧刻本　三冊　存二十三卷(一至七、十五至三十)

410000－2203－0002237　393.1/69

池北偶談二十六卷　（清）王士禎著　（清）王廷掄較　清康熙四十年(1701)刻本　八冊

410000－2203－0002238　393.1/70

香祖筆記十二卷　（清）王士禎撰　清康熙四十四年(1705)刻本　六冊

410000－2203－0002239　393.1/71

消閒戲墨二卷　（清）□□撰　清刻本　二冊

410000－2203－0002240　393.1/72

任兆麟述記三卷　（清）任兆麟撰　清光緒三十年(1904)上海書局石印本　一冊

410000－2203－0002241　393.1/74

物理小識十二卷總論一卷　（清）方以智撰　清光緒十年(1884)寧靜堂刻本　六冊

410000－2203－0002242　393.1/75

癸巳存稿十五卷崇祀鄉賢事實一卷　（清）俞正燮撰　清光緒十年(1884)姚清祺刻本　八冊

410000－2203－0002243　393.1/77

夢竹軒筆記二卷　（清）劉士璋撰　清道光十九年(1839)江陵劉氏刻本　一冊

410000－2203－0002244　393.1/78

夢園叢說內篇八卷　（清）方濬頤撰　清光緒申報館鉛印申報館叢書本　二冊

410000－2203－0002245　393.1/80

西學大成十二編　（清）王西清編　清光緒二十一年(1895)上海醉六堂書坊石印本　十二冊

410000－2203－0002246　393.1/81

西學格致大全不分卷　（清）□□編　清光緒二十三年(1897)香港書局石印本(有圖)　十冊

410000－2203－0002247　393.1/81

西學格致大全不分卷　（清）□□編　清光緒二十三年(1897)香港書局石印本(有圖)　十冊

410000－2203－0002248　393.1/82

子華子十卷　（春秋）程本撰　清刻本　二冊

410000－2203－0002249　393.1/83

輟耕錄三十卷　（明）陶宗儀撰　明刻本　六冊　存二十二卷(一至十一、十六至二十六)

410000－2203－0002250　393.2/1

日知錄三十二卷　（清）顧炎武撰　清乾隆六十年(1795)刻本　十六冊

410000－2203－0002251　393.2/2

日知錄集釋三十二卷　（清）顧炎武著　（清）

黃汝成集釋　日知錄刊誤二卷續刊誤二卷
(清)黃汝成撰　清道光刻本　十六冊

410000－2203－0002252　393.2/2B
日知錄集釋三十二卷　(清)顧炎武著　(清)
黃汝成集釋　日知錄刊誤二卷續刊誤二卷
(清)黃汝成撰　清同治十一年(1872)湖北崇
文書局刻本　十六冊

410000－2203－0002253　393.2/2C
日知錄集釋三十二卷　(清)顧炎武著　(清)
黃汝成集釋　日知錄刊誤二卷續刊誤二卷
(清)黃汝成撰　清同治十一年(1872)湖北崇
文書局刻本　十八冊

410000－2203－0002254　393.2/3
校訂困學紀聞集證二十卷　(宋)王應麟撰
(清)程瑤田等箋釋　(清)屠繼序校補　清咸
豐二年(1852)金閶小西山房刻本　十二冊

410000－2203－0002255　393.2/3B
困學紀聞注二十卷　(宋)王應麟撰　(清)翁
元圻注　清咸豐元年(1851)經綸堂刻本　十
六冊

410000－2203－0002256　393.2/3C
困學紀聞二十卷　(宋)王應麟撰　(清)何焯
校　清桐華書塾刻本　八冊

410000－2203－0002257　393.2/4
讀書日記六卷(庚子至戊寅六月)　(清)劉源
淥著　(清)陸師定　(清)馬長淑較　清雍正
刻本　四冊

410000－2203－0002258　393.2/6
中華古今注三卷　(唐)馬縞集　古今注三卷
(晉)崔豹著　(明)吳中珩校　清刻本
一冊

410000－2203－0002259　393.2/12
日知錄集釋三十二卷首一卷　(清)顧炎武撰
(清)黃汝成集釋　日知錄刊誤二卷續刊誤
二卷　(清)黃汝成撰　策學纂要正續編十六
卷　(清)萬南泉　(清)戴莨圃纂要　清光緒
十三年(1887)上海同文書局石印本　四冊

410000－2203－0002260　393.2/13
國朝掌故不分卷　(清)□□編　清光緒三十
年(1904)北洋武備研究所石印本　三冊

410000－2203－0002261　393.3/4
平旦鐘聲二卷　(清)好德書齋編錄　清光緒
十五年(1889)刻本　一冊

410000－2203－0002262　393.3/5
清秘述聞十六卷　(清)法式善編　清嘉慶四
年(1799)刻本　四冊

410000－2203－0002263　393.2/14
容齋隨筆十六卷續筆十六卷三筆十六卷四筆
十六卷五筆十卷　(宋)洪邁撰　明崇禎三年
(1630)嘉定馬元調刻清康熙補刻本　十四冊

410000－2203－0002264　393.3/6
鐵綱珊瑚十七卷　(明)都穆撰　清乾隆二十
三年(1758)都肇斌刻本　四冊

410000－2203－0002265　393.3/7
輓言錄一卷　(清)陳興鈇輯　清同治十年
(1871)刻本　一冊

410000－2203－0002266　393.3/12
續博物志十卷　(宋)李石撰　清光緒元年
(1875)湖北崇文書局刻子書百家本　一冊

410000－2203－0002267　393.3/13
淨土聖賢錄九卷　(清)彭希涑撰　清刻本
二冊

410000－2203－0002268　393.3/14
乘槎筆記二卷　(清)斌椿撰　清同治十年
(1871)醉六堂刻本　二冊

410000－2203－0002269　393.3/15
化學鑑原續編二十四卷補編六卷附一卷
(英國)蒲陸山撰　(英國)傅蘭雅口譯
(清)徐壽筆述　清江南製造總局刻本　十
二冊

410000－2203－0002270　393.3/16
東軒筆錄十五卷　(宋)魏泰撰　(明)商濬校
明刻本　四冊

410000－2203－0002271　393.3/17

鴉片癮戒除法二卷　（清）曹炳章撰　（清）何廉臣評閱　（清）徐承謨校訂　清宣統三年(1911)紹興浙東印刷局鉛印本　二冊

410000－2203－0002272　393.3/18

鍾伯敬批點世說新語補二十卷釋名一卷　(南朝宋)劉慶義撰　(南朝梁)劉孝標注　(南朝宋)劉辰翁批　(明)何良俊增　(明)王世貞刪定　(明)王世懋批釋　(明)鍾惺批點　(明)張文柱校注　明萬曆刻本　八冊

410000－2203－0002273　393.5/1

玉芝堂談薈三十六卷　（明）徐應秋輯　清蒨園刻本　三十六冊

410000－2203－0002274　393.5/2

尤西川先生擬學小記六卷　（明）尤時熙撰　(明)李根編次　(明)孟化鯉校錄　續錄九卷　（明）尤時熙著　(明)孟化鯉輯　清同治三年(1864)洛陽秦竹人刻本　四冊

410000－2203－0002275　393.5/3

勸學淺語一卷　（清）沈源深著　清光緒二十五年(1899)福州致用書院刻本　一冊

410000－2203－0002276　393.5/5

東社讀史隨筆二卷　題(清)獨醒主人撰　清光緒三十一年(1905)刻本　二冊

410000－2203－0002277　393.5/4

奇冤紀聞二卷　（清）游春澤編　清光緒二十四年(1898)上海飛鴻閣石印本　二冊

410000－2203－0002278　393.5/6

騙術奇談四卷　雷君曜編　清宣統元年(1909)上海掃葉山房石印本(有圖)　四冊

410000－2203－0002279　393.5/6B

騙術奇談四卷　雷君曜編　清宣統元年(1909)上海掃葉山房石印本(有圖)　四冊

410000－2203－0002280　393.5/7

讀書樂趣八卷　（清）伍涵芬定　清嘉慶十六年(1811)華日堂刻本　五冊

410000－2203－0002281　393.5/7B

讀書樂趣八卷　（清）伍涵芬定　清嘉慶十六

年(1811)華日堂刻本　四冊

410000－2203－0002282　393.5/8

叩缽齋纂行廚集十八卷　（清）李之澎　（清）王建封輯　清康熙三十五年(1696)學山堂刻本　二十三冊

410000－2203－0002283　393.5/9

書記循覽五卷　（清）宋體淳編輯　清道光十八年(1838)點易山房刻本　二冊

410000－2203－0002284　393.5/9

書記便檢四卷　（清）宋體淳編輯　清道光十八年(1838)點易山房刻本　二冊

410000－2203－0002285　393.5/11

吟香書屋雜集不分卷　（清）黃芳撰　清末抄本　一冊

410000－2203－0002286　393.5/13

博物志十卷　（晉）張華撰　清光緒元年(1875)湖北崇文書局刻本　一冊

410000－2203－0002287　393.5/14

秋香籍二卷　（清）黃樊振輯　清光緒二十九年(1903)河南衛輝府封丘縣三友堂刻本　一冊

410000－2203－0002288　393.5/16

關帝覺世真經本證訓案闡化編十六卷首一卷　（清）徐謙纂輯　清刻本　二冊　存五卷(八至十、十三至十四)

410000－2203－0002289　393.5/15

九天開化主宰元皇司錄宏仁文昌帝君陰騭文注案四卷首一卷末一卷續編一卷　（明）顏正廷注釋　（清）顏文瑞補案　清乾隆刻本　一冊　存四卷(三至四、末一卷、續編一卷)

410000－2203－0002290　393.5/17

繪圖古今眼前報四卷　（清）吳鑑芳編　清末石印本　一冊　存一卷(三)

410000－2203－0002291　393.5/15

九天開化主宰元皇司錄宏仁文昌帝君陰騭文注案四卷　（明）顏正廷注釋　（清）顏文瑞補案　清道光十三年(1833)刻本　一冊　存一

卷（一）

410000－2203－0002292　393.5/18

覺世金鑑不分卷　（清）□□輯　清道光二十五年（1845）刻本　一冊

410000－2203－0002293　393.5/19

勝國文徵四卷　（清）楊家麟輯　清咸豐三年（1853）刻本　二冊

410000－2203－0002294　394.1/1

皇極經世六十卷附編三卷補編一卷　（宋）邵雍著　（清）俞長贊鑒定　（清）王宗嶧校訂　清咸豐元年（1851）刻本（有圖）　十二冊

410000－2203－0002295　394.1/1B

皇極經世六十卷附編三卷補編一卷　（宋）邵雍著　（清）俞長贊鑒定　（清）王宗嶧校訂　清咸豐元年（1851）洛陽安樂窩刻光緒十九年（1893）邵毓嵩補刻本（有圖）　十二冊

410000－2203－0002296　394.1/4

形學備旨十卷　（美國）狄考文選譯　（清）鄒立文筆述　清光緒三十年（1904）上海美華書館鉛印本（有圖）　二冊

410000－2203－0002297　394.1/3

大六壬課經集　（清）郭載騋輯　清順治刻本　十三冊

410000－2203－0002298　394.2/1

管窺輯要八十卷　（清）黃鼎纂　清刻本（有圖）　七冊　存九卷（九至十五、二十、五十二）

410000－2203－0002299　394.2/2

寶鏡圖不分卷　（三國蜀）諸葛亮著　清嘉慶七年（1802）金陵貴文堂刻本（有圖）　一冊

410000－2203－0002300　394.2/3

新刻合併十八飛星策天紫微斗數全集六卷　（宋）陳摶著　清刻本（有圖）　三冊　存五卷（二至六）

410000－2203－0002301　394.2/2

諏吉便覽不分卷　（清）俞榮寬編　清嘉慶二

十二年（1817）金陵貴文堂刻本（有圖）　二冊

410000－2203－0002302　394.2/2B

寶鏡圖不分卷　（三國蜀）諸葛亮著　清嘉慶八年（1803）刻本（有圖）　一冊

410000－2203－0002303　394.3/1

焦氏易林四卷　（漢）焦贛撰　清光緒元年（1875）湖北崇文書局刻子書百家本　四冊

410000－2203－0002304　394.3/3

新刻增定邵康節先生梅花觀梅拆字數全集五卷　（宋）邵雍著　清善成堂刻本　一冊

410000－2203－0002305　394.3/2

字觸六卷　周亮工輯　題（清）青溪蘿隱校　清懷德堂刻本　四冊　存五卷（二至六）

410000－2203－0002306　394.3/3B

新刻增定邵康節先生梅花觀梅拆字數全集五卷　（宋）邵雍著　清經元堂刻本　四冊

410000－2203－0002307　394.3/10

河洛理數七卷　（宋）陳摶著　（宋）邵雍述重訂　（明）史應選重訂　清刻本　一冊　存一卷（三）

410000－2203－0002308　394.3/8

大六壬尋原四卷　（清）尹希吉增補　清刻本　一冊　存一卷（審象精蘊一卷）

410000－2203－0002309　394.3/11

新訂王氏羅涇透解二卷　（清）王道亨輯錄　清道光三年（1823）上海普通書局石印本　一冊

410000－2203－0002310　394.3/13

乾坤法竅三卷陰符玄解一卷　（清）范宜賓撰　清乾隆刻本（有圖）　五冊

410000－2203－0002311　394.5/2

詳解袁先生秘傳相法全編三卷　（明）袁柳莊撰　清道光二十一年（1841）刻本（有圖）　三冊

410000－2203－0002312　394.5/4

改良校正增釋合併麻衣先生神相編五卷　題（宋）麻衣道人撰　清光緒三十四年（1908）上

海錦章圖書局石印本(有圖)　四冊

410000－2203－0002313　394.6/1

陽宅愛眾篇四卷　(清)張覺正著　清光緒五年(1879)刻本(有圖)　四冊

410000－2203－0002314　394.5/5

新鐫許真君玉匣記增補諸家選擇日用通書二卷　(清)朱說霖重校　清康熙二十三年(1684)書業德刻本(有圖)　二冊

410000－2203－0002315　394.6/2

陽宅大全八卷　題(明)一壑居士集　明萬曆新安吳氏刻本(有圖)　三冊

410000－2203－0002316　393.5/20

清宧齋心賞編一卷　(明)王象晉輯　清初刻本　一冊

410000－2203－0002317　394.6/3

重鐫官板地理天機會元體用括要三十五卷　(唐)顧乃德集　清校經山房石印本(有圖)　四冊

410000－2203－0002318　394.6/4

地理錄要四卷　(清)蔣平楷著　清嘉慶十一年(1806)刻本(有圖)　五冊　存三卷(一至三)

410000－2203－0002319　394.5/1B

新鐫神峯張先生通考闢謬命理正宗大全六卷　(明)張楠著集　(明)杜春芳校正　(明)郭希文等彙編　(明)郭世科等謄寫　(明)郭子章發行　清敦化堂刻本　八冊

410000－2203－0002320　394.6/5

增補地理直指原真三卷首一卷　(清)釋如玉(清)釋徹瑩著　清宣統三年(1911)鉛印本(有圖)　一冊

410000－2203－0002321　394.6/6

地理五訣八卷　(清)趙廷棟著　(清)王庸弼(清)張含章糸著　清道光十四年(1834)二鬱堂刻本(有圖)　一冊

410000－2203－0002322　394.6/7

新刊地理五經四書解義郭璞葬經二卷　(晉)郭璞撰　(清)吳徵刪定　(清)鄭謚注　清刻本(有圖)　一冊　存一卷(下)

410000－2203－0002323　394.6/8

新刻訂正原版劉氏家藏二十四山造葬全書八卷　(清)劉春沂著　清康熙二十三年(1684)刻本(有圖)　二冊　存二卷(一、八)

410000－2203－0002324　394.6/10

山法全書十九卷　(清)葉泰撰　清刻本　一冊　存二卷(十五至十六)

410000－2203－0002325　394.7/2

池上草堂筆記八卷　(清)梁泰辰著　清同治十二年(1873)開封藝文堂刻本　八冊

410000－2203－0002326　394.7/2

池上草堂筆記八卷　(清)梁泰辰著　清同治十二年(1873)開封藝文堂刻本　八冊

410000－2203－0002327　394.7/2

池上草堂筆記八卷　(清)梁泰辰著　清同治十二年(1873)開封藝文堂刻本　八冊

410000－2203－0002328　394.7/2B

池上草堂筆記八卷　(清)梁泰辰著　清同治十二年(1873)開封藝文堂刻本　八冊

410000－2203－0002329　394.6/11

易林四卷　(漢)焦贛撰　明崇禎刻本　三冊　存三卷(二至四)

410000－2203－0002330　394.6/12

焦氏易林四卷　(漢)焦贛撰　明毛氏汲古閣刻本　四冊

410000－2203－0002331　395/2B

三教真傳六十章　(清)□□輯　清宣統三年(1911)天津聚文堂刻本　六冊

410000－2203－0002332　395/6

淨土四經四卷　(清)魏承貫編　清同治五年(1866)刻本　一冊

410000－2203－0002333　395/7

廣野歸原寶筏不分卷　題(清)浩然祖師撰　清光緒二十四年(1898)刻本　一冊

410000－2203－0002334　395/4

五燈會元二十卷　（宋）釋普濟輯　清光緒三十二年(1906)貴池劉世珩刻本　十二冊

410000－2203－0002335　395/8

四教考略四卷　（英國）季理斐譯　清光緒二十六年(1900)鉛印本　一冊

410000－2203－0002336　395.1/2

大方廣佛新華嚴經合論一百二十卷首一卷（唐）釋實義難陀譯經　（唐）李通玄造論（唐）釋志寧釐經合論　清道光劉翰清刻本（有圖）　三十冊

410000－2203－0002337　395.1/3

救生船四卷末一卷　（清）□□撰　清光緒二年(1876)養玉齋刻本　四冊

410000－2203－0002338　395.1/4

成唯識論十卷　（唐）釋玄奘譯　清光緒二十二年(1896)刻本　二冊

410000－2203－0002339　395.1/3B

救生船四卷末一卷　（清）□□撰　清光緒七年(1881)開封樂善局生花齋刻本　四冊

410000－2203－0002340　395.1/5

高僧傳十三卷　（南朝梁）釋慧皎撰　清道光二十七年(1847)刻本　四冊

410000－2203－0002341　395.1/8

靈峰蕅益大師選定淨土十要十卷　（明）釋智旭解　（清）釋成時評點節略　清光緒二十年(1894)揚州刻本　四冊

410000－2203－0002342　395.1/8B

靈峰蕅益大師選定淨土十要十卷　（明）釋智旭解　（清）釋成時評點節略　徹悟禪師語錄二卷　（清）釋了亮集　清光緒二十年(1894)揚州刻本　五冊

410000－2203－0002343　395.1/12

金剛經一卷心經一卷　（清）喻梅校正　（清）梅啟熙重訂　清道光二十二年(1842)同善堂刻本（有圖）　一冊

410000－2203－0002344　395.1/9

楞伽阿跋多羅寶經注解四卷　（南朝宋）釋求那跋多羅譯　（明）釋宗泐　（明）釋如巹注清光緒四年(1878)長沙刻經處刻本　二冊

410000－2203－0002345　395.1/13

徹悟禪師語錄二卷　（清）釋了亮等集　清嘉慶元年(1796)刻本　一冊

410000－2203－0002346　395.1/14

至寶錄內篇二卷外篇二卷　題（清）凝瑞堂主人輯　清道光二十九年(1849)刻本　四冊

410000－2203－0002347　395.1/17

大乘起信論直解二卷　（明）釋德清直解　清光緒十六年(1890)金陵刻經處刻本　一冊

410000－2203－0002348　395.1/18

大方等如來藏經一卷　（晉）釋佛陀跋陀羅譯清光緒二十二年(1896)金陵刻經處刻本　一冊

410000－2203－0002349　395.1/20

翻譯名義集二十卷　（宋）釋法雲編　清光緒四年(1878)金陵刻經處刻本　六冊

410000－2203－0002350　395.1/19

妙法蓮華經大成九卷　（後秦）釋鳩摩羅什譯（清）釋大義集　清刻本　八冊　存八卷（一至八）

410000－2203－0002351　395.1/21

相宗八要解八卷　（唐）釋玄奘譯　（明）釋明昱集解　清光緒二十八年(1902)金陵刻經處刻本　三冊

410000－2203－0002352　395.1/22

大方廣圓覺脩多羅了義經近釋六卷　（明）釋通潤述　清光緒十二年(1886)金陵刻經處刻本　二冊

410000－2203－0002353　395.1/23

大方廣圓覺脩多羅了義經二卷　（唐）釋佛陀多羅譯　清同治八年(1869)金陵刻經處刻本　一冊

410000－2203－0002354　395.1/24

顯密圓通成佛心要集二卷　（遼）釋道殿集

清同治十一年(1872)金陵刻經處刻本　一冊

410000－2203－0002355　395.1/26

金剛般若波羅密經一卷心經一卷　（後秦）釋
鳩摩羅什譯　清末刻本　一冊

410000－2203－0002356　395.1/31

異方便淨土傳燈歸元鏡三祖實錄二卷　（清）
釋智達撰　清光緒十八年(1892)石印本(有
圖)　一冊

410000－2203－0002357　395.1/32

金剛般若波羅密經二卷　（後秦）釋鳩摩羅什
譯　清咸豐四年(1854)河南佛學社刻本(有
圖)　一冊

410000－2203－0002358　395.1/30

太上感應篇圖說八卷　（宋）李昌齡撰　（元）
陳堅圖說　（清）許纘曾纂輯　（清）黃正元增
補　（清）毛金蘭續補　（清）王龍池纂訂　清
光緒十八年(1892)上海鴻文書局石印本(有
圖)　八冊

410000－2203－0002359　395.1/33

牟子一卷　（漢）牟融撰　**古今注三卷**　（晉）
崔豹撰　清光緒元年(1875)湖北崇文書局刻
子書百家本　一冊

410000－2203－0002360　395.1/32E

**金剛般若波羅蜜經注解一卷般若波羅蜜多心
經注解一卷**　（後秦）釋鳩摩羅什　（唐）釋玄
奘譯　（明）釋宗泐　（明）釋如玘注　清光緒
二年(1876)長沙刻經處刻本　一冊

410000－2203－0002361　395.1/34

高王觀世音菩薩經一卷　（北魏）孫敬德傳
清光緒十六年(1890)開封聚文齋刻本(有圖)
　一冊

410000－2203－0002362　395.1/36

大悲神咒不分卷　（唐）釋達摩譯　清光緒二
十九年(1903)開封朱聚文齋刻本(有圖)
一冊

410000－2203－0002363　395.1/36

大悲神咒不分卷　（唐）釋達摩譯　清光緒二

十九年(1903)開封朱聚文齋刻本(有圖)
一冊

410000－2203－0002364　395.1/38

樂邦早課不分卷　（清）□□輯　清末開封馬
集文齋刻本　一冊

410000－2203－0002365　395.1/38B

樂邦早課不分卷　（清）□□輯　清刻本
一冊

410000－2203－0002366　395.1/32F

**金剛般若波羅密經直解一卷增訂金剛經證果
一卷**　（後秦）釋鳩摩羅什譯　清同治二年
(1863)沁陽邵桂芳刻字補刻本　一冊

410000－2203－0002367　395.1/39

佛說阿彌陀經一卷　（後秦）釋鳩摩羅什譯
清光緒十五年(1889)金陵刻經處刻本　一冊

410000－2203－0002368　395.1/40

佛說阿彌陀經疏鈔四卷　（明）釋袾宏述　清
末商務印書館鉛印本　一冊　存二卷(三至
四)

410000－2203－0002369　395.1/41

太上玄靈北斗本命延生真經不分卷　（□）
□□撰　清咸豐十年(1860)刻本(有圖)
一冊

410000－2203－0002370　395.1/42

斗母元尊九皇真經不分卷　（□）□□撰　清
同治二年(1863)刻本(有圖)　一冊

410000－2203－0002371　395.1/45

大佛頂首楞嚴神咒不分卷　（□）□□撰　清
末抄本　一冊

410000－2203－0002372　395.1/46

達摩寶卷一卷　題(清)青陽山人校訂　清宣
統元年(1909)刻本　一冊

410000－2203－0002373　395.1/47

佛祖心要節錄二卷　（□）□□撰　清同治五
年(1866)甯波府淨土菴刻本　一冊

410000－2203－0002374　395.1/44

千手千眼觀世音菩薩廣大圓滿無礙大悲心陀

羅尼經一卷大悲心□像解一卷千手千眼法寶真言圖一卷 （唐）釋伽梵達摩譯　千手千眼大悲心□行法一卷 （宋）知禮集　千手千眼大悲心□懺法一卷 （□）□□撰　清刻本　一冊

410000 – 2203 – 0002375　395.1/50

觀音濟度本願真經二卷 （□）□□撰　清刻本　一冊　存一卷（下）

410000 – 2203 – 0002376　395.1/51

高王觀世音經一卷 （北魏）孫敬德傳　清光緒刻本　一冊

410000 – 2203 – 0002377　395.1/55

和聲鳴盛一卷 （英國）哈提氏撰 （英國）季理斐譯　清光緒二十六年（1900）上海廣學會鉛印本　一冊

410000 – 2203 – 0002378　395.1/57

呂祖彙集三十四卷附十四卷 （唐）呂巖撰　清刻本　六冊　存十四卷（附十四卷）

410000 – 2203 – 0002379　395.1/67

成唯識論隨疏十卷 （清）釋明善隨注 （清）釋慧善繼述　清嘉慶十四年（1809）刻本　五冊

410000 – 2203 – 0002380　395.1/60

禪海十珍集一卷 （清）釋道需集　清光緒刻本　一冊

410000 – 2203 – 0002381　395.1/69

龍舒淨土文十卷首一卷末一卷 （宋）王日休撰　清光緒九年（1883）金陵刻經處刻本　一冊

410000 – 2203 – 0002382　395.1/68

皇極金丹九蓮正信皈真還鄉寶卷二卷 （清）黃九祖著　清宣統元年（1909）刻本　一冊

410000 – 2203 – 0002383　395.2/3

薰風瑤琴錄八集三十二卷 （清）□□撰　清末中州樂善局刻本　八冊

410000 – 2203 – 0002384　395.2/1

天僊正理直論增注二卷仙佛合宗一卷 （明）伍守陽撰并注 （明）伍守虛注　清宣統二年（1910）善成堂刻本　一冊

410000 – 2203 – 0002385　395.2/2

一元真宰十卷 （清）慈雲壇著　清同治六年（1867）刻本　八冊

410000 – 2203 – 0002386　395.2/1

慧命经一卷金僊證論一卷 （清）柳華陽撰　清宣統二年（1910）善成堂刻本　一冊

410000 – 2203 – 0002387　395.2/4

太上感應篇直講不分卷 （宋）李昌齡撰　清宣統元年（1909）開封朱聚文齋刻本　一冊

410000 – 2203 – 0002388　395.2/7

陰騭文像注四卷 （清）吳銓撰　清道光四年（1824）李天錫刻本（有圖）　四冊

410000 – 2203 – 0002389　395.2/8

唱道真言五卷　題（清）鶴臞子編　清嘉慶二十四年（1819）刻本　五冊

410000 – 2203 – 0002390　395.2/10

太上感應篇增訂圖說不分卷 （清）朱日豐輯 （清）鐵珊增訂　清同治十三年（1874）蘭州郡署刻本（有圖）　十二冊

410000 – 2203 – 0002391　395.2/11

太上感應篇圖說八卷首一卷 （宋）李昌齡撰　清光緒七年（1881）刻本　八冊

410000 – 2203 – 0002392　395.1/61

宗門頌古摘珠二十八卷 （清）釋淨符集　清康熙八年（1669）刻本　六冊

410000 – 2203 – 0002393　395.2/13

重刊道藏輯要之金華宗旨不分卷 （唐）呂洞賓（呂巖）著　清刻本　一冊

410000 – 2203 – 0002394　395.1/62

續傳燈錄三十六卷 （明）釋居頂撰　明崇禎八年至九年（1635 – 1636）嘉興府楞嚴寺經坊刻本　八冊

410000 – 2203 – 0002395　395.1/63

楞嚴說通十卷 （清）劉道開纂　清乾隆五十年（1785）刻本　十冊

410000－2203－0002396　395.2/16

感應篇引經箋注不分卷　(清)惠棟注　清同治刻本　一冊

410000－2203－0002397　395.2/15

太上感應篇注案不分卷　(□)□□撰　清刻本　一冊

410000－2203－0002398　395.1/64

五燈會元二十卷　(宋)釋普濟撰　明嘉靖刻遞修本　四冊　存十卷(十一至二十)

410000－2203－0002399　395.1/65

圓悟禪師評唱雪竇和尚頌古碧巖錄十卷　(宋)釋雪竇頌古　(宋)釋圓悟評唱　(宋)釋性一閱　明徐大茳等刻本　四冊

410000－2203－0002400　395.2/19

神室八法一卷修真九要一卷　(清)劉一明著　(清)張陽全校閱　清光緒六年(1880)刻本　一冊

410000－2203－0002401　395.2/20

竈君靈驗神籤一卷　(清)□□撰　清光緒十一年(1885)刻本(有圖)　一冊

410000－2203－0002402　395.1/66

成唯識論直指十卷成唯識論直指科一卷　(明)釋普真貴述　明崇禎刻本　十一冊

410000－2203－0002403　395.2/21

呂祖師度何仙姑因果卷二卷　(清)□□撰　清宣統三年(1911)刻本(有圖)　一冊

410000－2203－0002404　395.2/22

率性闡微一卷　題(清)素陽子著　清道光二十九年(1849)刻本　一冊

410000－2203－0002405　395.2/23

列仙傳二卷　(漢)劉向撰　(明)吳琯校　明刻本　一冊

410000－2203－0002406　395.2/27

關聖帝君明聖經一卷明聖經靈籤圖一卷　(□)□□撰　清光緒十九年(1893)開封文益齋刻本(有圖)　一冊

410000－2203－0002407　395.3/3

清真居正不分卷　(清)馬自寶輯　清光緒二十三年(1897)刻本　一冊

410000－2203－0002408　395.2/24

漆園指通三卷　(清)釋瀞挺著　(清)文德翼閱　清康熙刻本　一冊

410000－2203－0002409　395.3/1

過陰符不分卷　(清)蔡珠光錄　清抄本　一冊

410000－2203－0002410　395.3/4

關聖帝君應驗明聖真經二卷　(□)□□撰　清光緒八年(1882)刻本　二冊

410000－2203－0002411　395.3/6

無上虛空地母玄化養生保命真經一卷太上老君說五穀妙經一卷眼光真經一卷　(□)□□撰　清宣統元年(1909)刻本(有圖)　一冊

410000－2203－0002412　395.3/6B

地母真經一卷　(□)□□撰　清光緒九年(1883)萬華閣刻本　一冊

410000－2203－0002413　395.3/7

萬物真原一卷天主降生引義二卷　(意大利)艾儒畧述　清光緒十三年(1887)上海慈母堂鉛印本(有圖)　一冊

410000－2203－0002414　396/3

淵鑒類函四百五十卷目錄四卷　(清)張英等纂　清光緒十三年(1887)上海同文書局石印本　四十八冊

410000－2203－0002415　396/2

佩文韻府一百六卷拾遺一百六卷　(清)張玉書等纂修　清光緒十三年(1887)上海點石齋石印本　六十冊

410000－2203－0002416　396/2B

佩文韻府一百六卷拾遺一百六卷　(清)張玉書等纂修　清光緒十二年(1886)上海同文書局石印本　六十冊

410000－2203－0002417　396/2C

佩文韻府一百六卷拾遺一百六卷　(清)張玉書纂修　清光緒八年(1882)上海點石齋石印

本　十冊

410000－2203－0002418　396/4

新增說文韻府群玉二十卷　（元）陰時夫編輯
（元）陰中夫編注　（明）王元貞校正　清康
熙文光堂刻本　二十四冊

410000－2203－0002419　396/4B

新增說文韻府群玉二十卷　（元）陰時夫編輯
（元）陰中夫編注　（明）王元貞校正　清崇
文堂刻本　二十冊

410000－2203－0002420　396/4C

新增說文韻府群玉二十卷　（元）陰時夫編輯
（元）陰中夫編注　（明）王元貞校正　明大
文堂刻本　二十冊

410000－2203－0002421　396/4D

新增說文韻府群玉二十卷　（元）陰時夫編輯
（元）陰中夫編注　（明）王元貞校正　清康
熙五十五年（1716）文盛堂、天德堂刻本　二
十冊

410000－2203－0002422　396/5

子史精華一百六十卷　（清）允祿等纂修　清
雍正五年（1727）武英殿刻本　四十八冊

410000－2203－0002423　396/5C

子史精華一百六十卷　（清）允祿等纂修　清
光緒二十二年（1896）上海寶文書局石印本
四冊

410000－2203－0002424　396/5D

子史精華一百六十卷　（清）允祿等纂修　清
光緒石印本　二冊　存三十卷（一至三十）

410000－2203－0002425　396/5B

子史精華一百六十卷　（清）允祿等纂修　清
雍正五年（1727）刻乾隆畢沅補刻本　四十
八冊

410000－2203－0002426　396/5E

子史精華一百六十卷　（清）允祿等纂修　清
光緒十年（1884）上海同文書局石印本　八冊

410000－2203－0002427　396/6

古事比五十二卷　（清）方中德輯　清光緒十

八年（1892）上海點石齋石印本　六冊

410000－2203－0002428　396/6B

古事比五十二卷　（清）方中德輯著　（清）王
梓較　清光緒十三年（1887）上海點石齋石印
本　六冊

410000－2203－0002429　396/7B

廣事類賦四十卷　（清）華希閔著　（清）鄒兆
升糸　清康熙三十八年（1699）刻本　八冊

410000－2203－0002430　396/7

重訂廣事類賦四十卷　（清）華希閔著　（清）
華希閔重訂　（清）鄒升恒糸　清經元堂刻本
十冊

410000－2203－0002431　396/7

重訂廣事類賦四十卷　（清）華希閔著　（清）
華希閔重訂　（清）鄒升恒糸　清經元堂刻本
十冊

410000－2203－0002432　396/7C

廣事類賦四十卷　（清）華希閔著　（清）鄒兆
升糸　清乾隆二十九年（1764）刻本　八冊

410000－2203－0002433　396/7D

重訂廣事類賦四十卷　（清）華希閔著　（清）
華希閔重訂　（清）鄒升恒糸　清同治十年
（1871）邵州經綸堂刻本　十二冊

410000－2203－0002434　396/7E

廣廣事類賦三十二卷　（清）吳世旂撰注　清
三讓堂刻本　八冊

410000－2203－0002435　396/7G

重訂廣事類賦四十卷　（清）華希閔著　（清）
華希閔重訂　（清）鄒升恒糸　清經國堂刻本
十冊

410000－2203－0002436　396/7F

廣事類賦四十卷　（清）華希閔著　清康熙三
十八年（1699）劍光閣刻本　八冊

410000－2203－0002437　396/8

廣廣事類賦三十二卷　（清）吳世旂撰注
（清）吳學洙參訂　清大文堂刻本　八冊

410000－2203－0002438　396/9

文家稽古編十卷首一卷　（清）王乾輯　（清）劉旂錫纂　（清）程夢元纂　清乾隆慎詒堂刻本　十冊

410000－2203－0002439　396/7F

廣事類賦四十卷　（清）華希閔著　（清）鄒兆升条　清康熙三十八年(1699)致和堂刻本　八冊

410000－2203－0002440　396/12

宋稗類鈔八卷　（清）李宗孔輯　（清）周瑞岐　（清）李仙根校　清康熙刻本　八冊

410000－2203－0002441　396/10B

增補事類統編九十三卷　（清）黃葆真增補　清光緒十四年(1888)上海積山書局石印本　十二冊

410000－2203－0002442　396/13

宋稗類鈔三十六卷　（清）潘永因編　清宣統三年(1911)上海藜光社石印本　十二冊

410000－2203－0002443　396/14

讀書紀數略五十四卷　（清）宮夢仁輯　清康熙四十六年至四十七年(1707－1708)維揚宮夢仁刻本　八冊

410000－2203－0002444　396/15

新刻重校增補圓機活法詩學全書二十四卷　（明）王世貞校正　（明）楊淙条閱　（明）蔣先庚重訂　清文盛堂刻本　十六冊

410000－2203－0002445　396/17

資治新書初集十四卷首一卷二集二十卷　（清）李漁輯　清光緒二十年(1894)上海圖書集成印書局鉛印本　十二冊

410000－2203－0002446　396/15B

新刊校正增補圓機詩韻活法全書十四卷　（明）王世貞增校　（明）蔣先庚重訂　清文盛堂刻本　八冊

410000－2203－0002447　396/17B

資治新書十四卷首一卷　（清）李漁輯　清尚德堂刻本　八冊

410000－2203－0002448　396/18

詩句題解韻編六卷　（清）陳維屏纂輯　（清）王茂松鑒定　清道光十七年(1837)棠芬書屋刻本　六冊

410000－2203－0002449　396/17D

資治新書十四卷首一卷　（清）李漁輯　清芥子園刻本　八冊

410000－2203－0002450　396/17C

資治新書二集二十卷　（清）李漁輯　清芥子園刻本　十六冊

410000－2203－0002451　396/19

王先生十七史蒙求十六卷　（宋）王逢原撰　清道光二十八年(1848)大文堂刻本　四冊

410000－2203－0002452　396/21

詩學含英十四卷　（清）劉文蔚輯　（清）向焄增　清道光十三年(1833)蔭香堂刻本　二冊

410000－2203－0002453　396/20

學文彙典二卷　（清）鄭文煥彙訂　清嘉慶元年(1796)崇文堂刻本　一冊

410000－2203－0002454　396/22

敏求機要十六卷　（元）劉實撰　（元）劉茂實注　清光緒二十六年(1900)秦中官書局刻本　四冊

410000－2203－0002455　396/23

類類聯珠初編三十二卷二編十二卷　（清）李堅編　（清）李椿林增補　清同治十年(1871)聚盛堂刻本　十冊

410000－2203－0002456　396/24

鑄史駢言十二卷　（清）孫玉田編　清光緒三十一年(1905)上海文興石印書局石印本　二冊

410000－2203－0002457　396/25

錦字箋四卷　（清）黃澐纂　清聚錦堂刻本　四冊

410000－2203－0002458　396/25B

錦字箋四卷　（清）黃澐纂　清光緒六年(1880)掃葉山房刻本　四冊

410000－2203－0002459　396/26

省軒考古類編十二卷 （清）柴紹炳纂 （清）姚廷謙評 清雍正三年(1725)澹成堂刻本 六冊

410000－2203－0002460 396/27

古香齋鑒賞袖珍初學記三十卷 （唐）徐堅等撰 清刻本 十二冊

410000－2203－0002461 396/27B

古香齋鑒賞袖珍初學記三十卷 （唐）徐堅等撰 清刻本 十二冊

410000－2203－0002462 396/28

增廣試帖詩海三十二卷 題(清)經訓堂主人選輯 清光緒十四年(1888)石印本 八冊

410000－2203－0002463 396/29

詩韻含英十八卷 （清）劉文蔚輯 清乾隆二十三年(1758)大盛堂刻本 二冊

410000－2203－0002464 396/27C

初學記三十卷 （唐）徐堅等撰 （明）陳大科校 明萬曆二十五年至二十六年(1597－1598)維揚陳大科刻本 一冊 存三卷(一至三)

410000－2203－0002465 396/30

詩韻集成十卷 （清）余照輯 清光緒十二年(1886)經文堂刻本 四冊

410000－2203－0002466 396/27C

初學記三十卷 （唐）徐堅等撰 明嘉靖十年(1531)錫山安國桂坡館刻本 七冊 存十五卷(七至八、十二至十三、二十至三十)

410000－2203－0002467 396/30B

詩韻集成十卷 （清）余照輯 清光緒四年(1878)寶興堂刻本 四冊

410000－2203－0002468 396/30C

詩韻集成十卷 （清）余照輯 清文奎堂刻本 一冊

410000－2203－0002469 396/26B

省軒考古類編十二卷 （清）柴紹炳纂 （清）姚廷謙評 （清）汪琬等參 （清）高纘勳等訂 （清）高謙等校 清雍正四年(1726)鐵嶺高

氏雲間刻本 四冊

410000－2203－0002470 396/31

寄傲山房塾課新增幼學故事瓊林四卷首一卷 （清）程登吉撰 （清）鄒聖脉增補 （清）謝梅林等參訂 清光緒三十年(1904)寶慶勸學書舍刻本(有圖) 四冊

410000－2203－0002471 396/32

初學行文語類四卷 （清）孫埏編輯 （清）孫銈等纂 清乾隆十五年(1750)刻本(有圖) 二冊

410000－2203－0002472 396/33

育正堂重訂幼學須知句解四卷 （清）錢元龍校梓 清乾隆二十二年(1757)京江錢恕齋刻本 四冊

410000－2203－0002473 396/36

文學典林六卷 （清）鄭文煥彙訂 清大興堂刻本 二冊

410000－2203－0002474 396/37

新鐫分類評注文武合編百子金丹十卷 （明）郭偉選注 （明）王星聚校訂 （明）郭中吉編次 清光緒二十一年(1895)百尺山房刻本 十冊 存九卷(一至四、六至十)

410000－2203－0002475 396/38

山堂肆考二百二十八卷補遺十二卷 （明）彭大翼纂著 （明）張幼學編輯 （明）焦竑等校 明萬曆梅墅石渠閣刻本 十二冊 存五十二卷(宮集一至四十八、徵集十四至十七)

410000－2203－0002476 396/37B

新鐫分類評注文武合編百子金丹十卷 （明）郭偉選注 （明）王星聚校訂 （明）郭中吉編次 清乾隆八年(1743)經綸堂刻本 十二冊

410000－2203－0002477 396/37C

新鐫分類評注文武合編百子金丹十卷 （明）郭偉選注 （明）王星聚校訂 （明）郭中吉編次 清光緒二十九年(1903)上海斌記石印本 七冊

410000－2203－0002478 396/42

廣學類編十二卷 （英國）唐蘭孟編輯 （英國）李提摩太鑒定 （清）任廷旭譯 清光緒二十七年(1901)上海廣學會石印本 六冊

410000－2203－0002479 396/43

角山樓增補類腋六十七卷 （清）姚培謙撰 （清）趙克宜補輯 清光緒二十年(1894)上海萬選書局石印本 六冊

410000－2203－0002480 396/41

事類賦三十卷 （宋）吳淑撰注 清劍光閣刻本 五冊 存二十五卷(一至十四、二十至三十)

410000－2203－0002481 396/41B

重訂事類賦三十卷 （宋）吳淑撰注 清道光二十三年(1843)大文堂刻本 六冊

410000－2203－0002482 396/41C

重訂事類賦三十卷 （宋）吳淑撰注 清光緒元年(1875)經國堂刻本 六冊

410000－2203－0002483 396/44

經典四種 （清）□□輯 清咸豐九年(1859)寶翰樓刻本 八冊

410000－2203－0002484 396/41D

事類賦三十卷 （宋）吳淑撰注 清乾隆二十九年(1764)會成堂刻本 四冊

410000－2203－0002485 396/46

經濟類考約編二卷 （清）顧九錫輯著 清末慶槐堂鉛印本 四冊

410000－2203－0002486 396/45

經義聯珠二十卷 （清）郭橒著 清刻本 九冊 存十八卷(三至二十)

410000－2203－0002487 396/47

試律青雲集四卷 （清）楊逢春輯 清刻本 一冊 存二卷(元、亨)

410000－2203－0002488 396/46

經濟類考約編二卷 （清）顧九錫輯著 清末慶槐堂鉛印本 四冊

410000－2203－0002489 396/49

四六類腋不分卷 題（清）東邨著 清同治四年(1865)聚英堂刻本 三冊

410000－2203－0002490 396/48

修竹齋試帖一卷澹香齋試帖一卷尚絅堂試帖一卷檉花館試帖一卷桐雲閣試帖一卷簡學齋試帖補注一卷西漚試帖一卷 （清）劉嗣綰等著 清刻本 三冊 存五卷(尚絅堂試帖一卷、檉花館試帖一卷、桐雲閣試帖一卷、簡學齋試帖補注一卷、西漚試帖一卷)

410000－2203－0002491 396/50

四書點類淵海五十二卷 （清）□□輯 清光緒十四年(1888)上海鴻文書局石印本(有圖) 十冊

410000－2203－0002492 396/51

潛確居類書一百二十卷 （明）陳仁錫纂輯 明崇禎刻本 六十六冊 存九十七卷(一至四、六至七、十至二十、二十二、三十三至五十九、六十三、六十五至六十七、七十至九十八、一百一至一百十五、一百十七至一百二十)

410000－2203－0002493 396/56

注釋白眉故事十卷 （明）許以忠集 （明）鄧志謨校 清刻本 四冊

410000－2203－0002494 411/1

涵芬樓古今文鈔一百卷 吳曾祺纂錄 清宣統二年(1910)上海商務印書館鉛印本 一百冊

410000－2203－0002495 396/52

二如亭群芳譜三十卷首十三卷 （明）王象晉纂輯 （明）毛鳳苞等校 （明）王與胤等詮次 清初刻本 二十冊 存三十八卷(天譜一至三、首一卷,歲譜一至四、首一卷,穀譜一、首一卷,蔬譜一至二、首一卷,果譜一至四、首一卷,茶譜一、首一卷,藥譜一至三、首一卷,木譜一至二、首一卷,花譜一至四、首一卷,卉譜一至二、首一卷,鶴魚譜一、首一卷)

410000－2203－0002496 411/1B

涵芬樓古今文鈔簡編四十卷 吳曾祺纂錄 清宣統三年(1911)上海商務印書館鉛印本 四十冊

410000－2203－0002497　396/53

五車韻瑞一百六十卷洪武正韻一卷　（明）凌稚隆編輯　明金閶葉瑤池刻本　十冊　存三十六卷（一至三十五、洪武正韻一卷）

410000－2203－0002498　411/2

皇朝經世文編一百二十卷姓名總目二卷生存姓名一卷　（清）賀長齡撰　清同治四年（1865）上海廣百宋齋鉛印本　二十四冊

410000－2203－0002499　411/2B

皇朝經世文編一百二十卷姓名總目二卷（清）賀長齡撰　清光緒十三年（1887）上海點石齋石印本　十二冊

410000－2203－0002500　411/3

皇朝經世文續編一百二十卷　（清）葛士濬輯　清光緒十四年（1888）上海圖書集成書局鉛印本　三十二冊

410000－2203－0002501　396/54

藝文類聚一百卷　（唐）歐陽詢撰　明刻本八冊　存六十六卷（六至六十一、九十一至一百）

410000－2203－0002502　396/55

類林新詠三十六卷　（清）姚之駰撰　清康熙四十七年（1708）刻本　四冊　存十八卷（一至十八）

410000－2203－0002503　411/6

無雙詩二卷　（清）陶然　（清）凌泗撰　清刻本　一冊

410000－2203－0002504　411/8

重訂古文雅正十四卷　（清）蔡世遠撰　（清）李立侯　（清）張季長參訂　（清）林有席參評（清）陳守詒重校　清道光八年（1828）刻本四冊

410000－2203－0002505　411/7

新民叢報彙編（1902－1906）　梁啟超等撰清宣統元年（1909）普新瑞記書局石印本　三十六冊

410000－2203－0002506　411/9

續選古文雅正十四卷　（清）林有席評輯　清道光二十二年（1842）鈐陽林氏刻本　八冊存六卷（一至六）

410000－2203－0002507　411/8B

古文雅正十四卷　（清）蔡世遠選評　清光緒二十一年（1895）周正誼堂刻本　七冊　存十二卷（一至十二）

410000－2203－0002508　411/8B

重訂古文雅正十四卷　（清）蔡世遠撰　清刻本　二冊　存三卷（十二至十四）

410000－2203－0002509　411/10

北學編四卷　（清）魏一鼇輯　（清）尹會一續輯　清道光二十四年（1844）刻本　一冊　存二卷（三至四）

410000－2203－0002510　411/11

八旗文經六十卷　（清）盛昱　楊鍾義輯　清光緒二十七年（1901）刻本　十二冊

410000－2203－0002511　411/12

古文分編集評初集五卷二集五卷三集八卷四集四卷　（清）于在衡裁定　（清）于光華編次清乾隆四十年（1775）務本堂刻本　十三冊存十一卷（初集上一至二，初集下一至三；二集上一至三；三集一、四至五）

410000－2203－0002512　411/13

分類尺牘備覽三十卷　（清）王虎榜編　清光緒二十五年（1899）慎記書莊石印本　七冊存二十八卷（一至十、十三至三十）

410000－2203－0002513　411/14

分類尺牘竹安十六卷　（清）周道遵選　清道光二十五年（1845）刻本　六冊

410000－2203－0002514　411/17

顧氏明朝四十家小說不分卷　（明）顧元慶編清宣統三年（1911）上海國學扶輪社鉛印本六冊　存六冊

410000－2203－0002515　411/16B

漢魏六朝一百三家集　（明）張溥輯　明婁東張氏刻本　一冊　存五種五卷

410000 – 2203 – 0002516　411/19

制義約選二編不分卷　（清）李錫瓚編　清嘉慶十六年(1811)刻本　六冊

410000 – 2203 – 0002517　411/18

詞學全書五種　（清）查培繼輯　清乾隆十一年(1746)致和堂刻本　八冊　存四種十六卷

410000 – 2203 – 0002518　412/2

經史百家簡編二卷　（清）曾國藩纂　清同治十三年(1874)傳忠書局刻曾文正公全集本　二冊

410000 – 2203 – 0002519　412/2

經史百家簡編二卷　（清）曾國藩纂　清同治十三年(1874)傳忠書局刻曾文正公全集本　二冊

410000 – 2203 – 0002520　412/1

經史百家雜鈔二十六卷　（清）曾國藩纂　清光緒二年(1876)傳忠書局刻曾文正公全集本　二十六冊

410000 – 2203 – 0002521　412/3

文選六十卷　（南朝梁）蕭統撰　（唐）李善注　清光緒十八年(1892)上海古香閣石印本　五冊

410000 – 2203 – 0002522　412/3B

文選六十卷　（南朝梁）蕭統撰　（唐）李善注　清光緒十一年(1885)上海同文書局石印本　十冊

410000 – 2203 – 0002523　412/4

古文關鍵二卷　（宋）呂祖謙編　清光緒二十四年(1898)上海緯文閣書局石印本　二冊

410000 – 2203 – 0002524　412/5B

古文辭類纂七十四卷　（清）姚鼐纂集　清同治八年(1869)江蘇書局刻本　十二冊

410000 – 2203 – 0002525　412/5B

古文辭類纂七十四卷　（清）姚鼐纂集　清同治八年(1869)江蘇書局刻本　十二冊

410000 – 2203 – 0002526　412/5C

古文辭類纂七十五卷　（清）姚鼐纂　清同治八年(1869)問竹軒刻本　十二冊

410000 – 2203 – 0002527　412/5E

古文辭類纂七十四卷　（清）姚鼐纂集　清光緒十年(1884)行素草堂刻本　十四冊

410000 – 2203 – 0002528　412/5F

古文辭類纂七十四卷　（清）姚鼐纂集　清道光元年(1821)合河康氏霞蔭堂刻本　十六冊

410000 – 2203 – 0002529　412//6

續古文辭類纂十卷　王先謙纂集　清光緒十四年(1888)上海文瑞樓鉛印本　四冊

410000 – 2203 – 0002530　412/6B

續古文辭類纂三十四卷　王先謙纂集　清光緒八年(1882)王氏刻本　九冊

410000 – 2203 – 0002531　412/7

歷代策論約編不分卷　（清）孫葆田編　清光緒二十七年(1901)麗澤堂刻皖南書院課讀經義策論三種本　一冊

410000 – 2203 – 0002532　412/6C

續古文辭類纂三十四卷　王先謙纂集　清光緒十八年(1892)掃葉山房刻本　四冊

410000 – 2203 – 0002533　412/6D

續古文辭類纂三十四卷　王先謙纂集　清光緒十年(1884)行素草堂刻本　六冊

410000 – 2203 – 0002534　412/9

御選唐宋詩醇四十七卷　（清）高宗弘曆輯　清乾隆二十五年(1760)刻本　二十四冊

410000 – 2203 – 0002535　412/10

御選唐宋文醇五十八卷　（清）朱良裘　（清）董邦達編修　清光緒三年(1877)浙江書局刻本　二十冊

410000 – 2203 – 0002536　412/12

唐宋八大家文讀本三十卷　（清）沈德潛評點　清乾隆十五年(1750)刻本　十六冊

410000 – 2203 – 0002537　412/12B

唐宋八大家文讀本十卷　（清）沈德潛評點　清光緒二十四年(1898)上海鴻文書局石印本　五冊

410000－2203－0002538　412/11

唐宋八大家文鈔九種　（明）茅坤評選　（清）何焯校　清康熙四十五年(1706)雲林大盛堂刻本　三十二冊　存七種一百二十六卷

410000－2203－0002539　412/13

唐宋八大家類選十四卷　（清）儲欣評　（清）徐永勳等校訂　清乾隆三十八年(1773)同文堂刻本　十冊

410000－2203－0002540　412/13B

唐宋八大家文分體讀本二十五卷　（清）汪份定　清康熙五十九年(1720)遺喜齋刻本　二十二冊　存十二卷(一集一至八、三集一至四)

410000－2203－0002541　412/14

古文苑二十一卷　（宋）章樵注　清光緒二十二年(1896)長沙刻本　四冊

410000－2203－0002542　412/14B

古文苑二十一卷　（宋）章樵注　清光緒十二年(1886)江蘇書局刻本　四冊

410000－2203－0002543　412/14B

古文苑二十一卷　（宋）章樵注　清光緒十二年(1886)江蘇書局刻本　四冊

410000－2203－0002544　412/15

續古文苑二十卷　（清）孫星衍撰　清光緒九年(1883)江蘇書局刻本　六冊

410000－2203－0002545　412/13C

唐宋八大家類選八卷　（清）儲欣評　（清）高嵣批點　清寶興堂刻本　十二冊

410000－2203－0002546　412/13C

唐宋八大家類選八卷　（清）儲欣評　（清）高嵣批點　清寶興堂刻本　十二冊

410000－2203－0002547　412/15B

續古文苑二十卷　（清）孫星衍撰　清嘉慶十七年(1812)冶城山館刻本　八冊

410000－2203－0002548　412/16B

文選六十卷　（南朝梁）蕭統撰　（唐）李善注　清三多齋刻本　十六冊

410000－2203－0002549　412/16

文選六十卷　（南朝梁）蕭統撰　（唐）李善注　清同治八年(1869)尋陽萬氏刻本　二十四冊

410000－2203－0002550　412/16E

文選六十卷　（南朝梁）蕭統撰　（唐）李善注　清海錄軒刻本　十冊　存五十卷(十一至六十)

410000－2203－0002551　412/16C

文選注六十卷　（南朝梁）蕭統撰　（唐）李善注　清刻本　十六冊

410000－2203－0002552　412/16F

文選六十卷　（南朝梁）蕭統撰　（唐）李善注　清致和堂刻本　十二冊

410000－2203－0002553　412/16G

文選注六十卷　（南朝梁）蕭統撰　（唐）李善注　清宣統三年(1911)上海會文堂粹記石印本　三冊　存十二卷(一至十二)

410000－2203－0002554　412/16G

文選注六十卷　（南朝梁）蕭統撰　（唐）李善注　清末上海文瑞樓石印本　十一冊　存四十八卷(十三至六十)

410000－2203－0002555　412/16H

文選注六十卷　（南朝梁）蕭統撰　（唐）李善注　明末毛氏汲古閣刻清康熙二十五年(1686)錢士謐重修本　六冊

410000－2203－0002556　412/16J

文選六十卷　（南朝梁）蕭統撰　（唐）李善注　（清）葉樹藩參訂　清光緒十一年(1885)珊城雙桂堂刻本　十二冊

410000－2203－0002557　412/17

文選集腋六卷　（清）胥斌纂輯　清嘉慶二十一年(1816)聚錦書屋刻本　四冊

410000－2203－0002558　412/16J

文選考異十卷　（清）胡克家撰　清光緒十一年(1885)珊城雙桂堂刻本　四冊

410000－2203－0002559　412/18

評選四六法海八卷 （明）王志堅論次 （清）蔣士銓評選 清末上海鴻章書局石印本 八冊

410000－2203－0002560 412/19

漢魏六朝名家集四十集 丁福保輯 清宣統三年(1911)上海文明書局鉛印本 二十九冊

410000－2203－0002561 412/20

古文析義十四卷 （清）林雲銘評注 清光緒二十四年(1898)書業德刻本 六冊

410000－2203－0002562 412/20B

古文析義二編八卷 （清）林雲銘評注 清康熙刻本 九冊

410000－2203－0002563 412/21

味蘭軒百篇賦鈔四卷 （清）張世燾 （清）彭克惠編輯 清嘉慶三年(1798)崇義書院刻本 四冊

410000－2203－0002564 412/21

味蘭軒百篇賦鈔四卷 （清）張世燾 （清）彭克惠編輯 清嘉慶三年(1798)崇義書院刻本 四冊

410000－2203－0002565 412/20C

古文析義六卷 （清）林雲銘評注 清經綸堂刻本 五冊 存五卷(一至五)

410000－2203－0002566 412/22

賦則四卷 （清）鮑桂星評選 清光緒九年(1883)湖北督學節署刻本 二冊

410000－2203－0002567 412/20D

古文析義二編八卷 （清）林雲銘評注 清經元堂刻本 六冊 存六卷(一至六)

410000－2203－0002568 412/23

文章軌範七卷 （宋）謝枋得輯 清光緒九年(1883)弦歌書院刻本 二冊

410000－2203－0002569 412/24

有益堂重訂古文釋義新編八卷 （清）余誠評注 （清）余芝糸閱 清宣統二年(1910)刻本 八冊

410000－2203－0002570 412/24B

古文釋義新編八卷 （清）余誠評注 （清）余芝糸閱 清乾隆三十八年(1773)古吳三槐堂刻本 四冊

410000－2203－0002571 412/25

三餘堂古文觀止十二卷 （清）吳興祚鑒定 （清）吳乘權 （清）吳大職錄 清乾隆五十六年(1791)刻本 六冊

410000－2203－0002572 412/25B

尺木堂古文觀止六卷 （清）吳興祚鑒定 （清）吳乘權 （清）吳大職錄 清康熙刻本 三冊

410000－2203－0002573 412/24D

重訂古文釋義新編八卷 （清）余誠評注 （清）余芝糸閱 清末上海錦章書局石印本 四冊

410000－2203－0002574 412/25C

文玉堂古文觀止十二卷 （清）吳興祚鑒定 （清）吳乘權 （清）吳大職錄 清康熙三十四年(1695)刻本 四冊

410000－2203－0002575 412/24E

經綸堂重訂古文釋義新編八卷 （清）余誠評注 （清）余芝糸閱 清光緒二十二年(1896)學庫山房刻本 八冊

410000－2203－0002576 412/25D

古文觀止十二卷 （清）吳興祚鑒定 （清）吳乘權 （清）吳大職錄 清咸豐三年(1853)刻本 六冊

410000－2203－0002577 412/25E

古文觀止十二卷 （清）吳興祚鑒定 （清）吳乘權 （清）吳大職錄 清光緒上海掃葉山房石印本 三冊

410000－2203－0002578 412/24F

大文堂重訂古文釋義新編八卷 （清）余誠評注 （清）余芝糸閱 清嘉慶五年(1800)刻本 六冊

410000－2203－0002579 412/24G

寶興堂重訂古文釋義新編八卷 （清）余誠評

注 （清）余芝糸閲 清光緒十五年(1889)刻本 八冊

410000－2203－0002580 412/24H

寶興堂重訂古文釋義新編八卷 （清）余誠評注 （清）余芝糸閲 清光緒十五年(1889)敬文堂刻本 八冊

410000－2203－0002581 412/24J

書業堂重訂古文釋義新編八卷 （清）余誠評注 （清）余芝糸閲 清刻本 八冊

410000－2203－0002582 412/26

宮閨文選二十六卷 （清）周壽昌輯訂 （清）孫鼎臣糸閲 （清）瞿元鈞纂類 （清）蔣恭鎧編校 清道光二十六年(1846)小蓬萊山館刻本 六冊

410000－2203－0002583 412/27

六朝唐賦讀本不分卷 （清）馬傳庚選注 清同治十年(1871)京都玉燕書巢馬氏刻本 四冊

410000－2203－0002584 412/27B

六朝唐賦讀本二卷 （清）馬傳庚選注 清光緒十三年(1887)點石齋影京都玉燕書巢馬氏石印本 二冊

410000－2203－0002585 412/28

槐軒解湯海若先生纂輯名家詩二卷 （清）夏世欽訂 清刻本 二冊

410000－2203－0002586 412/28B

槐軒解湯海若先生纂輯名家詩二卷 （清）夏世欽訂 清大啟堂刻本 一冊

410000－2203－0002587 412/29

國朝禮制文宜八卷 （清）王開琭編輯 清刻本 四冊

410000－2203－0002588 412/30

七十家賦鈔六卷 （清）張惠言輯 清光緒八年(1882)廣東經史閣刻本 四冊

410000－2203－0002589 412/31

新鎸五言千家詩注解二卷 （清）王相選注 （清）車爾鉽校正 清同文堂刻本 一冊

410000－2203－0002590 412/32

詠物詩選注釋八卷 （清）易開繡注 （清）孫存鳴注 清嘉慶十五年(1810)聚盛堂刻本 四冊

410000－2203－0002591 412/34

古文啔鳳新編八卷 （清）汪基鈔輯 （清）鮑欽承 （清）俞宗潮校勘 清雍正十一年(1733)聚奎堂刻本 四冊

410000－2203－0002592 412/33

御定歷代題畫詩類一百二十卷 （清）陳邦彥校 清康熙四十六年(1707)刻本 二十三冊 存一百十六卷(一至四、九至一百二十)

410000－2203－0002593 412/33

御定歷代題畫詩類一百二十卷 （清）陳邦彥校 清康熙四十六年(1707)刻本 一冊 存四卷(五十九至六十二)

410000－2203－0002594 412/35

國朝制義春霆集不分卷 （清）李鳴謙 （清）吳承緒選 （清）潘炳綱注釋 清乾隆四十三年(1778)文光堂刻本 六冊

410000－2203－0002595 412/39

梁溪詩鈔五十八卷 （清）顧光旭集 清嘉慶元年(1796)刻本 十七冊 存四十一卷(一至七、二十五至五十八)

410000－2203－0002596 412/40

詩女史纂八卷 題(明)處襄齋主人輯 清刻本 一冊

410000－2203－0002597 412/41

六朝文絜四卷 （清）許槤評選 （清）朱鈞參校 清抄本 一冊 存二卷(一至二)

410000－2203－0002598 412/41B

六朝文絜四卷 （清）許槤評選 （清）朱鈞參校 清光緒三年(1877)上海馮氏刻本 一冊

410000－2203－0002599 412/42

文館詞林五卷 （唐）許敬宗撰 清光緒十九年(1893)景蘇園刻本 二冊

410000－2203－0002600 412/43

重訂唐詩別裁集二十卷　（清）沈德潛選　清
刻本　十冊

410000－2203－0002601　412/43
宋詩別裁八卷　（清）姚培謙等點閱　清刻本
四冊

410000－2203－0002602　412/43
元詩別裁八卷補遺一卷　（清）姚培謙等點閱
清刻本　四冊

410000－2203－0002603　412/44
阮亭選古詩五十卷　（清）王士禎選　清同治
五年(1866)金陵書局刻本　十冊

410000－2203－0002604　412/43
明詩別裁集十二卷　（清）沈德潛　（清）周準
輯　清刻本　六冊

410000－2203－0002605　412/43
欽定國朝詩別裁集三十二卷　（清）沈德潛纂
評　清刻本　十六冊

410000－2203－0002606　412/47
小學弦歌八卷　（清）李元度撰　清刻本
五冊

410000－2203－0002607　412/48
十八家詩鈔二十八卷　（清）曾國藩纂　（清）
李鴻章審訂　（清）王定安校　清同治十三年
(1874)傳忠書局刻曾文正公全集本　二十
八冊

410000－2203－0002608　412/49
海棠花館七家詩補注七卷　（清）張熙宇輯評
（清）申珠　（清）杜炳南補注　清同治十三
年(1874)宏道堂刻本　四冊　存五卷(一至
二、五至七)

410000－2203－0002609　412/51
評選四六法海八卷　（明）王志堅論次　（清）
蔣士銓評選　清末上海鴻章書局石印本
八冊

410000－2203－0002610　412/51B
忠雅堂評選四六法海八卷　（明）王志堅論次
（清）蔣士銓評選　清光緒元年(1875)刻本

八冊

410000－2203－0002611　412/52
韻蘭集賦鈔不分卷　（清）陸雲槎輯　清刻本
一冊

410000－2203－0002612　412/46
海棠花館七家詩補注七卷　（清）張熙宇輯評
（清）申珠　（清）杜炳南補注　清咸豐九年
(1859)二酉堂刻本　二冊　存五卷(澹香齋
試帖一卷、修竹齋試帖一卷、桐雲閣試帖一
卷、簡學齋試帖一卷、西漚試帖一卷)

410000－2203－0002613　412/46B
七家詩輯注彙鈔　（清）張熙宇輯評　（清）王
植桂輯注　清同治九年(1870)京師琉璃廠刻
本　四冊　存三種三卷

410000－2203－0002614　412/53
古詩源十四卷　（清）沈德潛選　清嘉慶八年
(1803)西山堂刻本　六冊

410000－2203－0002615　412/53
古詩源十四卷　（清）沈德潛選　清嘉慶八年
(1803)西山堂刻本　四冊

410000－2203－0002616　412/46C
七家詩選七卷　（清）張熙宇輯評　清道光十
二年(1832)朱墨套印本　四冊

410000－2203－0002617　412/55
八家四六文注八卷首一卷補注一卷　（清）吳
鼒輯　（清）許貞幹注　清光緒十年(1884)鉛
印本　四冊

410000－2203－0002618　412/50
斯文精萃不分卷　（清）尹繼善選定　清乾隆
七年(1742)關中書院刻本　十二冊

410000－2203－0002619　412/53B
古詩源十四卷　（清）沈德潛選　清道光十三
年(1833)寶仁堂刻本(卷四至七配清刻本)
四冊

410000－2203－0002620　412/53C
古詩源十四卷　（清）沈德潛選　清康熙五十
八年(1719)刻本　二冊

410000－2203－0002621　412/53D

古詩源十四卷　（清）沈德潛選　清刻本
四冊

410000－2203－0002622　412/50B

斯文精萃不分卷　（清）尹繼善編　清乾隆二
十九年(1764)兩江官署刻本　六冊

410000－2203－0002623　412/55D

國朝八家四六文鈔八種　（清）吳鼒輯　清嘉
慶刻光緒五年(1879)江左書林補刻本　四冊

410000－2203－0002624　412/55B

八家四六文鈔八種　（清）吳鼒輯　清嘉慶十
年(1805)刻本　六冊

410000－2203－0002625　412/55C

國朝八家四六文鈔八種　（清）吳鼒輯　清光
緒五年(1879)江左書林刻本　四冊

410000－2203－0002626　412/61

古文筆法百篇二十卷　（清）李扶九撰　清刻
本　五冊　存十八卷(三至二十)

410000－2203－0002627　412/63

得月樓賦鈔甲編不分卷　（清）張元灝選評
清道光二十七年(1847)刻本　二冊

410000－2203－0002628　412/64

分類詩腋八卷　（清）黃理齋鑒定　（清）李禎
編　清億文堂刻本　四冊

410000－2203－0002629　412/64B

分類詩腋八卷　（清）黃理齋鑒定　（清）李禎
編　清宏道堂刻本　四冊

410000－2203－0002630　412/66

賦學指南十卷　（清）吳立莘鑒定　（清）余丙
照編輯　清道光十二年(1832)刻本　一冊
存七卷(一至七)

410000－2203－0002631　412/65

賦學正鵠集釋十一卷　（清）李元度輯　清石
印本　一冊　存六卷(六至十一)

410000－2203－0002632　412/67

賦鈔箋署十五卷　（清）雷琳　（清）張杏濱箋
清乾隆三十一年(1766)刻本　八冊

410000－2203－0002633　412/70

閨秀詩話十六卷　雷瑨　雷瑊輯　清掃葉山
房石印本　三冊　存六卷(三至六、十三至十
四)

410000－2203－0002634　412/69

國朝駢體正宗續編八卷　（清）張鳴珂輯　清
光緒二十一年(1895)善化章氏刻本　四冊

410000－2203－0002635　412/71

聞式堂古文選釋八卷　（清）臧岳編輯　清乾
隆三年(1738)刻本　二冊　存四卷(一至四)

410000－2203－0002636　412/72

**古文分編集評初集五卷二集五卷三集八卷四
集四卷**　（清）于在衡裁定　（清）于光華編輯
清乾隆四十年(1775)刻本　六冊　存五卷
(初集上一至二、下一,三集八,四集四)

410000－2203－0002637　412/74

儲選七種古文不分卷　（清）儲欣評　清嘉慶
十八年(1813)靜遠堂刻本　二十二冊　存
六種

410000－2203－0002638　412/73

古文淵鑒六十四卷　（清）徐乾學編注　清康
熙二十四年(1685)淵鑑齋刻本　三十六冊

410000－2203－0002639　412/75

檉華館試帖彙鈔輯注十卷　（清）路德撰　清
刻本　四冊　存六卷(三至六、九至十)

410000－2203－0002640　412/77

明人詩鈔續集十四卷　（清）朱琰編次　清乾
隆刻本　二冊　存七卷(八至十四)

410000－2203－0002641　412/78

瀛海探驪集八卷　（清）朱埏之輯　清嘉慶十
九年(1814)尊怡山館刻本　七冊

410000－2203－0002642　412/83

二家詩鈔二種　（清）邵長蘅選　清康熙三十
四年(1695)刻本　五冊

410000－2203－0002643　412/80

小題正鵠三集不分卷　（清）李元度輯　清道
光二十七年(1847)鴻德堂刻本　五冊

410000－2203－0002644　412/83B

二家詩鈔二種　（清）邵長蘅選　清康熙三十四年(1695)刻本　十二冊

410000－2203－0002645　412/90

中州集十卷首一卷中州樂府集一卷　（金）元好問輯　明末毛氏汲古閣刻本　十一冊

410000－2203－0002646　412/81

漢魏六朝女子文選二卷　（清）張維學撰　清掃葉山房石印本　一冊　存一卷(二)

410000－2203－0002647　412/84

宋元明詩約鈔三百首不分卷　（清）冷昌言（清）朱梓編輯　（清）冷鵬糸校　清刻本　一冊

410000－2203－0002648　412/93

御選唐宋文醇五十八卷　（清）高宗弘曆選（清）允祿等校勘　清乾隆三年(1738)刻本　十冊

410000－2203－0002649　412/94

二十一史文選一百卷　（明）周鍾輯　明崇禎刻本　八十冊

410000－2203－0002650　412/85

翰苑分書臨文正宗六種　（清）張端卿等撰（清）戴彬元等書　清光緒十一年至十二年(1885－1886)石印本　六冊

410000－2203－0002651　412/86

精選增批八家文鈔九卷　（清）陳兆崙批選陸潤庠鑒定　張謇校正　清宣統二年(1910)上海石竹山房石印本　三冊　存三卷(韓文上、下,歐文一卷)

410000－2203－0002652　412/87

悅雲山房駢體文存四卷　（清）劉敦元撰　清咸豐六年(1856)天津徐氏刻本　一冊

410000－2203－0002653　412/95

天下才子必讀書十五卷　（清）金人瑞評　清宣統二年(1910)上海國學進化社鉛印本　六冊

410000－2203－0002654　412/88

試帖十萬軍聲初集十四卷二集十卷　（清）□□撰　清末石印本　十冊　存十一卷(初集十三至十四、二集二至十)

410000－2203－0002655　412/88B

試帖三萬選十卷類目一卷韻目一卷　（清）鄧雲航輯　清末石印本　二冊　存二卷(三至四)

410000－2203－0002656　412/97

文選音義八卷　（清）余蕭客著　清乾隆二十三年(1758)靜勝堂刻本　二冊

410000－2203－0002657　412/97B

文選音義八卷　（清）余蕭客著　清乾隆二十三年(1758)靜勝堂刻本　一冊

410000－2203－0002658　412/88C

增廣試帖詩海萬三十二卷　題(清)經訓堂主人選輯　清刻本　二冊　存八卷(三至四、十五至二十)

410000－2203－0002659　412/89

七言詩歌行鈔十五卷　（清）王士禎選　（清）宋犖校　清刻本　四冊

410000－2203－0002660　412/98

瀛奎律髓四十九卷　（元）方回選　（清）吳孟舉重閱　清康熙五十二年(1713)吳氏黃葉邨莊刻本　五冊　存四十三卷(一至十五、二十二至四十九)

410000－2203－0002661　412/99

古文八大家公眼錄六卷　（清）李中簡鑒定（清）王應鯨選評　清嘉慶六年(1801)文盛堂刻本　四冊

410000－2203－0002662　412/102

文選課虛四卷　（清）杭世駿編　清光緒十年(1884)上海同文書局石印本　一冊

410000－2203－0002663　412/101

濯錦亭古文讀本十六卷　（清）張之普述解清乾隆五年(1740)成都官署刻本　八冊　存八卷(一至八)

410000－2203－0002664　412/104

續古文苑二十卷　（清）孫星衍撰　清光緒九年(1883)江蘇書局刻本　六冊

410000－2203－0002665　412/106

續古文辭類纂二十八卷　（清）黎庶昌輯　清光緒十六年(1890)金陵書局刻本　十二冊

410000－2203－0002666　412/108

詠物詩選八卷　（清）俞琰輯　清雍正二年(1724)俞家刻本　六冊

410000－2203－0002667　412/109

駢體南鍼十六卷　（清）汪傳懿編輯　（清）汪傳智參閱　清同治五年(1866)容我讀齋刻本　八冊

410000－2203－0002668　412/111

類纂古文雲蒸六卷　（清）燕毅編　清光緒三年(1877)亦政書齋刻本　六冊

410000－2203－0002669　412/112

斯文規範八卷　（清）王茂修著　清味經堂刻本　四冊

410000－2203－0002670　413/1

應試唐詩類釋十九卷　（清）臧岳編次　清嘉慶五年(1800)古吳三樂齋刻本　八冊

410000－2203－0002671　413/2

唐人五言長律清麗集六卷　（清）徐曰璉（清）沈士駿輯　清乾隆二十二年(1757)文錦堂刻本　四冊

410000－2203－0002672　413/3

湖海文傳七十五卷　（清）王昶輯　清道光十七年(1837)經訓堂刻本　二十冊

410000－2203－0002673　413/6

古唐詩合解十二卷　（清）王堯衢注　（清）李模　（清）李桓校　清雍正十年(1732)善成堂刻本　六冊

410000－2203－0002674　413/5B

唐詩三百首注疏六卷　（清）蘅塘退士(孫洙)編　（清）章燮注　（清）孫孝根校正　**續選一卷**　（清）于慶元編　（清）于闓秦　（清）于兆等校　清道光十五年(1835)經綸堂刻本

八冊

410000－2203－0002675　413/6B

古唐詩合解十二卷　（清）王堯衢注　（清）李模　（清）李桓校　清同治八年(1869)掃葉山房刻本　三冊

410000－2203－0002676　413/5C

唐詩三百首補注八卷　（清）陳婉俊輯　清光緒十二年(1886)善成堂刻本　四冊

410000－2203－0002677　413/7

憑山閣增輯留青新集三十卷　（清）陳枚選（清）張國泰訂　（清）陳德裕增輯　（清）朱從儀糸閱　清康熙四十七年(1708)積秀堂刻本　二十四冊

410000－2203－0002678　413/5D

唐詩三百首注疏六卷　（清）蘅塘退士(孫洙)編　（清）章燮注　（清）孫孝根校正　清道光二十六年(1846)小酉山房刻本　二冊　存五卷(一至三、五至六)

410000－2203－0002679　413/5E

唐詩三百首注疏六卷　（清）蘅塘退士(孫洙)編　（清）章燮注　（清）孫孝根校正　清道光二十二年(1842)文錦堂刻本　六冊

410000－2203－0002680　413/7B

憑山閣增定留青全集二十四卷　（清）陳枚選輯　（清）李汾糸訂　清康熙二十三年(1684)朱文堂刻本　二十四冊

410000－2203－0002681　413/7C

重編留青新集二十四卷　（清）陳枚選輯（清）伊闓中重編　清光緒十六年(1890)上海鉛印本　十二冊

410000－2203－0002682　413/8

全唐詩三十二卷　（清）曹寅等編　清光緒十三年(1887)上海同文書局石印本　三十二冊

410000－2203－0002683　413/7D

重編留青新集二十四卷　（清）陳枚選輯（清）伊闓中重編　清光緒三十四年(1908)上海廣益書局鉛印本　十二冊

410000－2203－0002684　413/7E

重編留青新集二十四卷　（清）陳枚選輯
（清）伊闓中重編　清光緒十六年(1890)上海
鉛印本　十六冊

410000－2203－0002685　413/9

唐詩別裁集引點備注二十卷　（清）沈德潛選
（清）俞汝昌增注　清道光十八年(1838)資
善堂刻本　十冊

410000－2203－0002686　413/9B

重訂唐詩別裁集二十卷　（清）沈德潛選　清
乾隆二十八年(1763)教忠堂刻本　八冊

410000－2203－0002687　413/9C

唐詩別裁集引點備注二十卷　（清）沈德潛選
（清）俞汝昌增注　清刻本　十三冊　存十
九卷(一、三至二十)

410000－2203－0002688　413/9C

唐詩別裁集十卷　（清）沈德潛　（清）陳培脉
選　清康熙五十六年(1717)碧梧書屋刻本
一冊　存二卷(一至二)

410000－2203－0002689　413/10

古唐詩合解十六卷　（清）王堯衢注　（清）李
模　（清）李桓校　清雍正十年(1732)聚文堂
刻本　八冊

410000－2203－0002690　413/10B

古唐詩合解十二卷　（清）王堯衢注　（清）李
模　（清）李桓校　清雍正十年(1732)經文堂
刻本　六冊

410000－2203－0002691　413/11

唐詩箋注七卷　（明）李攀龍　（明）鍾惺選評
（清）錢謙益箋釋　（清）劉化蘭增訂　清世
榮堂刻本　八冊

410000－2203－0002692　413/10D

古唐詩合解十六卷　（清）王堯衢注　（清）李
模　（清）李桓校　清雍正十年(1732)寶興堂
刻本　六冊

410000－2203－0002693　413/12

應試唐詩類釋十九卷　（清）臧岳編次　清乾

隆元年(1736)古吳三樂齋刻本　八冊

410000－2203－0002694　413/10E

古唐詩合解十六卷　（清）王堯衢注　（清）李
模　（清）李桓校　清雍正十年(1732)文富堂
刻本　六冊

410000－2203－0002695　413/10F

古唐詩合解十六卷　（清）王堯衢注　（清）李
模　（清）李桓校　清道光十年(1830)金閶步
月樓刻本　六冊

410000－2203－0002696　413/13

唐人合集四種　（清）□□輯　清光緒二十二
年(1896)上海古香閣石印本　八冊

410000－2203－0002697　413/15

八家四六文注八卷　（清）孫星衍著　（清）許
貞幹注　清光緒十八年(1892)上海圖書集成
印書局鉛印本　八冊

410000－2203－0002698　413/15B

八家四六文鈔不分卷　（清）孫星衍著　清末
寧波新三益鉛印本　四冊

410000－2203－0002699　413/17

十國雜事詩十七卷敘目二卷　（清）饒智元撰
清光緒十七年(1891)竹素齋刻本　四冊

410000－2203－0002700　413/14

宋詩鈔初集　（清）吳之振等輯　清康熙十年
(1671)州錢吳氏鑑古堂刻本　十六冊　存七
十九種八十一卷

410000－2203－0002701　413/18

庚辰集五卷　（清）紀昀編　清太和堂刻本
五冊

410000－2203－0002702　413/18

庚辰集五卷　（清）紀昀編　清太和堂刻本
五冊

410000－2203－0002703　413/18B

庚辰集五卷唐人試律說一卷　（清）紀昀編
清嘉慶八年(1803)刻本　六冊

410000－2203－0002704　413/19

吳疎山先生遺集十二卷　（明）吳悌撰　清同

治十年（1871）繡谷麗澤書屋刻本（有圖）
四冊

410000－2203－0002705　413/20
國朝閨秀正始集二十卷附錄一卷補遺一卷
（清）完顏惲珠撰　清道光十一年（1831）紅香
館刻本　八冊

410000－2203－0002706　413/22
明詩別裁集十二卷　（清）沈德潛　（清）周準
輯　清刻本　二冊

410000－2203－0002707　413/22B
明詩別裁集十二卷　（清）沈德潛　（清）周準
輯　清乾隆四年（1739）刻本　四冊

410000－2203－0002708　413/24
古文切己錄不分卷　（清）楊國楨輯　清道光
八年（1828）刻本　一冊

410000－2203－0002709　413/22C
明詩別裁集十二卷　（清）沈德潛　（清）周準
輯　清乾隆三年（1738）刻本　六冊

410000－2203－0002710　413/26
唐人合集四種　（清）□□輯　清光緒十年
（1884）上海同文書局石印本　八冊

410000－2203－0002711　413/25
翰苑蜚聲四卷　題（清）楓橋主人輯　清光緒
十六年（1890）懿文齋刻本　四冊

410000－2203－0002712　413/27
聯璧詩鈔二卷　（清）舒亮裒　（清）舒亮袞著
清乾隆四十四年（1779）舒氏刻本　一冊

410000－2203－0002713　413/29
金臚策楷一卷　（清）□□輯　清光緒十八年
（1892）上海鴻寶齋石印本　一冊

410000－2203－0002714　413/28
陶門弟子集十六卷　（清）蔡家琬輯　清嘉慶
二十二年（1817）刻本　四冊

410000－2203－0002715　413/31
中晚唐詩叩彈集十二卷續集三卷　（清）杜詔
（清）杜庭珠集　清康熙四十三年（1704）采
山亭刻本　十四冊

410000－2203－0002716　413/32
宋四家詞選不分卷　（清）周濟輯　清同治十
二年（1873）滂喜齋刻本　一冊

410000－2203－0002717　413/31B
中晚唐詩叩彈集十二卷續集三卷　（清）杜詔
（清）杜庭珠集　清康熙四十三年（1704）采
山亭刻本　五冊　存十二卷（叩彈集十二卷）

410000－2203－0002718　413/33
皇朝經世文編一百二十卷　（清）賀長齡輯
清光緒十四年（1888）上海廣百宋齋鉛印本
二十四冊

410000－2203－0002719　413/33B
皇朝經世文編一百二十卷　（清）賀長齡輯
清道光六年（1826）刻本　九十八冊

410000－2203－0002720　413/37
應試唐詩類釋十九卷　（清）臧岳編次　清乾
隆三十九年（1774）衣德堂刻本　八冊

410000－2203－0002721　413/38
國朝十家四六文鈔十種　王先謙撰　清光緒
十五年（1889）長沙王氏刻本　四冊

410000－2203－0002722　413/36
同人詩錄初編十卷　（清）蔡壽祺輯　清同治
十一年（1872）京師娜嬛別館刻本　六冊

410000－2203－0002723　413/39
國朝文錄八十二卷　（清）姚椿輯　清光緒二
十六年（1900）上海掃葉山房石印本　十六冊

410000－2203－0002724　413/41
注釋唐詩三百首不分卷　（清）蘅塘退士（孫
洙）編　清刻本（有圖）　一冊

410000－2203－0002725　413/40
唐詩三百首旁訓二卷　（清）蘅塘退士（孫洙）
編　（清）夢僑纂輯　清光緒二十年（1894）東
成堂刻本　一冊

410000－2203－0002726　413/42
國朝文棟八卷　（清）胡嘉銓輯　清宣統元年
（1909）上海時中書局鉛印本　四冊

410000－2203－0002727　413/46

國朝詩十卷補六卷外編一卷　（清）吳翌鳳選
清嘉慶元年(1796)刻本　九冊

410000－2203－0002728　413/45

西漢文選四卷　（清）儲欣評　（清）儲芝条述
（清）吳振乾等校訂　清嘉慶九年(1804)大
德堂刻本　二冊

410000－2203－0002729　413/45

史記選六卷　（清）儲欣評　（清）儲芝条述
（清）吳振乾等校訂　清嘉慶九年(1804)大德
堂刻本　四冊

410000－2203－0002730　413/48

國朝古文所見集十三卷　（清）陳兆麒編選
（清）陳允中　（清）陳允安校　清道光二年
(1822)一枝山房刻本　一冊

410000－2203－0002731　413/49

閣鈔彙編不分卷　（清）□□輯　清光緒鉛印
本　十二冊　存(光緒癸卯一至三月,光緒丁
未十一月)

410000－2203－0002732　413/49

華北譯著編□□卷　（清）□□輯　清光緒鉛
印本　三冊　存三卷(十三至十五)

410000－2203－0002733　413/50

鴻雪軒紀艷四種　（清）藝蘭生輯　清同治十
三年(1874)申報館鉛印申報館叢書本　二冊

410000－2203－0002734　413/51

皇朝經濟文編一百二十八卷　題(清)求自彊
齋主人編輯　清光緒二十七年(1901)慎記書
莊石印本　四十八冊

410000－2203－0002735　413/53

山曉閣選明文全集二十四卷續集八卷　（清）
孫琮評　清刻本　一冊　存二卷(八至九)

410000－2203－0002736　413/52

皇朝蓄艾文編八十卷　于寶軒輯　清光緒二
十八年(1902)上海官書局鉛印本　四十冊

410000－2203－0002737　413/54

中州名賢文表三十卷　（清）劉昌輯　清光緒
三十年(1904)海虞邵氏鴻文書局石印本

六冊

410000－2203－0002738　413/55

續中州名賢文表六十八卷　邵松年輯　清光
緒三十年(1904)鴻文局石印本　二十二冊

410000－2203－0002739　413/56

唐人萬首絕句選七卷　（宋）洪邁編　（清）王
士禎選　清康熙四十七年(1708)刻本　二冊

410000－2203－0002740　413/60

華國編唐賦選二卷　（清）孫獲孫選　清道光
十七年(1837)富文堂刻本　二冊

410000－2203－0002741　413/61

皇朝經世文三編八十卷　（清）陳忠倚輯　清
光緒二十八年(1902)上海書局石印本　十
六冊

410000－2203－0002742　413/57

中州集十卷首一卷中州樂府集一卷　（金）元
好問輯　明末毛氏汲古閣刻本　十冊

410000－2203－0002743　413/61B

皇朝經世文三編八十卷　（清）陳忠倚輯　清
光緒二十四年(1898)寶文書局石印本　十
六冊

410000－2203－0002744　413/62

皇朝經世文四編五十二卷　（清）何良棟輯
清光緒二十八年(1902)上海書局石印本　十
二冊

410000－2203－0002745　413/58

御定全唐詩錄一百卷　（清）徐倬　（清）徐元
正校刊　清康熙四十五年(1706)刻本　六冊
存二十三卷(一至二十三)

410000－2203－0002746　413/63

皇朝經世文續編一百二十卷　（清）葛士濬輯
清光緒二十四年(1898)上海書局石印本
二十冊

410000－2203－0002747　413/65

宋文鑑一百五十卷目錄三卷　（宋）呂祖謙輯
明嘉靖刻本　一冊　存三卷(目錄三卷)

410000－2203－0002748　413/69

詒煒集五卷　（清）許振褘撰　清光緒十八年(1892)東河節署刻本　一冊

410000－2203－0002749　413/69

詒煒集五卷　（清）許振褘撰　清光緒十八年(1892)東河節署刻本　一冊

410000－2203－0002750　413/68

國朝南亭詩鈔十二卷附集二卷　（清）范士熊編輯　清道光五年(1825)刻本　五冊

410000－2203－0002751　414/2

鄂湘酬唱集一卷　易順鼎撰　清光緒刻琴志樓叢書本　一冊

410000－2203－0002752　414/3

國朝中州文徵五十四卷首一卷　（清）蘇源生編　清道光二十三年(1843)開封蘇氏刻本　二十八冊

410000－2203－0002753　414/3B

國朝中州文徵五十四卷首一卷　（清）蘇源生編　清道光二十三年(1843)開封蘇氏刻本　二十八冊

410000－2203－0002754　414/4

國朝中州名賢集十卷首一卷末一卷　（清）黃舒昺編　清光緒十七年(1891)刻本　十一冊　存十一卷(國朝中州名賢集十卷、末一卷)

410000－2203－0002755　414/4B

國朝中州名賢集十卷首一卷末一卷　（清）黃舒昺編　清光緒十九年(1893)中州明道書院刻本　十二冊

410000－2203－0002756　414/4C

國朝中州名賢集文鈔十卷詩鈔三卷語錄事略九卷講義二卷學規一卷　（清）黃舒昺編　清光緒十七年(1891)睢陽洛學書院刻本　十冊

410000－2203－0002757　414/4D

國朝中州名賢集十卷　（清）黃舒昺編　清光緒十七年(1891)睢陽洛學書院刻本　十冊

410000－2203－0002758　414/11

海豐吳氏詩存四卷　（清）吳重憙校　清光緒十年(1884)刻本　四冊

410000－2203－0002759　414/12

詠霓小譜一卷續譜一卷　（清）費庚吉輯　清道光刻本　二冊

410000－2203－0002760　414/13

續中州名賢文表六十八卷　邵松年輯　清光緒三十年(1904)鴻文局石印本　十八冊　存五十七卷(一至三、七至二十三、二十六至三十、三十七至六十八)

410000－2203－0002761　415/1

小倉山房尺牘六卷　（清）袁枚撰　清嘉慶元年(1796)隨園刻本　二冊

410000－2203－0002762　415/2

增廣尺牘句解初集二卷二集二卷　題（清）槐蔭館主編　清宣統元年(1909)廣益書局石印本　一冊

410000－2203－0002763　415/8

雨亭尺牘八卷　（清）林欽潤著　清道光二十三年(1843)刻本　六冊　存四卷(一至四)

410000－2203－0002764　415/5

書啟合璧十三卷　（清）汪孝鍾　（清）張宗燾校訂　清乾隆二十七年(1762)富春堂刻本　三冊

410000－2203－0002765　415/8B

雨亭尺牘六卷　（清）林欽潤著　清光緒二年(1876)刻本　四冊　存四卷(一至四)

410000－2203－0002766　415/9

分類蓮仙尺牘六卷　（清）繆艮著　（清）趙古農選　清道光二十七年(1847)刻本　六冊

410000－2203－0002767　415/5B

繡虎軒尺牘八卷二集八卷三集八卷　（清）曹煜著　清康熙十七年(1678)書林許氏傳萬堂刻本　八冊　缺八卷(二集八卷)

410000－2203－0002768　415/10

桐城吳先生尺牘五卷補遺一卷諭兒書一卷　（清）吳汝綸撰　清光緒二十九年(1903)刻本　一冊　存一卷(尺牘一)

410000－2203－0002769　415/14

留芳盦尺牘叢殘四卷 （清）嚴籀撰 清咸豐
六年(1856)刻本 一冊

410000－2203－0002770 415/12

適軒尺牘八卷 （清）徐菊生著 清光緒元年
(1875)刻本 四冊

410000－2203－0002771 415/16

活套稱呼尺牘彙解四卷 （清）江耀亭纂 清
宣統元年(1909)上海文盛堂石印本 二冊

410000－2203－0002772 415/18

分類尺牘備覽正集八卷續集八卷 （清）柴冕
英輯 清光緒三十年(1904)上海廣益石印本
六冊 存十二卷(正集一至四、續集八卷)

410000－2203－0002773 415/15B

管注秋水軒尺牘四卷增注筆耕齋尺牘提要一
卷 （清）許思湄著 （清）婁世瑞注釋
（清）管斯駿補注 清光緒十一年(1885)上洋
江左書林刻本 五冊

410000－2203－0002774 415/19

枕善堂尺牘一隅二十卷 （清）陳大溶著 清
同治元年(1862)丹揚文會堂刻本 十一冊
存十八卷(一至十八)

410000－2203－0002775 415/15C

秋水軒尺牘四卷 （清）許思湄著 （清）沈桂
森 （清）許世壽校 清道光十五年(1835)大
西山房刻本 一冊

410000－2203－0002776 415/20

分類尺牘備覽三十卷 （清）王虎榜輯 清光
緒二十六年(1900)上海富文書局石印本
六冊

410000－2203－0002777 415/21

翁松禪手札不分卷 （清）翁同龢撰 清宣統
三年(1911)常熟俞氏石印本 十冊

410000－2203－0002778 415/21

翁松禪手札不分卷 （清）翁同龢撰 清宣統
三年(1911)常熟俞氏石印本 十冊

410000－2203－0002779 415/20B

分類尺牘備覽十卷續四卷 （清）王虎榜輯

清光緒三十年(1904)上海同文社鉛印本 七
冊 存十三卷(二至十、續四卷)

410000－2203－0002780 415/22

培遠堂手札節存不分卷 （清）陳宏謀著 清
光緒十七年(1891)刻本 一冊

410000－2203－0002781 415/23

公侯將相錦囊尺牘四卷 （清）郭嵩燾編 清
光緒十一年(1885)刻本 二冊

410000－2203－0002782 415/26

曾文正公雜著二卷 （清）曾國藩撰 清光緒
二年(1876)傳忠書局刻曾文正公全集本
二冊

410000－2203－0002783 415/24

曾文正公書劄三十三卷 （清）曾國藩著 清
光緒二年(1876)傳忠書局刻曾文正公全集本
十七冊

410000－2203－0002784 415/27B

增注寫信必讀十卷 （清）唐芸洲著 清光緒
三十三年(1907)上海商務印書館鉛印本
四冊

410000－2203－0002785 415/29

翰海十二卷 （明）陳繼儒鑒定 清末鉛印本
六冊

410000－2203－0002786 415/33

依樣葫蘆四卷 題（清）畏壘山人彙 題（清）
香湖居士錄 清嘉慶九年(1804)刻本 二冊

410000－2203－0002787 415/34

咀華錄四卷 題（清）凝瑞堂主人輯 清道光
二十年(1840)凝瑞堂刻本 四冊

410000－2203－0002788 415/30

雲林別墅新輯酬世錦囊書啟合編初集八卷
（清）謝梅林 （清）鄒可庭定 （清）鄒景揚
輯 清乾隆三十六年(1771)刻本 四冊

410000－2203－0002789 415/37

名賢手札不分卷 （清）郭子瀟輯 清光緒十
一年(1885)上海同文書局石印本 四冊

410000－2203－0002790 415/37B

名賢手札不分卷　（清）郭子瀰輯　清光緒十一年（1885）上海同文書局石印本　四冊

410000－2203－0002791　415/31

雲林別墅纂輯酬世錦囊書啟續編四卷對聯雋句續編五卷家禮纂要續編五卷稱呼帖式續編三卷天下路程續編二卷　（清）謝梅林　（清）鄒可庭輯　（清）鄒景揚等訂正　清乾隆五十五年（1790）刻本　八冊

410000－2203－0002792　415/13

詳注嚶求集二卷　（清）繆艮著　（清）倪照注　（清）楊殿奎校　清光緒十六年（1890）上海江左書林石印本　四冊

410000－2203－0002793　415/48

六梅書屋尺牘四卷　（清）凌丹陛存藁　（清）王澍校閱　（清）凌承家加評　（清）凌釗　（清）凌錢校訂　清同治十一年（1872）刻本　四冊

410000－2203－0002794　415/39

湖北試牘六卷　（清）趙尚輔輯　清光緒十七年（1891）鄂省三佛閣陶子麟刻本　六冊

410000－2203－0002795　415/40

欽定狀元策不分卷　（清）陳冕等撰　清刻本　一冊

410000－2203－0002796　415/42

依樣葫蘆四卷　題（清）畏壘山人纂　題（清）香湖居士錄　清刻本　四冊

410000－2203－0002797　415/43

枕善堂尺牘一隅二十卷　（清）陳大溶著　清刻本　一冊　存一卷（六）

410000－2203－0002798　415/45

賞奇堂尺牘四卷　（清）陳遇麟輯　清抄本　一冊　存一卷（一）

410000－2203－0002799　415/45

賞奇堂尺牘四卷　（清）陳遇麟輯　清刻本　二冊　存三卷（一至三）

410000－2203－0002800　415/46

管注合刻春雲閣尺牘四卷　（清）龔萼著

（清）王嵩慶　（清）戴寶林校　（清）管斯駿重訂　清光緒十年（1884）蘇城管氏刻本　二冊

410000－2203－0002801　415/47

適軒尺牘八卷　（清）徐菊生著　清光緒元年（1875）刻本　四冊

410000－2203－0002802　415/50

惜抱先生尺牘八卷　（清）姚鼐撰　清咸豐五年（1855）楊氏海源閣刻本　二冊

410000－2203－0002803　415/53

滋園粵游尺牘四卷　（清）劉家柱輯　清同治九年（1870）刻本　一冊　存三卷（一、三至四）

410000－2203－0002804　415/55

曾文正公家書十卷　（清）曾國藩撰　清光緒十三年（1887）鴻文書局鉛印本　五冊

410000－2203－0002805　415/56

知味軒稟言四卷啟事四卷　（清）陳毓靈撰　（清）程仁基等校訂　清道光二十六年（1846）文英堂刻本　十冊

410000－2203－0002806　415/54

曾文正公家書十卷家訓二卷大事記四卷榮哀錄一卷　（清）曾國藩撰　（清）王安定著　清末上海著易堂書局石印本　八冊

410000－2203－0002807　415/54B

曾文正公家書十卷家訓二卷大事記四卷榮哀錄一卷　（清）曾國藩撰　（清）王安定著　清光緒十九年（1893）上海圖書集成印書局鉛印本　七冊　存十三卷（家書十卷，家訓二卷，榮哀錄一卷）

410000－2203－0002808　415/60

曾文正公家書十卷家訓二卷大事記四卷榮哀錄一卷　（清）曾國藩撰　（清）王安定撰　清光緒三十一年（1905）上海商務印書館鉛印本　四冊　存十卷（家書一至四、九至十，大事記四卷）

410000－2203－0002809　415/61

歷代名人尺牘精華錄十二卷　（明）陳繼儒鑒定　（明）沈佳允輯　清宣統元年(1909)上海國學昌明社石印本　四冊

410000－2203－0002810　415/58

賴古堂名賢尺牘新鈔十二卷二選藏弆集十六卷三選結隣集十五卷　（清）周亮工輯　（清）周在梁等鈔　清宣統三年(1911)上海國學扶輪社石印本　十六冊

410000－2203－0002811　415/63

新輯尺牘合璧四卷　（清）許思湄著　（清）婁世瑞注　題(清)寄虹軒主人輯　清光緒二十二年(1896)上海點石齋石印本　二冊

410000－2203－0002812　415/65

古竹圃藏札不分卷　（清）宋犖輯　清抄本　一冊

410000－2203－0002813　416/2

會試闈墨光緒辛丑壬寅恩正併科不分卷　(清)周蘊良等撰　清光緒文明堂刻本　一冊

410000－2203－0002814　416/1

河南闈墨光緒乙酉科不分卷　（清）蕭紹鄴等撰　清光緒十一年(1885)文明堂刻本　一冊

410000－2203－0002815　416/3

會試闈墨光緒甲辰恩科不分卷　（清）譚延闓等撰　清光緒文明堂刻朱印本　一冊

410000－2203－0002816　416/4

中國史研究法八集　周嵩年纂　清宣統二年(1910)河南大公石印本　一冊

410000－2203－0002817　416/5

順天鄉試卷光緒壬寅補行庚子辛丑恩正併科不分卷　（清）趙長鑑撰　清光緒刻本　一冊

410000－2203－0002818　416/5

順天鄉試卷光緒壬寅補行庚子辛丑恩正併科不分卷　（清）趙長鑑撰　清光緒刻本　一冊

410000－2203－0002819　416/5

順天鄉試卷光緒壬寅補行庚子辛丑恩正併科不分卷　（清）趙長鑑撰　清光緒刻本　一冊

410000－2203－0002820　416/5

順天鄉試墨卷光緒癸卯恩科不分卷　（清）李用衡撰　清光緒刻本　一冊

410000－2203－0002821　416/6

澄衷蒙學堂字課圖說四卷檢字一卷類字一卷　劉樹屏撰　吳子城繪圖　清光緒三十年(1904)澄衷蒙學堂石印本　八冊

410000－2203－0002822　416/7

目耕齋讀本初集不分卷二刻不分卷小題偶編不分卷　（清）徐楷評注　（清）沈叔眉選　清光緒元年(1875)京都化甲堂刻本　五冊

410000－2203－0002823　416/8

木天課存詠古試帖選注二卷　（清）陶福恒著　（清）張苪評選　（清）陶綏康注釋　清道光二十二年(1842)刻本　二冊

410000－2203－0002824　416/9

河南鄉試闈墨光緒補行庚子辛丑恩正併科不分卷　（清）萬世清等撰　清光緒二十八年(1902)文明堂刻本　一冊

410000－2203－0002825　416/9

河南鄉試闈墨光緒補行庚子辛丑恩正併科不分卷　（清）萬世清等撰　清光緒二十八年(1902)文明堂刻本　一冊

410000－2203－0002826　416/10

河南鄉試闈墨光緒癸卯恩科不分卷　（清）常三省等撰　清光緒二十九年(1903)文明堂刻本　一冊

410000－2203－0002827　416/10

河南鄉試闈墨光緒癸卯恩科不分卷　（清）常三省等撰　清光緒二十九年(1903)文明堂刻本　一冊

410000－2203－0002828　416/11

養雲山館試帖四卷　（清）許球著　（清）王榮絃注釋　（清）汪廷儒　（清）徐景軾參訂　清道光二十七年(1847)刻本　四冊

410000－2203－0002829　42/1B

楚辭集注八卷　（宋）朱熹撰　清乾隆聽雨齋刻朱墨套印本　六冊

410000－2203－0002830　42/1C

楚辭集注八卷 （宋）朱熹撰　清乾隆聽雨齋
刻朱墨套印本　四冊

410000－2203－0002831　42/2

楚辭燈四卷楚懷襄二王在位事蹟考一卷
（清）林雲銘論述　清益智堂刻本　四冊

410000－2203－0002832　42/3

楚辭章句十七卷 （漢）劉向集　（漢）王逸章
句　清光緒九年(1883)長沙書堂山館刻本
六冊

410000－2203－0002833　42/2B

楚辭燈四卷楚懷襄二王在位事蹟考一卷
（清）林雲銘論述　清康熙三十六年(1697)刻
本　四冊

410000－2203－0002834　42/5

離騷注一卷　王樹枏注　清文莫室刻本
一冊

410000－2203－0002835　431/1

庾子山全集十卷附錄一卷　（北周）庾信撰
（清）吳兆宜箋注　清康熙刻本　四冊

410000－2203－0002836　431/2

庾開府集二卷　（北周）庾信著　清永康退補
齋刻本　三冊

410000－2203－0002837　431/1B

**庾子山集十六卷題辭一卷年譜一卷世系圖一
卷本傳一卷滕王序一卷總釋一卷**　（北周）庾
信撰　（清）倪璠注釋　清刻本　十二冊

410000－2203－0002838　431/2B

庾開府集二卷　（北周）庾信著　（清）嚴琳校
字　清刻本　二冊

410000－2203－0002839　431/1C

庾子山集十六卷　（北周）庾信撰　（清）倪璠
注釋　**年譜一卷總釋一卷**　（清）倪璠撰　清
光緒十六年(1890)廣州經史閣刻本　十二冊

410000－2203－0002840　431/1D

庾子山集十六卷　（北周）庾信撰　（清）倪璠
注釋　**年譜一卷總釋一卷**　（清）倪璠撰　清

光緒二十年(1894)儒雅堂刻本　十二冊

410000－2203－0002841　431/1E

庾子山集十六卷　（北周）庾信撰　（清）倪璠
注釋　**年譜一卷總釋一卷**　（清）倪璠撰　清
金閶書業堂刻本　十二冊

410000－2203－0002842　431/1F

庾子山全集十卷附錄一卷　（北周）庾信撰
（清）吳兆宜箋注　清貴文堂刻本　十冊

410000－2203－0002843　431/3

蔡中郎集十卷外紀一卷外集四卷傳表一卷
（漢）蔡邕撰　（清）高均儒輯　清咸豐二年
(1852)楊氏海源閣刻本　三冊

410000－2203－0002844　431/4

鮑參軍集二卷　（南朝宋）鮑照著　清退補齋
刻本　一冊

410000－2203－0002845　431/4B

鮑參軍集二卷　（南朝宋）鮑照著　清刻本
一冊

410000－2203－0002846　431/5

謝宣城集五卷　（南朝齊）謝朓著　清退補齋
刻本　一冊

410000－2203－0002847　431/3B

蔡中郎文集十卷外傳一卷　（漢）蔡邕撰
（清）陸心源校　清光緒七年(1881)吳興陸氏
十萬卷樓刻本　二冊

410000－2203－0002848　431/10

重訂文選集評十五卷首一卷末一卷　（南朝
梁）蕭統輯　（清）于光華編次　清乾隆四十
五年(1780)刻本　十六冊

410000－2203－0002849　431/7

武侯全書二十卷首一卷　（三國蜀）諸葛亮撰
（清）趙承恩編　清光緒十年(1884)舊學山
房刻本　十二冊

410000－2203－0002850　431/8

諸葛丞相集四卷　（三國魏）諸葛亮著　（清）
朱璘纂輯　清康熙三十七年(1698)萬卷堂刻
本　四冊

410000－2203－0002851　431/12

漢丞相諸葛忠武侯集二十一卷　（三國魏）諸葛亮撰　（明）諸葛羲基編輯　清嘉慶刻本　六冊　存六卷（一至六）

410000－2203－0002852　431/13

傅中丞集一卷　（晉）傅咸著　（明）張溥閱

潘太常集一卷　（晉）潘尼著　（明）張溥閱　清刻本　一冊

410000－2203－0002853　431/16

六臣注文選六十卷　（南朝梁）蕭統撰　（唐）李善等注　（明）崔孔昕等校　明萬曆二年(1574)崔孔昕刻六年(1578)徐成位重修本　四十冊　存三十九卷（一至六、十六至三十一、三十六至四十四、五十三至六十）

410000－2203－0002854　431/22

陶淵明集八卷首一卷末一卷　（晉）陶潛撰　清光緒六年(1880)刻朱墨套印本　四冊

410000－2203－0002855　431/24

徐孝穆全集六卷　（南朝陳）徐陵撰　（清）吳兆宜箋注　清光緒四年(1878)西齋別墅刻本　三冊

410000－2203－0002856　431/25

陶淵明集十卷　（晉）陶潛撰　清光緒二年(1876)刻本　一冊

410000－2203－0002857　431/19

陶靖節集八卷附錄一卷　（晉）陶潛撰　蘇東坡和陶詩二卷　（宋）蘇軾撰　明萬曆四十七年(1619)刻本　四冊

410000－2203－0002858　431/26

陶淵明詩不分卷　（晉）陶潛撰　清光緒元年(1875)影宋刻本　一冊

410000－2203－0002859　431/20

陶靖節集十卷總論一卷　（晉）陶潛撰　（宋）湯漢等箋注　明萬曆刻本　二冊　存十卷（一至九、總論一卷）

410000－2203－0002860　431/21

陶淵明文集十卷　（晉）陶潛撰　清康熙三十

三年(1694)汲古閣毛扆刻本　三冊

410000－2203－0002861　431/17

陶靖節集不分卷　（晉）陶潛撰　明天啓五年(1625)毛氏綠君亭刻本　一冊

410000－2203－0002862　432/1

昌黎先生集四十卷外集十卷遺文四卷　（唐）韓愈撰　（唐）李漢編　清宣統三年(1911)石印本　十冊

410000－2203－0002863　431/18

任彥升集六卷　（南朝梁）任昉著　（明）呂兆禧校　明萬曆十八年(1590)呂兆禧刻本　二冊

410000－2203－0002864　432/1B

昌黎先生集四十卷　（唐）韓愈撰　（唐）李漢編　清宣統三年(1911)石印本　八冊

410000－2203－0002865　432/1C

朱文公校昌黎先生文集四十卷外集十卷遺文一卷集傳一卷　（唐）韓愈撰　（唐）李漢編集　（宋）朱熹考異　（宋）王伯大音釋　明萬曆刻本　十一冊　存五十一卷（文集二至四十、外集十卷、遺文一卷、集傳一卷）

410000－2203－0002866　432/2

杜詩鏡銓二十卷本傳一卷年譜一卷墓誌一卷　（唐）杜甫撰　（清）楊倫編輯　讀書堂杜工部文集注解二卷　（清）張潛評注　（清）張榕端等校訂　清同治十一年(1872)望三益齋刻本　十冊

410000－2203－0002867　432/2B

杜詩鏡銓二十卷本傳一卷年譜一卷墓誌一卷　（唐）杜甫撰　（清）楊倫編輯　讀書堂杜工部文集注解二卷　（清）張潛評注　（清）張榕端等校訂　清同治十一年(1872)望三益齋刻本　十二冊

410000－2203－0002868　432/4

李太白文集三十卷　（唐）李白撰　（清）繆曰芑校　清光緒十四年(1888)湖北官書局刻本　四冊

410000－2203－0002869　432/3

杜工部集二十卷首一卷　（唐）杜甫撰　**唱酬題詠附錄一卷諸家詩話一卷**　清乾隆五十年(1785)玉勾草堂刻本　十冊

410000－2203－0002870　432/4B

李太白文集三十六卷　（唐）李白撰　（清）王琦輯注　清乾隆二十三年(1758)聚錦堂刻本　十六冊

410000－2203－0002871　432/4B

李太白文集三十六卷　（唐）李白撰　（清）王琦輯注　清乾隆二十三年(1758)聚錦堂刻本　十六冊

410000－2203－0002872　432/3B

杜工部集二十卷　（唐）杜甫撰　（清）錢謙益箋注　**諸家詩話一卷唱酬題詠附錄一卷少陵先生年譜一卷附錄一卷**　清康熙六年(1667)季氏靜思堂刻本　八冊

410000－2203－0002873　432/5

唐柳河東集四十五卷遺文一卷外集五卷附錄一卷　（唐）柳宗元撰　（明）蔣之翹輯注　清乾隆五十三年(1788)張廷理雙梧居刻嘉慶十三年(1808)重修本　十六冊

410000－2203－0002874　432/3C

杜工部集二十卷首一卷　（唐）杜甫撰　**唱酬題詠附錄一卷諸家詩話一卷**　清乾隆五十年(1785)玉勾草堂刻本　十冊

410000－2203－0002875　432/6

河東先生文集六卷　（唐）柳宗元撰　清宣統二年(1910)上海會文堂書局石印本　六冊

410000－2203－0002876　432/8B

白香山詩長慶集二十卷後集十七卷別集一卷補遺二卷　（唐）白居易撰　（清）汪立名編訂　**年譜一卷**　（清）汪立名撰　**年譜舊本一卷**　（宋）陳振孫撰　清康熙四十一年至四十二年(1702－1703)汪立名一隅草堂刻本　十冊

410000－2203－0002877　432/9

楊盈川集十卷　（唐）楊炯撰　清刻本　三冊

410000－2203－0002878　432/10

盧昇之集七卷　（唐）盧照鄰撰　清刻本　二冊

410000－2203－0002879　432/11

樊南文集補編十二卷附錄一卷　（唐）李商隱撰　（清）錢振倫箋　（清）錢振常注　清同治五年(1866)師山高行篤署刻本　四冊

410000－2203－0002880　432/8C

白氏長慶集七十一卷附錄一卷　（唐）白居易著　（明）馬元調校　明萬曆三十四年(1606)松江馬元調刻元白長慶集本　七冊　存三十一卷(三十六至四十一、四十七至七十一)

410000－2203－0002881　432/13

溫飛卿詩集七卷別集一卷集外詩一卷　（唐）溫庭筠撰　（明）曾益注　（清）顧予咸補注　（清）顧嗣立續注　清宣統二年(1910)石印本　四冊

410000－2203－0002882　432/12

玉谿生詩詳注三卷首一卷　（唐）李商隱撰　（清）馮浩編訂　清嘉慶元年(1796)德聚堂刻本　四冊

410000－2203－0002883　432/13B

溫飛卿詩集七卷別集一卷集外詩一卷　（唐）溫庭筠撰　（明）曾益注　（清）顧予咸補注　（清）顧嗣立續注　清宣統二年(1910)石印本　四冊

410000－2203－0002884　432/13C

溫飛卿詩集七卷別集一卷集外詩一卷　（唐）溫庭筠撰　（明）曾益注　（清）顧予咸補注　（清）顧嗣立續注　清光緒八年(1882)萬軸山房刻本　二冊

410000－2203－0002885　432/14

韋蘇州集十卷　（唐）韋應物撰　清宣統三年(1911)影印本　六冊

410000－2203－0002886　432/13D

溫飛卿詩集七卷別集一卷集外詩一卷　（唐）溫庭筠撰　（明）曾益注　（清）顧予咸補注　（清）顧嗣立續注　清康熙三十六年(1697)長

洲顧氏秀野草堂刻本　二冊

410000－2203－0002887　432/14B

韋蘇州集十卷　（唐）韋應物撰　清宣統三年(1911)上海文寶書局石印本　二冊

410000－2203－0002888　432/19

孫可之文集二卷　（唐）孫樵撰　清宣統二年(1910)守政書局鉛印本　二冊

410000－2203－0002889　432/19

孫可之文集二卷　（唐）孫樵撰　清宣統二年(1910)守政書局鉛印本　二冊

410000－2203－0002890　432/19

孫可之文集二卷　（唐）孫樵撰　清宣統二年(1910)守政書局鉛印本　二冊

410000－2203－0002891　432/15

王右丞集二十八卷首一卷末一卷　（唐）王維撰　（清）趙殿成輯錄　清乾隆二年(1737)刻本　八冊

410000－2203－0002892　432/15

王右丞集二十八卷首一卷末一卷　（唐）王維撰　（清）趙殿成輯錄　清乾隆二年(1737)刻本　八冊

410000－2203－0002893　432/22

河岳英靈集二卷　（唐）殷璠輯　清光緒四年(1878)賴豐烈揚州刻本　二冊

410000－2203－0002894　432/23

王子安集十六卷　（唐）王勃撰　清星渚項氏刻本　四冊

410000－2203－0002895　432/27

習之先生文集二卷　（唐）李翱撰　清宣統三年(1911)上海會文堂書局石印本　二冊

410000－2203－0002896　432/27

習之先生文集二卷　（唐）李翱撰　清宣統三年(1911)上海會文堂書局石印本　二冊

410000－2203－0002897　432/24

昌黎先生詩集注十一卷　（唐）韓愈撰　（清）顧嗣立刪補　（清）朱彝尊　（清）何焯評　清道光十六年(1836)應德堂刻朱墨套印本

四冊

410000－2203－0002898　432/30B

李義山詩集三卷　（唐）李商隱撰　（清）朱鶴齡箋注　（清）沈厚塽輯評　清同治九年(1870)廣州倅署刻三色套印本　四冊

410000－2203－0002899　432/30C

李義山詩集三卷　（唐）李商隱撰　（清）朱鶴齡箋注　（清）沈在寬校閱　清金陵葉永茹刻本　六冊

410000－2203－0002900　432/24B

昌黎先生詩集注十一卷　（唐）韓愈撰　（清）顧嗣立刪補　清康熙三十八年(1699)長洲顧氏秀野草堂刻本　七冊　存七卷(一、四至九)

410000－2203－0002901　432/24C

昌黎先生詩集注十一卷　（唐）韓愈撰　（清）顧嗣立刪補　清康熙三十八年(1699)長洲顧氏秀野草堂刻本　四冊

410000－2203－0002902　432/30D

李義山詩集三卷　（清）朱鶴齡箋注　清素位堂刻本　四冊

410000－2203－0002903　432/24D

昌黎先生詩集注十一卷　（唐）韓愈撰　（清）顧嗣立刪補　清康熙三十八年(1699)長洲顧氏秀野草堂刻本　四冊　存七卷(一、四至九)

410000－2203－0002904　432/25

讀杜心解六卷首二卷　（唐）杜甫撰　（清）浦起龍解　清雍正二年(1724)浦氏寧我齋刻本　十二冊

410000－2203－0002905　432/34

杜詩論文五十六卷　（唐）杜甫撰　（清）吳見思注　（清）潘眉評　清康熙十一年(1672)岱淵堂刻本　十冊　存四十七卷(五至三十五、四十一至五十六)

410000－2203－0002906　432/35

大唐新語十三卷　（唐）劉肅撰　明刻本　一

冊　存五卷(七、十至十三)

410000－2203－0002907　432/33

律詩拗體四卷古韻圖說一卷　(清)李兆元著
清道光二年(1822)十二筆舫刻本(有圖)
一冊

410000－2203－0002908　432/37

岑嘉州集八卷　(唐)岑參撰　清光緒十年
(1884)上海同文書局石印本　一冊

410000－2203－0002909　432/36

韓文起十二卷　(唐)韓愈撰　(清)林雲銘評
注　**韓文公年譜一卷**　(清)林雲銘編　清康
熙三十二年(1693)林雲銘刻本　八冊

410000－2203－0002910　432/39

唐陸宣公集二十二卷　(唐)陸贄撰　(清)年
羹堯校訂　清乾隆五年(1740)雲林懷德堂刻
本　六冊

410000－2203－0002911　432/40

昌黎先生集四十卷外集十卷遺文一卷　(唐)
韓愈撰　(宋)廖瑩中校正　**朱子校昌黎先生
集傳一卷**　明東吳徐氏東雅堂刻清初冠山堂
重修本　十六冊

410000－2203－0002912　432/46

高常侍集十卷　(唐)高適撰　清光緒十年
(1884)上海同文書局石印本　一冊

410000－2203－0002913　432/48

駱賓王文集十卷　(唐)駱賓王撰　(唐)郗雲
卿輯　清嘉慶二十一年(1816)刻本　四冊

410000－2203－0002914　432/41

分類補注李太白詩二十五卷　(唐)李白撰
(宋)楊齊賢集注　(元)蕭士贇補注　(明)
許自昌校　**年譜一卷**　(宋)薛仲邕編　明末
古吳汪復初刻本　十四冊

410000－2203－0002915　432/49

唐女郎魚玄機詩一卷　(唐)魚玄機撰　徐乃
昌輯　清光緒三十一年(1905)影宋刻本
一冊

410000－2203－0002916　432/43

杜工部七言律詩不分卷　(唐)杜甫撰　(元)
虞集注　明王同倫刻本　二冊

410000－2203－0002917　432/44

駱賓王集二卷　(唐)駱賓王撰　明刻本
一冊

410000－2203－0002918　432/52

唐陸宣公集二十四卷　(唐)陸贄撰　清光緒
十七年(1891)刻本　六冊

410000－2203－0002919　432/45

集千家注杜工部詩集二十卷文集二卷　(唐)
杜甫撰　明萬曆長洲許自昌刻本　七冊　存
十六卷(詩集二至五、八至十五、十九至二十、
文集二卷)

410000－2203－0002920　432/53

韋蘇州詩集二卷　(唐)韋應物撰　清刻本
一冊

410000－2203－0002921　432/54

樊川文集二十卷外集一卷別集一卷　(唐)杜
牧撰　清光緒二十二年(1896)景蘇園影宋刻
本　六冊

410000－2203－0002922　432/56

柳柳州外集一卷附錄一卷　(唐)柳宗元撰
清光緒十三年(1887)寶章閣影宋刻本　一冊

410000－2203－0002923　433/1

欒城應詔集十二卷後集二十四卷三集十卷
(宋)蘇轍撰　清道光十二年(1832)刻本　十
三冊

410000－2203－0002924　433/2

安陽集五十卷忠獻韓魏王家傳十卷別錄三卷
　(宋)韓琦著　(清)黃邦寧重修　**遺事一卷**
(宋)強至編　清乾隆四年(1739)陳錫輅刻
三十五年(1770)黃邦寧重修咸豐印本　十冊

410000－2203－0002925　433/3

蘇東坡全集一百十卷　(宋)蘇軾撰　**東坡先
生年譜一卷**　(宋)王宗稷編　**東坡墓志銘一
卷**　(宋)蘇轍撰　**校記二卷**　繆荃孫撰　清
宣統元年(1909)刻本　四十八冊

410000－2203－0002926　433/2

安陽集五十卷忠獻韓魏王家傳十卷別錄三卷
（宋）韓琦著　（清）黃邦寧重修　**遺事一卷**
（宋）強至編　清乾隆四年(1739)陳錫輅刻
三十五年(1770)黃邦寧重修咸豐印本　十冊

410000－2203－0002927　433/2B

安陽集五十卷忠獻韓魏王家傳十卷別錄三卷
（宋）韓琦著　（清）黃邦寧重修　**遺事一卷**
（宋）強至編　清乾隆四年(1739)陳錫輅刻
三十五年(1770)黃邦寧重修咸豐印本　十冊

410000－2203－0002928　433/2C

安陽集五十卷忠獻韓魏王家傳十卷別錄三卷
（宋）韓琦著　（清）黃邦寧重修　**遺事一卷**
（宋）強至編　清乾隆四年(1739)陳錫輅刻
三十五年(1770)黃邦寧重修本　十冊

410000－2203－0002929　433/4

河南先生文集二十七卷附錄一卷　（宋）尹洙
撰　清宣統二年(1910)守政書局刻本　四冊

410000－2203－0002930　433/5

斜川集六卷　（宋）蘇過著　清道光七年
(1827)眉州三蘇祠刻本　二冊

410000－2203－0002931　433/6

蘇文忠公詩集五十卷　（宋）蘇軾撰　（清）紀
昀評點　清同治八年(1869)韞玉山房刻朱墨
套印本　十二冊

410000－2203－0002932　433/7

蘇文忠詩合注五十卷首一卷　（宋）蘇軾撰
（清）馮應榴輯訂　清乾隆六十年(1795)踵息
齋刻本　二十四冊

410000－2203－0002933　433/8

施注蘇詩四十二卷續補遺二卷　（宋）蘇軾撰
（宋）施元之注　（清）邵長蘅等刪補
（清）馮景補注　清光緒二十九年(1903)開封
王氏澤古山房刻本　十六冊

410000－2203－0002934　433/8

施注蘇詩四十二卷續補遺二卷　（宋）蘇軾撰
（宋）施元之注　（清）邵長蘅等刪補
（清）馮景補注　清光緒二十九年(1903)開封

王氏澤古山房刻本　十六冊

410000－2203－0002935　433/8

施注蘇詩四十二卷續補遺二卷　（宋）蘇軾撰
（宋）施元之注　（清）邵長蘅等刪補
（清）馮景補注　清光緒二十九年(1903)開封
王氏澤古山房刻本　十六冊

410000－2203－0002936　433/8B

施注蘇詩四十二卷續補遺二卷　（宋）蘇軾撰
（宋）施元之注　（清）邵長蘅等刪補
（清）馮景補注　清刻本　八冊

410000－2203－0002937　433/8C

施注蘇詩四十二卷續補遺二卷　（宋）蘇軾撰
（宋）施元之注　（清）邵長蘅等刪補
（清）馮景補注　清刻本　十二冊

410000－2203－0002938　433/9

黃詩全集五十八卷　（宋）黃庭堅撰　（宋）史
容等注　清乾隆五十三年(1788)樹經堂刻本
(有圖)　二十四冊

410000－2203－0002939　433/10

山谷詩集注三十九卷　（宋）黃庭堅撰　（宋）
史容等注　清光緒二十五年(1899)刻本　二
十四冊

410000－2203－0002940　433/11

王臨川全集一百卷目錄二卷　（宋）王安石撰
清光緒九年(1883)聽香館刻本　十六冊

410000－2203－0002941　433/11B

王臨川全集一百卷目錄二卷　（宋）王安石撰
清光緒九年(1883)聽香館刻本　十六冊

410000－2203－0002942　433/12

孫明復小集三卷　（宋）孫復撰　清光緒十五
年(1889)榮成孫氏問經精舍刻孫氏山淵閣叢
刊本　一冊

410000－2203－0002943　433/13

**西山先生真文忠公文集五十五卷目錄二卷補
遺一卷**　（宋）真德秀撰　（明）楊鸑重脩
（明）丁辛重較　**心經一卷政經一卷**　（清）真
祖蔭等重梓　清同治四年(1865)蒲城拱極堂

刻本　二十九冊

410000－2203－0002944　433/13B
西山先生真文忠公文集五十五卷目錄二卷
(宋)真德秀撰　(明)楊鶚重脩　(明)丁辛
重較　明萬曆二十六年(1598)刻崇禎十一年
(1638)清康熙四年(1665)遞修本　二冊　存
三卷(一至三)

410000－2203－0002945　433/13B
西山先生真文忠公文集五十五卷目錄二卷
(宋)真德秀撰　(明)楊鶚重脩　(明)丁辛
重較　明萬曆二十六年(1598)刻崇禎十一年
(1638)清康熙四年(1665)遞修本　二十三冊
存五十五卷(一、四至五十五,目錄二卷)

410000－2203－0002946　433/14
劍南詩鈔不分卷　(宋)陸游著　(清)楊大鶴
選　清康熙二十四年(1685)毗陵楊氏刻本
八冊

410000－2203－0002947　433/14
劍南詩鈔不分卷　(宋)陸游著　(清)楊大鶴
選　清康熙二十四年(1685)毗陵楊氏刻本
八冊

410000－2203－0002948　433/16B
岳忠武王文集八卷首一卷末一卷　(宋)岳飛
撰　(清)鄒鈫　(清)葉爾安校字　清乾隆開
封喬文耀齋刻本　四冊

410000－2203－0002949　433/15
宋王忠文公文集五十卷目錄四卷　(宋)王十
朋著　(清)唐傅鈺重編　清光緒二年(1876)
梅溪書院刻本　十六冊

410000－2203－0002950　433/17B
東萊博議四卷　(宋)呂祖謙編　(清)張文炳
評點　**增補虛字注釋六卷**　(清)馮泰松點定
清有懷堂刻本　一冊

410000－2203－0002951　433/17C
東萊博議四卷　(宋)呂祖謙撰　**增補虛字注
釋一卷**　(清)馮泰松點定　清光緒二十四年
(1898)寶興堂刻本　四冊

410000－2203－0002952　433/20
宋四名家詩　(清)周之鱗　(清)柴升選　清
有文堂刻本　八冊

410000－2203－0002953　433/17E
東萊博議四卷　(宋)呂祖謙撰　**增補虛字注
釋一卷**　(清)馮泰松點定　清光緒十五年
(1889)善成堂刻本　四冊

410000－2203－0002954　433/21
二程文集十二卷　(宋)程顥　(宋)程頤撰
(清)張伯行　(清)楊浚重輯　清同治五年
(1866)福州正誼書院刻正誼堂全書本　四冊

410000－2203－0002955　433/17F
東萊博議四卷　(宋)呂祖謙撰　(清)張明德
(清)孫執升評　**增補虛字注釋一卷**　(清)
馮泰松點定　清光緒二十二年(1896)金陵三
善書屋刻本　四冊

410000－2203－0002956　433/23
**歐陽文忠公全集一百五十三卷首一卷附錄五
卷**　(宋)歐陽修撰　清光緒二十八年(1902)
周氏慕濂山房刻本　三十二冊

410000－2203－0002957　433/17G
東萊博議四卷　(宋)呂祖謙撰　**增補虛字注
釋一卷**　(清)馮泰松點定　清光緒二十四年
(1898)萬育堂刻本　四冊

410000－2203－0002958　433/23B
歐陽文忠公全集一百五卷目錄一卷　(宋)歐
陽修撰　清康熙十一年(1672)吉水曾弘刻本
七冊　存五十三卷(五十三至一百五)

410000－2203－0002959　433/17I
東萊博議四卷　(宋)呂祖謙編　(清)張文炳
評點　**增補虛字注釋一卷**　(清)馮泰松點定
清光緒二十九年(1903)汴梁同文堂刻本
二冊　存三卷(一至二、增補虛字注釋一卷)

410000－2203－0002960　433/17J
東萊博議四卷　(宋)呂祖謙撰　**增補虛字注
釋一卷**　(清)馮泰松點定　清光緒二十八年
(1902)新化三昧書室刻本　四冊

410000－2203－0002961　433/17K

東萊先生左氏博議二十五卷首一卷　（宋）呂祖謙撰　增補虛字備考注釋一卷　（清）馮泰松點定　清光緒二十四年(1898)著易堂石印本　二冊

410000－2203－0002962　433/17L

東萊先生左氏博議二十五卷　（宋）呂祖謙撰　增補虛字備考注釋六卷　（清）馮泰松點定　清道光十九年(1839)錢唐瞿氏清吟閣刻本　六冊

410000－2203－0002963　433/23C

歐陽文忠公全集一百五十三卷首一卷附錄五卷　（宋）歐陽修撰　清嘉慶二十四年(1819)廬陵歐陽衡刻本　二十冊　存一百三十七卷（一至四十四、五十八至八十二、八十六至一百十五、一百二十二至一百五十三,首一卷,附錄五卷）

410000－2203－0002964　433/23D

歐陽文忠公集一百五十三卷　（宋）歐陽修撰　明刻本　二冊　存十卷(十一至二十)

410000－2203－0002965　433/24

宋大家王文公文抄十六卷　（宋）王安石撰　（明）茅坤批評　明末刻本　四冊

410000－2203－0002966　433/27

漁隱叢話前集六十卷後集四十卷　（宋）胡仔纂集　清乾隆五年至六年(1740－1741)楊佑啓耘經樓刻本　十冊

410000－2203－0002967　433/29

龍川文集三十卷首一卷補遺一卷　（宋）陳亮撰　清宣統三年(1911)掃葉山房石印本　七冊

410000－2203－0002968　433/30

宋詞三百首不分卷　朱祖謀編　清末刻本　一冊

410000－2203－0002969　433/37

新編宋文忠公蘇學士東坡詩話三卷　（宋）蘇軾撰　清崇文堂刻本　一冊　存一卷(上)

410000－2203－0002970　433/39

東坡詞不分卷　（宋）蘇軾撰　清刻本　一冊

410000－2203－0002971　433/33

石林詞一卷補遺一卷　（宋）葉夢得著　（清）葉廷琯校錄　清道光二十九年(1849)吳門葉氏桝華盦刻本　一冊

410000－2203－0002972　433/34

清真集二卷集外詞一卷　（宋）周邦彥撰　（清）李樹屏校　清光緒二十二年(1896)臨桂王鵬運四印齋刻本　一冊

410000－2203－0002973　433/40

節孝先生集三十卷語錄一卷事實一卷　（宋）徐積撰　清刻本　五冊

410000－2203－0002974　433/42

韓集補注四十卷外集十卷　（清）沈欽韓撰　（清）胡承珙訂　清光緒十七年(1891)廣雅書局刻本　一冊

410000－2203－0002975　433/35

四印齋所刻詞二十四種附四印齋彙刻宋元三十一家詞三十一種　（清）王鵬運輯　清光緒十四年(1888)臨桂王氏家塾刻本　一冊　存七種七卷

410000－2203－0002976　433/43

謝康樂集二卷　（南朝宋）謝靈運著　（明）張溥評閱　清刻本　一冊

410000－2203－0002977　433/41

陳同甫集三十卷　（宋）陳亮撰　清嶺南壽經堂木活字印本　八冊

410000－2203－0002978　433/44

司馬溫公文集八十二卷　（宋）司馬光撰　（明）許台儔等訂　明崇禎元年(1628)吳時亮刻清康熙四十七年(1708)蔣起龍補修本　十二冊　存三十四卷(一至十、三十八至六十一)

410000－2203－0002979　433/45

宋李忠定文集三十九卷　（宋）李綱著　清光緒三十四年(1908)愛日堂刻本　八冊

410000 – 2203 – 0002980　433/46

曾南豐文集四卷　（宋）曾鞏撰　清影印本
一冊　存二卷(三至四)

410000 – 2203 – 0002981　433/44B

司馬溫公文集八十二卷　（宋）司馬光撰
（明）譚文化訂　清同治四年(1865)戴儒珍刻
九年(1870)補修本　二十四冊

410000 – 2203 – 0002982　433/48

劍南詩稿八十五卷　（宋）陸游撰　明末毛氏
汲古閣刻本　三十二冊

410000 – 2203 – 0002983　433/49

新刻臨川王介甫先生文集一百卷目錄二卷
（宋）王安石著　（明）李光祚校　明萬曆四十
年(1612)王鳳翔光啓堂刻本　十五冊　存九
十五卷(一至八十二、九十至一百,目錄二卷)

410000 – 2203 – 0002984　433/52

重編東坡先生外集八十六卷　（宋）蘇軾撰
年譜一卷　明萬曆三十六年(1608)康丕揚刻
本　十冊

410000 – 2203 – 0002985　433/53

浮溪集三十二卷　（宋）汪藻撰　清嘉慶抄本
八冊

410000 – 2203 – 0002986　433/54

東坡先生全集七十五卷　（宋）蘇軾撰　明文
盛堂刻本　三十冊

410000 – 2203 – 0002987　433/54B

東坡先生全集七十五卷　（宋）蘇軾撰　明文
盛堂刻本　四十一冊

410000 – 2203 – 0002988　433/54B

東坡詩選十二卷　（宋）蘇軾撰　（明）袁宏道
閱　（明）譚元春選　東坡先生年譜一卷
（宋）王宗稷編　明天啓文盛堂刻本　七冊

410000 – 2203 – 0002989　433/55

宋大家蘇文定公文抄二十卷　（宋）蘇轍撰
（明）茅坤批評　（明）茅著重訂　明末刻本
四冊

410000 – 2203 – 0002990　433/60

梅宛陵先生全集六十卷附錄三卷續金針詩格
一卷　（宋）梅堯臣著　（清）梅枝鳳重訂　清
夜吟樓刻本　十二冊

410000 – 2203 – 0002991　433/61

趙清獻公集十卷　（宋）趙抃撰　清刻本
四冊

410000 – 2203 – 0002992　433/62

宋宗忠簡公集四卷首一卷　（宋）宗澤撰
（明）熊人霖原訂　（清）王廷曾重編　清乾隆
二十六年(1761)義烏學署刻本　二冊

410000 – 2203 – 0002993　433/56

宋邵康節先生伊川擊壤集十卷　（宋）邵雍撰
（明）吳瀚摘注　（明）吳泰增注　（明）吳
元維校閱　洛陽邵氏三世名賢行實圖錄一卷
清康熙八年(1669)邵養定、邵養貞刻乾隆
十五年(1750)洛陽邵富學增刻本　六冊

410000 – 2203 – 0002994　433/64

陶山集十六卷　（宋）陸佃撰　清乾隆四十一
年(1776)武英殿木活字印武英殿聚珍版書本
一冊

410000 – 2203 – 0002995　433/66

南陽集六卷　（宋）趙湘撰　清乾隆三十九年
(1774)武英殿木活字印武英殿聚珍版書本
一冊

410000 – 2203 – 0002996　433/58

東坡全集一百十五卷目錄七卷　（宋）蘇軾撰
年譜一卷　（宋）王宗稷撰　明刻本　九冊
存五十三卷(一至八、二十五至五十六、七
十二至七十六、八十一至八十八)

410000 – 2203 – 0002997　433/67

蘇文忠公海外集四卷　（宋）蘇軾撰　（清）王
時宇重校　清嘉慶十九年(1814)刻本　四冊

410000 – 2203 – 0002998　433/68

白石道人詩集二卷集外詩一卷詩說一卷附錄
諸賢酬贈詩一卷補遺一卷　（宋）姜夔著
（清）許增校　清光緒十年(1884)刻本　一冊

410000 – 2203 – 0002999　434/3

元遺山先生集四十卷首一卷附錄一卷補載一卷年譜三種四卷新樂府四卷續夷堅志四卷 (金)元好問撰　清光緒八年(1882)靈石楊氏陽泉山莊刻本　十六冊

410000－2203－0003000　434/4

拙軒集六卷　(金)王寂撰　清乾隆四十一年(1776)刻武英殿聚珍版書本　一冊

410000－2203－0003001　435/2

許文正公遺書十二卷首一卷末一卷　(元)許衡撰　清光緒十三年(1887)刻本　四冊

410000－2203－0003002　435/3

郝文忠公陵川文集三十九卷附錄一卷　(元)郝經撰　(清)王鏐編訂　清嘉慶刻本　十二冊

410000－2203－0003003　433/69

宋大家蘇文忠公文抄二十八卷　(宋)蘇軾撰　(明)茅坤批評　(明)茅著重訂　明末刻本　六冊

410000－2203－0003004　433/69

宋大家蘇文公文抄十卷　(宋)蘇洵撰　(明)茅坤批評　(明)茅著重訂　明末刻本　二冊

410000－2203－0003005　434/2

遺山先生詩集二十卷　(金)元好問撰　明崇禎十一年(1638)海虞毛氏汲古閣刻本　十冊

410000－2203－0003006　435/4

松雪齋集十卷外集一卷　(元)趙孟頫撰　清清德堂刻本　四冊

410000－2203－0003007　435/5

歐陽文公圭齋集十五卷首一卷附錄一卷 (元)歐陽玄撰　(清)歐陽杰　(清)歐陽榮校　清道光十四年(1834)刻本　六冊

410000－2203－0003008　435/7

趙文敏公松雪齋全集十卷外集一卷續集一卷　(元)趙孟頫撰　(清)曹培廉校　清康熙五十二年(1713)城書室刻本　四冊

410000－2203－0003009　435/9

魯齋遺書十四卷　(元)許衡撰　(明)江學詩等編輯　(明)吳學詩　(明)周易校閱　明萬曆二十四年(1596)怡愉刻清雍正增刻本(有圖)　四冊

410000－2203－0003010　435/8

圭塘小藁十三卷別集二卷別集附錄一卷續集一卷續集附錄一卷　(元)許有壬撰　(元)許有孚編　清河南官書局刻本　六冊

410000－2203－0003011　436/4

何大復先生集三十八卷附錄一卷　(明)何景明撰　清咸豐二年(1852)世守堂刻本　八冊

410000－2203－0003012　436/3

明德先生文集二十六卷制藝一卷　(明)呂維祺撰　新安定變全城記一卷　(清)張鼎延撰　呂明德先生年譜四卷　(清)施化遠等編　清康熙二年(1663)呂兆璜、呂兆琳等刻乾隆四十八年(1783)呂公溥重修民國二十三年(1934)補刻本　十二冊　缺四卷(年譜四卷)

410000－2203－0003013　436/3B

明德先生文集二十六卷制藝一卷　(明)呂維祺撰　新安定變全城記一卷　(清)張鼎延撰　呂明德先生年譜四卷　(清)施化遠等編　清康熙二年(1663)呂兆璜、呂兆琳等刻乾隆四十八年(1783)呂公溥重修民國二十三年(1934)補刻本　十六冊

410000－2203－0003014　436/5

懷麓堂集一百一卷　(明)李東陽撰　清刻本　十冊　存五十一卷(詩前稿二十卷、文前稿三十卷、首一卷)

410000－2203－0003015　436/7

王陽明先生文鈔二十卷　(明)王守仁撰　(清)張問達編輯　清康熙二十八年(1689)忠信堂刻本　十二冊

410000－2203－0003016　436/6

陽明先生集要三編十五卷　(明)王守仁撰　(明)施邦曜評輯　(清)徐坤等校　年譜一卷　(清)劉原道撰　清光緒三十二年(1906)鉛印本　十二冊

410000－2203－0003017　436/11

147

詩廣傳五卷 （明）王夫之撰 清同治四年(1865)湘鄉曾氏刻本 二冊

410000－2203－0003018 436/10

止止堂集五卷 （明）戚繼光撰 清光緒十四年(1888)山東書局刻本 二冊 存三卷（橫槊稿上、愚愚稿一至二）

410000－2203－0003019 436/10B

止止堂集五卷 （明）戚繼光撰 清光緒十四年(1888)山東書局刻本 四冊

410000－2203－0003020 436/15

楊椒山先生集四卷年譜一卷 （明）楊繼盛撰 （明）胡範考訂 清康熙三十七年(1698)五世堂刻本 五冊

410000－2203－0003021 436/14

蟻蠓集五卷 （明）盧柟著 （明）孟華平校 清光緒二十年(1894)刻本 五冊

410000－2203－0003022 436/14

蟻蠓集五卷 （明）盧柟著 （明）孟華平校 清光緒二十年(1894)刻本 五冊

410000－2203－0003023 436/16

楊忠愍公全集四卷 （明）楊繼盛撰 （清）毛大可鑒定 （清）章鈺重訂 清宣統二年(1910)守政書局刻本 四冊

410000－2203－0003024 436/16B

楊椒山先生集四卷年譜一卷 （明）楊繼盛撰 （明）胡範考訂 清康熙三十七年(1698)五世堂刻本 四冊

410000－2203－0003025 436/16C

楊忠愍公集不分卷 （明）楊繼盛撰 清咸豐二年(1852)刻本 一冊

410000－2203－0003026 436/17

板橋集六編 （清）鄭燮著 清西山堂刻本 三冊 存三卷（詩鈔一、詞鈔一、家書一）

410000－2203－0003027 436/22

王龍谿先生全集二十卷 （明）王畿著 清道光二年(1822)會稽莫晉刻本 十二冊

410000－2203－0003028 436/23

小辨齋偶存八卷 （明）顧允成撰 清光緒十二年(1886)涇里宗祠刻本 二冊

410000－2203－0003029 436/25

曹月川先生遺書十種 （明）曹端撰 清咸豐十一年(1861)刻本 六冊

410000－2203－0003030 436/24

方孩未先生集十六卷 （明）方震孺著 （清）孫克依參閱 （清）李兆洛編輯 （清）周大槐訂正 清同治七年(1868)壽春方氏刻本 六冊

410000－2203－0003031 436/26

王文成公全書三十八卷 （明）王守仁撰 清刻本 二十四冊

410000－2203－0003032 436/28

呂新吾先生遺集二十種 （明）呂坤著 明萬曆刻清康熙、嘉慶寧陵呂氏補刻本（有圖）三十五冊 存十四種五十四卷

410000－2203－0003033 436/27

顧端文公遺書十五種 （明）顧憲成撰 清光緒刻本 五冊 存十種二十二卷

410000－2203－0003034 436/31

曹月川先生遺書十種 （明）曹端撰 清咸豐十一年(1861)刻本 七冊 存八種九卷

410000－2203－0003035 436/32

鈐山堂集四十卷 （明）嚴嵩著 清嘉慶十一年(1806)刻本 十冊

410000－2203－0003036 436/33

史忠正公集四卷首一卷末一卷 （明）史可法撰 清同治十年(1871)繡谷麗澤書屋刻本 三冊

410000－2203－0003037 436/33B

史忠正公集四卷首一卷 （明）史可法撰 清同治十二年(1873)述荊堂刻本 二冊

410000－2203－0003038 436/34C

呂新吾先生去偽齋文集十卷 （明）呂坤著 清康熙十三年(1674)呂慎多刻本 十冊

410000－2203－0003039 436/34

呂新吾先生去偽齋文集十卷　（明）呂坤著
清刻本　十冊

410000 - 2203 - 0003040　436/36

明張文忠公文集十一卷詩集六卷　（明）張居
正著　清宣統三年(1911)醉古堂石印本
四冊

410000 - 2203 - 0003041　436/34B

呂新吾先生去偽齋文集十卷　（明）呂坤著
清道光寧陵呂氏繩其居刻本　十二冊

410000 - 2203 - 0003042　436/37

莊靖先生遺集十卷　（金）李俊民撰　清刻本
五冊　存八卷(一至四、七至十)

410000 - 2203 - 0003043　436/40

文清公薛先生文集二十四卷　（明）薛瑄著
（明）張鼎編輯　明萬曆刻本　三冊　存七卷
(十六至十九、二十二至二十四)

410000 - 2203 - 0003044　436/45

白沙子全集十卷首一卷末一卷古詩教解二卷
（明）陳獻章撰　清乾隆三十六年(1771)碧
玉樓刻本(有圖)　十冊

410000 - 2203 - 0003045　436/46

海叟詩集四卷集外詩一卷附錄一卷　（明）袁
凱著　清康熙六十一年(1722)曹炳曾城書室
刻本　一冊

410000 - 2203 - 0003046　436/56

海山仙館叢書五十六種　（清）潘仕成輯　清
道光、咸豐間番禺潘氏刻光緒補刻本　六冊
存二種三十三卷

410000 - 2203 - 0003047　436/49

玉茗堂全集四十四卷　（明）湯顯祖著　清康
熙三十三年(1694)阮峴刻本　十六冊

410000 - 2203 - 0003048　436/50

文成先生文要四卷　（明）王守仁撰　明萬曆
三十一年(1603)刻本　四冊

410000 - 2203 - 0003049　436/51

穆考功逍遙園集選二十卷　（明）穆文熙著
（明）南師仲選　明萬曆二十九年(1601)穆光

胤刻本　三冊　存三卷(十三至十五)

410000 - 2203 - 0003050　436/52

泊水齋詩集六卷　（明）張慎言撰　明崇禎十
四年(1641)刻本　四冊

410000 - 2203 - 0003051　436/58

南覽錄一卷　（明）崔桐撰　清馮氏景岫樓刻
朱印本　一冊

410000 - 2203 - 0003052　436/53

袁中郎先生批評唐伯虎彙集四卷　（明）唐寅
著　（明）袁宏道評　傳贊一卷　（明）閻秀卿
等撰　外集一卷　（明）祝允明撰　紀事一卷
唐六如先生畫譜三卷　（明）唐寅輯　（明）
何大成校　明萬曆刻白玉堂印本　三冊

410000 - 2203 - 0003053　436/53B

袁中郎先生批評唐伯虎彙集四卷　（明）唐寅
著　（明）袁宏道評　唐六如先生畫譜三卷
（明）唐寅輯　（明）何大成校　明萬曆刻本
三冊　存六卷(彙集二至四、畫譜三卷)

410000 - 2203 - 0003054　436/53

袁中郎先生批評唐伯虎彙集四卷　（明）唐寅
著　（明）袁宏道評　傳贊一卷　（明）閻秀卿
等撰　外集一卷　（明）祝允明撰　紀事一卷
唐六如先生畫譜三卷　（明）唐寅輯　（明）
何大成校　明刻本　一冊　存六卷(傳贊一
卷、外集一卷、紀事一卷、畫譜三卷)

410000 - 2203 - 0003055　436/59

震川先生集三十卷附錄一卷別集十卷　（明）
歸有光著　（明）歸莊校勘　（清）歸玠編輯
清光緒元年至六年(1875 - 1880)常熟歸氏刻
本　十八冊

410000 - 2203 - 0003056　436/54

高皇帝御製文集二十卷　（明）太祖朱元璋撰
明萬曆刻本　一冊　存五卷(十一至十五)

410000 - 2203 - 0003057　436/60

呂新吾全集　（明）呂坤撰　明萬曆刻本　十
二冊　存十種十五卷

410000 - 2203 - 0003058　437/1

求闕齋文鈔不分卷 （清）曾國藩撰 清同治十一年(1872)刻本 二冊

410000－2203－0003059 437/3

欽定國朝詩別裁集三十二卷 （清）沈德潛纂評 清乾隆二十六年(1761)刻本 八冊

410000－2203－0003060 437/3B

欽定國朝詩別裁集三十二卷 （清）沈德潛纂評 清刻本 十二冊 存二十二卷(一至十二、二十三至三十二)

410000－2203－0003061 437/2

海棠花館七家詩補注七卷 （清）張熙寧輯注 清同治八年(1869)寶仁堂刻本 八冊

410000－2203－0003062 437/5

忠武誌八卷 （清）張鵬翮輯 （清）劉廷璣等校 清康熙冰雪堂刻本(有圖) 八冊

410000－2203－0003063 437/5C

忠武誌八卷 （清）張鵬翮輯 （清）劉廷璣等校 清康熙冰雪堂刻本(有圖) 七冊 存七卷(一至四、六至八)

410000－2203－0003064 437/6

諸葛忠武侯文集不分卷 （宋）張栻修 清刻本 一冊

410000－2203－0003065 437/5B

忠武誌八卷 （清）張鵬翮輯 （清）劉廷璣等校 臥龍崗志二卷 （清）羅景輯 （清）羅鈵校 清康熙冰雪堂刻本(有圖) 十冊

410000－2203－0003066 437/7

切問齋文鈔三十卷 （清）陸耀輯 清同治八年(1869)金陵錢氏刻本 八冊

410000－2203－0003067 437/8

講筵四世詩鈔十卷 （清）張英撰 清嘉慶三年(1798)刻本 四冊

410000－2203－0003068 437/9

湖北鄉試硃卷光緒丁酉科不分卷 （清）邱峻等撰 清光緒刻本 一冊

410000－2203－0003069 437/10

曾文正公全集 （清）曾國藩撰 清同治、光緒間傳忠書局刻本 九十七冊 存十三種一百五十一卷

410000－2203－0003070 437/14

半舫館賸稿二卷填詞一卷 （清）吳葆晉著 （清）金世哲 （清）張廷誥校 清光緒十一年(1885)固始吳氏刻本 二冊

410000－2203－0003071 437/11

曾文正公詩集四卷 （清）曾國藩撰 清同治十三年(1874)傳忠書局刻曾文正公全集本 二冊

410000－2203－0003072 437/11

曾文正公詩集三卷 （清）曾國藩撰 清光緒二年(1876)傳忠書局刻曾文正公全集本 一冊

410000－2203－0003073 437/11

曾文正公詩集三卷 （清）曾國藩撰 清光緒二年(1876)傳忠書局刻曾文正公全集本 一冊

410000－2203－0003074 437/16

東園詩鈔十二卷 （清）凌泰封撰 清光緒十四年(1888)刻本 二冊

410000－2203－0003075 437/12

曾文正公文集四卷 （清）曾國藩撰 清同治十三年(1874)傳忠書局刻曾文正公全集本 四冊

410000－2203－0003076 437/12B

曾文正公文集四卷 （清）曾國藩撰 清同治十三年(1874)傳忠書局刻曾文正公全集本 四冊

410000－2203－0003077 437/17

濂亭文集八卷 （清）張裕釗撰 清光緒二十四年(1898)大冶黃氏刻本 二冊

410000－2203－0003078 437/18

勸學篇二卷 （清）張之洞撰 清光緒二十五年(1899)小長蘆館刻本 一冊

410000－2203－0003079 437/18B

勸學篇二卷 （清）張之洞撰 清廣雅書局刻

本 一册

410000－2203－0003080 437/19

半巖廬遺集不分卷 （清）邵懿辰撰 清光緒
三十四年(1908)刻本 一册

410000－2203－0003081 437/22

正誼堂文集四十卷首二卷 （清）張伯行著
清光緒二年(1876)儀封揚烈堂刻本 二十册

410000－2203－0003082 437/22B

正誼堂文集四十卷首二卷 （清）張伯行著
清光緒二年(1876)儀封揚烈堂刻本 二十册

410000－2203－0003083 437/20

癡說八卷 （清）紀蔭田著 （清）保慶校對
（清）戈熺編 清道光元年(1821)懷清堂刻本
二册

410000－2203－0003084 437/25

沁圃詩草二卷 （清）李位東著 清道光二十
七年(1847)燕翼堂刻本 一册

410000－2203－0003085 437/26

十駕齋養新餘錄三卷 （清）錢大昕撰 錢辛
楣先生年譜一卷竹汀居士年譜續一卷 （清）
錢慶曾校注 清刻本 一册

410000－2203－0003086 437/28

郎陵詩集十二卷 （清）王士桓著 （清）王熙
綱等編校 清道光二十四年(1844)半耕山房
刻本 四册

410000－2203－0003087 437/27

杜律通解四卷 （唐）杜甫撰 （清）李文煒箋
釋 清刻本 四册

410000－2203－0003088 437/28

游楚詩集四卷 （清）王士桓著 （清）王熙綱
等編校 清道光二十八年(1848)鳳臺王氏刻
本 一册

410000－2203－0003089 437/29

檉華館全集十二卷 （清）路德撰 清光緒七
年(1881)解梁書院刻本 十册

410000－2203－0003090 437/32

樊榭山房全集四十卷汪氏松聲池館詩存四卷

（清）厲鶚撰 清光緒十年至十五年(1884
－1889)汪氏振綺堂刻本 十一册

410000－2203－0003091 437/30

授堂遺書 （清）武億撰 清道光二十三年
(1843)偃師武氏刻本 十六册

410000－2203－0003092 437/34

天中許子政學合一集三卷政學集續編二卷讀
禮偶見二卷 （清）許三禮撰 清光緒二十三
年(1897)刻本(有圖) 九册

410000－2203－0003093 437/35C

西陂類稿五十卷 （清）宋犖撰 （清）周龍藻
（清）宋之犖編 清康熙毛扆、宋懷金、高岑
刻本 十六册

410000－2203－0003094 437/35C

西陂類稿五十卷 （清）宋犖撰 （清）周龍藻
（清）宋之犖編 清康熙毛扆、宋懷金、高岑
刻本 十六册

410000－2203－0003095 437/34B

天中許子政學合一集三卷讀禮偶見舊刻二卷
（清）許三禮撰 清告天樓刻本(有圖) 六
册 存二卷(天中許子政學合一集上中)

410000－2203－0003096 437/36

嶺南雜事詩鈔八卷 （清）陳坤著 清光緒三
年(1877)粵東藝苑樓刻本 六册

410000－2203－0003097 437/37

雙藤書屋試帖二卷 （清）何道生撰 清嘉慶
十二年(1807)刻本 一册

410000－2203－0003098 437/39

餐花室詩稿十卷詩餘一卷 （清）嚴錫康撰
清刻本 一册 存六卷(一至六)

410000－2203－0003099 437/41

黃湄詩集十卷 （清）王又旦著 （清）王士禎
選 清末鉛印本 二册

410000－2203－0003100 437/42

胡文忠公遺集八十六卷首一卷 （清）胡林翼
撰 （清）鄭敦謹 （清）曾國荃纂輯 清光緒
元年(1875)湖北崇文書局刻本 三十二册

410000－2203－0003101　437/42B

胡文忠公遺集十卷首一卷　（清）胡林翼撰
（清）嚴樹森鑒定　（清）閻敬銘等編輯　清光
緒八年(1882)紅杏山房刻本　十冊

410000－2203－0003102　437/42C

胡文忠公遺集十卷首一卷　（清）胡林翼撰
（清）嚴樹森鑒定　（清）閻敬銘等編輯　清同
治七年(1868)醉六堂刻本　八冊

410000－2203－0003103　437/42D

胡文忠公遺集八十六卷首一卷　（清）胡林翼
撰　（清）曾國荃纂輯　（清）胡鳳丹重編　清
光緒二十七年(1901)上海圖書集成印書局鉛
印本　八冊

410000－2203－0003104　437/42E

胡文忠公遺集十卷首一卷　（清）胡林翼撰
（清）嚴樹森鑒定　（清）閻敬銘等編輯　清同
治三年(1864)武昌節署刻本　八冊

410000－2203－0003105　437/45

養一齋文集二十卷　（清）李兆洛著　清光緒
四年(1878)刻本　八冊

410000－2203－0003106　437/45B

養一齋文集二十卷　（清）李兆洛著　清光緒
四年(1878)刻本　八冊

410000－2203－0003107　437/46

小謨觴館文集注四卷續集二卷　（清）彭兆蓀
撰　（清）孫元培纂輯　（清）孫長熙纂輯　清
光緒十六年(1890)長洲黃氏流芳閣木活字印
本　三冊

410000－2203－0003108　437/43

西堂全集　（清）尤侗撰　清康熙刻本　二
十冊

410000－2203－0003109　437/47

孫淵如先生全集二十二卷長離閣集一卷
（清）孫星衍撰　清光緒十一年(1885)長沙王
氏刻本　十冊

410000－2203－0003110　437/43B

尤太史西堂全集　（清）尤侗撰　清康熙刻本

十六冊

410000－2203－0003111　437/59

水流雲在館集杜詩鈔二卷　（清）周天麟撰
清光緒二十一年(1895)刻本　一冊

410000－2203－0003112　437/50

紀文達公遺集三十二卷　（清）紀昀撰　（清）
孫樹馨編校　清嘉慶十七年(1812)刻本　十
八冊　存三十一卷(文集一至十五、詩集十六
卷)

410000－2203－0003113　437/53

煙霞萬古樓文集六卷　（清）王曇撰　清道光
二十年(1840)刻本　二冊

410000－2203－0003114　437/54

抱璞齋時文一卷　（清）汪喜荀撰　清刻本
一冊

410000－2203－0003115　437/55

陳檢討集二十卷　（清）陳維崧撰　（清）程師
恭注　清康熙三十二年(1693)有美堂刻本
六冊

410000－2203－0003116　437/50B

紀文達公遺集三十二卷　（清）紀昀撰　（清）
孫樹馨編校　清嘉慶十七年(1812)刻本　十
六冊

410000－2203－0003117　437/60

**簡學齋館課賦存一卷賦續鈔一卷試律存一卷
試律續鈔一卷**　（清）陳沆撰　清刻本　二冊

410000－2203－0003118　437/63

退學詩齋詩集五卷　（清）何耿繩撰　清同治
十二年(1873)刻本　一冊

410000－2203－0003119　437/61

柳泉居士詩餘一卷　（清）蒲松齡著　清宣統
元年(1909)開封厚生印書館石印本　一冊

410000－2203－0003120　437/65

珠巢存課二卷　（清）周之琦撰　清刻本
一冊

410000－2203－0003121　437/68

洛閒山人文鈔二卷　（清）薛寧廷著　清刻本

二册

410000－2203－0003122　437/64

天根文鈔四卷續集一卷詩鈔二卷　（清）何家琪著　清光緒三十二年（1906）大梁刻本　四册

410000－2203－0003123　437/71

遂初草廬詩集十卷　（清）杜墭著　清同治九年（1870）刻本　四册

410000－2203－0003124　437/69

夢月巖詩集二十卷詩餘一卷　（清）呂履恒著　（清）張希良等選定　（清）周稚廉等編輯　（清）張衍懿等訂正　（清）任蘭枝等叅閱　清雍正三年（1725）刻本　五册　存十七卷（一至十七）

410000－2203－0003125　437/72

袁文箋正十六卷補注一卷增訂袁文箋正四卷　（清）袁枚著　（清）石韞玉箋　清光緒十四年（1888）上海蜚英館石印本　五册

410000－2203－0003126　437/72

袁文箋正十六卷補注一卷增訂袁文箋正四卷　（清）袁枚著　（清）石韞玉箋　清光緒十四年（1888）上海蜚英館石印本　五册

410000－2203－0003127　437/72D

袁文箋正十六卷補注一卷　（清）袁枚著　（清）石韞玉箋　清光緒二十九年（1903）松壽山房刻本　六册

410000－2203－0003128　437/72F

袁文箋正十六卷補注一卷　（清）袁枚著　（清）石韞玉箋　清嘉慶十七年（1812）鶴壽山堂刻本　六册

410000－2203－0003129　437/73B

漁洋山人精華錄箋注十二卷年譜一卷補注一卷　（清）王士禛撰　（清）金榮箋注　（清）徐淮纂輯　清光緒二十年（1894）上海寶文書局石印本　十册

410000－2203－0003130　437/73

漁洋山人精華錄箋注十二卷年譜一卷補注一

卷　（清）王士禛撰　（清）金榮箋注　（清）徐淮纂輯　清末石印本　十二册

410000－2203－0003131　437/75

甌北詩鈔不分卷　（清）趙翼撰　清乾隆五十六年（1791）湛貽堂刻本　八册

410000－2203－0003132　437/73C

漁洋山人精華錄箋注十二卷　（清）王士禛撰　（清）金榮箋注　（清）徐淮纂輯　清刻本　六册　存十卷（二至十一）

410000－2203－0003133　437/73D

漁洋山人精華錄十卷　（清）王士禛撰　（清）林佶編　清康熙三十九年（1700）林佶寫刻本　四册

410000－2203－0003134　437/72E

袁文箋正十六卷補注一卷　（清）袁枚著　（清）石韞玉箋　清嘉慶十七年（1812）鶴壽山堂刻本　四册

410000－2203－0003135　437/76

春融堂集三種　（清）王昶撰　清光緒十八年（1892）刻本　二十册

410000－2203－0003136　437/75B

甌北詩鈔不分卷皇朝武功紀盛四卷　（清）趙翼撰　清乾隆刻本　九册

410000－2203－0003137　437/78

袁文合箋十六卷　（清）袁枚著　（清）王廣業集箋　（清）于振煦叅訂　清光緒八年（1882）刻本　八册

410000－2203－0003138　437/79

望溪先生文集十八卷集外文十卷集外文補遺二卷　（清）方苞撰　年譜一卷附錄一卷　（清）蘇惇元輯　清咸豐元年（1851）戴鈞衡刻本　十六册

410000－2203－0003139　437/81

吳詩集覽二十卷補注二十卷談藪二卷　（清）吳偉業撰　（清）靳榮藩輯　清乾隆四十六年（1781）凌雲亭刻本　十六册

410000－2203－0003140　437/80

曝書亭集八十卷附錄一卷　（清）朱彝尊撰

笛漁小稿十卷　（清）朱昆田撰　清康熙四十八年（1709）刻本　十六冊

410000－2203－0003141　437/82

夏峯先生集十四卷補遺二卷首一卷　（清）孫奇逢撰　清大梁書院刻本　十五冊　存十六卷（夏峯先生集十四卷，補遺二卷）

410000－2203－0003142　437/82B

夏峯先生集十四卷補遺二卷首一卷　（清）孫奇逢撰　清道光二十五年（1845）刻孫夏峰全集本　八冊

410000－2203－0003143　437/83

常惺惺齋文集十卷　（清）錢世瑞著　清道光、咸豐間刻本　十冊

410000－2203－0003144　437/84

梅村集二十卷　（清）吳偉業著　清宣統二年（1910）上海國學昌明社石印本　六冊

410000－2203－0003145　437/84

梅村集二十卷　（清）吳偉業著　清宣統二年（1910）上海國學昌明社石印本　六冊

410000－2203－0003146　437/83B

常惺惺齋文集十卷　（清）錢世瑞著　清道光三十年（1850）刻本　十冊

410000－2203－0003147　437/85B

梅村詩集箋注十八卷　（清）吳偉業著　（清）吳翌鳳箋注　清滄浪吟榭刻本　十二冊

410000－2203－0003148　437/86

澄懷園文存十五卷　（清）張廷玉撰　清光緒十七年（1891）張紹文刻本　八冊

410000－2203－0003149　437/87

玉笥山房要集四卷文坿一卷　（清）顧廷綸著　清光緒十二年（1886）刻本　一冊

410000－2203－0003150　437/88

蔚廬劉子詩集四種　（清）劉人熙撰　清光緒二十二年（1896）大梁刻本　二冊

410000－2203－0003151　437/89

亭林遺書十種　（清）顧炎武著　清光緒十一

年（1885）吳縣朱記榮刻本　六冊

410000－2203－0003152　437/91

藕香館文錄不分卷　（清）寶鎮山撰　清光緒刻本　一冊

410000－2203－0003153　437/93

秋心集一卷　（清）舒夢蘭撰　（清）懋禧輯錄　清嘉慶十九年（1814）硯水齋刻本　一冊

410000－2203－0003154　437/94

南征集一卷　（清）舒夢蘭撰　清嘉慶六年（1801）士經堂刻本　一冊

410000－2203－0003155　437/90

精刊定盦文集三卷續集四卷文集補編四卷文集補一卷文拾遺一卷　（清）龔自珍撰　定盦先生年譜一卷　吳昌綬編　清宣統元年（1909）國學扶輪社鉛印本　七冊

410000－2203－0003156　437/95

西堂雜組一集八卷二集八卷三集八卷　（清）尤侗撰　清康熙刻西堂全集本　九冊

410000－2203－0003157　437/100

蠶尾集十卷後集二卷續集二卷　（清）王士禛撰　清宣統三年（1911）上海集成圖書公司影印本　四冊

410000－2203－0003158　437/100

蠶尾集十卷後集二卷續集二卷　（清）王士禛撰　清宣統三年（1911）上海集成圖書公司影印本　四冊

410000－2203－0003159　437/96B

錢牧齋文鈔不分卷　（清）錢謙益撰　清宣統元年（1909）國學扶輪社鉛印本　四冊

410000－2203－0003160　437/102

碧琅玕館詩鈔四卷　（清）楊光儀撰　清同治、光緒間刻本　二冊

410000－2203－0003161　437/103

韻盦韻語不分卷　（清）錢衡璋撰　清末鉛印本　一冊

410000－2203－0003162　437/107

王柳圃先生文集不分卷　（清）王永德著

(清)曹若相編　清光緒二十二年(1896)刻本
　一冊

410000－2203－0003163　437/104

澹泊齋誦芬集二卷巢雲閣詩一卷　(清)劉廷
鏞著　(清)劉湛編錄　(清)何綸錦評　清同
治六年(1867)靜默書塾刻本　一冊

410000－2203－0003164　437/108

認我堂詩存不分卷　(清)趙若焱著　清宣統
元年(1909)中州石印館石印本　一冊

410000－2203－0003165　437/109

聽桐廬殘草不分卷　(清)王繼穀撰　清光緒
六年(1880)刻本　一冊

410000－2203－0003166　437/110

指鴻集三卷　(清)胡善麐撰　清刻本　一冊

410000－2203－0003167　437/111

澹靜齋全集六種　(清)龔景瀚撰　清道光六
年(1826)恩錫堂刻本　十冊　存三種二十卷

410000－2203－0003168　437/112

有正味齋駢文箋注十六卷　(清)吳錫麟著
(清)葉聯芬箋注　清同治七年(1868)慈北葉
氏刻本　八冊

410000－2203－0003169　437/113

堯峰文鈔四十卷　(清)汪琬撰　(清)林佶編
　清宣統二年(1910)上海集成圖書公司石印
本　八冊

410000－2203－0003170　437/112B

有正味齋詩集十六卷駢體文二十四卷詞集八
卷外集五卷　(清)吳錫麒撰　清嘉慶十三年
(1808)刻本　十四冊

410000－2203－0003171　437/112C

有正味齋詩集十六卷駢體文二十四卷詞集八
卷外集五卷　(清)吳錫麒撰　清嘉慶十三年
(1808)刻本　十冊

410000－2203－0003172　437/114

梨洲遺著彙刊五十七卷首一卷　(清)黃宗羲
著　清宣統二年(1910)上海時中書局鉛印本
　二十冊

410000－2203－0003173　437/115

隨園三十七種　(清)袁枚撰　清光緒十八年
(1892)上海圖書集成印書局鉛印本　五十冊

410000－2203－0003174　437/116

石笥山房文集六卷補遺一卷詩集十二卷補遺
二卷續補遺二卷　(清)胡天游著　清咸豐二
年(1852)刻本　十冊

410000－2203－0003175　437/117

板橋集六編　(清)鄭燮著　清乾隆清暉書屋
刻本　二冊　存三編(一至三)

410000－2203－0003176　437/118

湯子遺書七卷首一卷　(清)湯斌著　清同治
九年(1870)刻本　八冊

410000－2203－0003177　437/117B

板橋集六編　(清)鄭燮著　清乾隆清暉書屋
刻本　四冊

410000－2203－0003178　437/117C

板橋集六編　(清)鄭燮著　清乾隆清暉書屋
刻本　二冊

410000－2203－0003179　437/119

壯悔堂文集十卷遺稿一卷　(清)侯方域撰
(清)賈開宗　(清)徐作肅選　(清)徐隣唐
　(清)宋犖閱　清商丘侯氏刻本　六冊

410000－2203－0003180　437/124

二曲集四十六卷　(清)李顒撰　清光緒三年
(1877)信述堂刻本　十六冊

410000－2203－0003181　437/119

四憶堂詩集六卷遺稿一卷　(清)侯方域著
(清)賈開宗等選注　清同治十三年(1874)刻
本　二冊

410000－2203－0003182　437/124C

二曲集二十六卷　(清)李顒撰　惲遜庵先生
遺集一卷　(清)惲日初撰　(清)惲珠錄存
清道光八年(1828)雲蔭堂刻本　八冊

410000－2203－0003183　437/119

壯悔堂文集十卷遺稿一卷四憶堂詩集六卷遺
稿一卷　(清)侯方域著　清刻本　八冊

410000－2203－0003184　437/124D

二曲集二十六卷首一卷　（清）李顒撰　歷年紀略一卷　（清）惠靇嗣摭次　清同治五年(1866)刻本　四冊

410000－2203－0003185　437/119B

壯悔堂文集十卷遺稿一卷　（清）侯方域撰　清嘉慶二十二年(1817)強忍堂刻本　四冊

410000－2203－0003186　437/119C

壯悔堂文集十卷四憶堂詩集六卷　（清）侯方域撰　（清）陳履中　（清）陳履平編次　（清）陳濂等校勘　清乾隆彊善堂刻本　六冊

410000－2203－0003187　437/125

白香亭詩存二卷和陶詩一卷　（清）鄧輔綸著　墓誌銘一卷　王闓運撰　清光緒十四年(1888)刻本　二冊

410000－2203－0003188　437/119D

壯悔堂文集十卷遺稿一卷　（清）侯方域撰　（清）賈開宗　（清）徐作肅選　（清）徐隣唐　（清）宋犖閱　清刻本　四冊

410000－2203－0003189　437/126

吟林綴語不分卷　（清）戴文選撰　清光緒三年(1877)刻本　四冊

410000－2203－0003190　437/119D

壯悔堂文集十卷　（清）侯方域著　（清）陳履中　（清）陳履平編次　（清）陳濂等校勘　清乾隆刻本　四冊

410000－2203－0003191　437/130

燕川集六卷續集二卷　（清）范泰恒著　清刻本　三冊

410000－2203－0003192　437/131B

方望溪文鈔六卷　（清）方苞撰　首一卷　（清）李元度撰　清宣統二年(1910)上海國學扶輪社鉛印本　五冊

410000－2203－0003193　437/129

惜抱軒全集十四種　（清）姚鼐撰　清同治五年(1866)省心閣刻本　二十冊

410000－2203－0003194　437/132

理學圖說彙編三卷　（清）何思永輯　清咸豐二年(1852)刻本（有圖）　三冊

410000－2203－0003195　437/148

西疆雜述詩四卷　（清）蕭雄撰　清光緒十八年(1892)鉛印時用齋叢刻本　四冊

410000－2203－0003196　437/146

定盦文集三卷續集四卷補五卷　（清）龔自珍撰　清同治七年(1868)刻本　六冊

410000－2203－0003197　437/151

遵化詩存十卷補遺一卷　（清）孫贊元編輯　（清）史恩培糸訂　清光緒十三年(1887)刻本　四冊

410000－2203－0003198　437/159

晚悔堂詩集八卷　（清）李西堂撰　清光緒十八年(1892)刻本　四冊

410000－2203－0003199　437/160

影山草堂六種　（清）莫友芝撰　清咸豐至光緒間刻本　六冊

410000－2203－0003200　437/161

曾惠敏公文集五卷奏疏六卷使西日記二卷　（清）曾紀澤撰　清末上海書局石印本　一冊　存四卷（曾惠敏公文集三至四、奏疏二、使西日記一）

410000－2203－0003201　437/162

江邨銷夏錄三卷　（清）高士奇輯　清刻本　三冊

410000－2203－0003202　437/165

子遷雜著四卷吟草六卷　（清）謝益著　清道光刻本　七冊

410000－2203－0003203　437/166

青園詩草四卷　（清）玉書撰　（清）玉亨慶編　清光緒十八年(1892)遼陽玉達斌刻本　四冊

410000－2203－0003204　437/168

亭帛齋詩鈔四卷詞鈔二卷　（清）周恩綬撰　清同治十三年(1874)解梁官廨刻本　二冊

410000－2203－0003205　437/167

旴江先生全集八卷　（清）魏方泰撰　（清）陳世儁　（清）陳化鵬校訂　清刻本　二冊

410000－2203－0003206　437/173

國朝山左詩鈔六十卷　（清）盧見曾纂　清乾隆二十三年(1758)德州盧見曾雅雨堂刻本　二十冊

410000－2203－0003207　437/176

胡文忠公遺集八十六卷首一卷　（清）胡林翼撰　（清）鄭敦謹　（清）曾國荃纂輯　（清）胡鳳丹重編　清光緒十四年(1888)著易堂鉛印本　八冊

410000－2203－0003208　437/176

胡文忠公遺集八十六卷首一卷　（清）胡林翼撰　（清）鄭敦謹　（清）曾國荃纂輯　（清）胡鳳丹重編　清光緒十四年(1888)著易堂鉛印本　八冊

410000－2203－0003209　437/177

初學集一百十卷　（清）錢謙益撰　（清）錢曾箋注　清宣統二年(1910)邃漢齋鉛印本　二十四冊

410000－2203－0003210　437/179

道古堂詩集二十六卷　（清）杭世駿撰　清刻本　四冊

410000－2203－0003211　437/187

見聞偶記一卷見聞外紀一卷　（清）蘇元善著　清光緒二十四年(1898)明道書院刻本　一冊

410000－2203－0003212　437/181

樊山集二十四卷　樊增祥撰　清光緒十九年(1893)渭南縣署刻本　六冊

410000－2203－0003213　437/188

依綠園詩鈔二卷　（清）吳兆萱撰　清同治十二年(1873)刻本　一冊

410000－2203－0003214　437/181

二家詠古詩一卷　（清）張之洞撰　二家試帖一卷　（清）張之洞　樊增祥撰　清光緒二十七年(1901)刻本　一冊

樊山時文不分卷　樊增祥撰　清光緒二十年(1894)渭南官舍刻本　一冊

410000－2203－0003216　437/189

陽明先生文集十六卷目錄二卷　（明）王守仁撰　清道光六年(1826)湖南湘潭王文德刻本　十六冊

410000－2203－0003217　437/185

小題別體不分卷　（清）李揆一輯　巧搭分品不分卷　（清）史鑑著　清同治八年(1869)敬文堂刻本　二冊

410000－2203－0003218　437/190

詩料英華十四卷　（清）劉豹君撰　（清）張晴峯校訂　清聚錦堂刻本　四冊

410000－2203－0003219　437/186

古香閣餘稿四卷後一卷　（清）何梅格著　清光緒二十三年(1897)刻本　二冊

410000－2203－0003220　437/195

敦艮齋詩存三卷　（清）秦茂林撰　清光緒十三年(1887)刻本　一冊

410000－2203－0003221　437/196

詞辨二卷介存齋論詞雜著一卷　（清）周濟撰　清光緒四年(1878)刻本　一冊

410000－2203－0003222　437/194B

船山遺書五十五種　（清）王夫之撰　清同治四年(1865)湘鄉曾國荃金陵刻本　一百二十冊

410000－2203－0003223　437/198

壬子詩存二卷甲寅詩存二卷　易順鼎撰　清末鉛印本　一冊

410000－2203－0003224　437/199

欝華閣遺集四卷　（清）盛昱撰　清光緒二十八年(1902)刻本　一冊

410000－2203－0003225　437/197

居業堂文集二十卷　（清）王源著　清光緒五年(1879)定州王氏謙德堂刻本　四冊

410000－2203－0003226　437/201

吳梅村詞一卷　（清）吳偉業著　清宣統二年（1910）掃葉山房石印本　一冊

410000－2203－0003227　437/206
半園尺牘二十五卷補遺六卷　題（清）靜福山人著　清刻本　六冊　存八卷（十六至十七、十九至二十、二十二,補遺四至六）

410000－2203－0003228　437/207
柈湖文集十二卷　（清）吳敏樹著　清光緒十九年（1893）思賢講舍刻本　四冊

410000－2203－0003229　437/208
賓萌外集四卷　（清）俞樾撰　清同治五年（1866）刻本　一冊

410000－2203－0003230　437/209
白鶴山房詞鈔二卷　（清）葉紹本撰　清道光桂林使廨刻本　一冊

410000－2203－0003231　437/203
恭日艸廬詩集四卷　（清）□□撰　清刻本　二冊　存二卷（三至四）

410000－2203－0003232　437/211
曝書亭集八十卷附錄一卷　（清）朱彝尊撰　笛漁小稾十卷　（清）朱昆田撰　清刻本　十六冊

410000－2203－0003233　437/204
暗香樓樂府三種　（清）歗嵐道人（鄭由熙）撰　清光緒十六年（1890）暗香樓刻本　二冊　存二種二卷

410000－2203－0003234　437/205
甌香館集十二卷首一卷末一卷　（清）惲格著　（清）蔣光煦輯　清末掃葉山房石印本　五冊　存十二卷（一至八、十一至十二,首一卷,末一卷）

410000－2203－0003235　437/212
柏梘山房文集十六卷文續集一卷詩集十卷詩續集二卷駢體文二卷　（清）梅曾亮撰　清咸豐六年（1856）刻本　八冊

410000－2203－0003236　437/211
曝書亭集八十卷附錄一卷　（清）朱彝尊撰

笛漁小稾十卷　（清）朱昆田撰　清刻本　十六冊

410000－2203－0003237　437/213
栘華館駢體文四卷　（清）董基誠　（清）董祐誠撰　清咸豐九年（1859）刻本　一冊

410000－2203－0003238　437/215
擔峯詩四卷　（清）孫洤撰　清刻本　二冊　存二卷（二、四）

410000－2203－0003239　437/214
七家詩輯注彙鈔　（清）張熙宇輯評　（清）王植桂輯注　清同治九年（1870）京師琉璃廠刻本　四冊　存四種四卷

410000－2203－0003240　437/216
程氏家塾讀書分年日程三卷綱領一卷　（元）程端禮述　清同治七年（1868）湖北崇文書局刻本　二冊

410000－2203－0003241　437/217
東塾集六卷申范一卷　（清）陳澧撰　清光緒十八年（1892）菊坡精舍刻本　三冊

410000－2203－0003242　437/217B
東塾集六卷申范一卷　（清）陳澧撰　清光緒十八年（1892）菊坡精舍刻本　三冊

410000－2203－0003243　437/219
雷塘庵主弟子記八卷　（清）張鑒編　（清）張福續編　清刻本　一冊　存四卷（五至八）

410000－2203－0003244　437/218
杜清獻公集十九卷末一卷　（宋）杜範著　（清）孫熹等校　校注一卷　（清）王棻（清）王蜺撰　杜清獻公年譜一卷　（清）王棻撰　清同治九年（1870）吳縣孫氏刻光緒三年（1877）重修本　五冊

410000－2203－0003245　437/220
道安室雜文一卷蕭閒堂遺詩一卷戴花平安室遺詞一卷平安室雜記一卷　（清）蕭道管撰　清刻本　一冊

410000－2203－0003246　437/221
杜詩詳注二十五卷首一卷附編二卷　（唐）杜

甫撰 （清）仇兆鰲輯注 清康熙刻本 二十八冊

410000－2203－0003247 437/222
古歡堂集七卷 （清）田雯撰 清刻本 二冊

410000－2203－0003248 437/223
古微堂內集二卷外集七卷 （清）魏源著 清光緒二十三年(1897)豐城余氏寶墨齋刻本 四冊

410000－2203－0003249 437/227
馮蘷颸稿不分卷 （清）馮詠撰 清抄本 一冊

410000－2203－0003250 437/224
方宧酬世文不分卷 （清）顧曾烜撰 清光緒二十三年(1897)九峻官廨刻本 四冊

410000－2203－0003251 437/225
鳳孫樓詞二卷 （清）管繩萊撰 清光緒元年(1875)刻本 一冊

410000－2203－0003252 437/228
金聖歎全集語錄纂二卷 （明）金人瑞撰 清石印本 一冊

410000－2203－0003253 437/229
聖嘆秘書不分卷 （明）金人瑞撰 清證鄉社刻本 一冊

410000－2203－0003254 437/230
春在堂全書 （清）俞樾撰 清刻本 十二冊 存九種三十四卷

410000－2203－0003255 437/235
國朝閨閣詩鈔一百種 （清）蔡殿齊輯 清道光二十四年(1844)嬭媛別館刻本 十冊

410000－2203－0003256 437/236
國朝駢體正宗十二卷 （清）曾燠輯 清光緒十三年(1887)上海蜚英館鉛印本 六冊

410000－2203－0003257 437/231
閣學公公牘十卷書札四卷書札錄遺一卷文稿拾遺一卷詩稿拾遺一卷雪鴻吟社詩鐘二卷聯語錄存一卷首一卷 （清）袁保齡撰 清宣統三年(1911)清芬閣鉛印項城袁氏家集本 二冊 存五卷(文稿拾遺一卷、詩稿拾遺一卷、雪鴻吟社詩鐘二卷、聯語錄存一卷)

410000－2203－0003258 437/232
郭弘農集二卷 （晉）郭璞著 （明）張溥閱 清刻本 一冊

410000－2203－0003259 437/233
國朝詩人徵略六十卷 （清）張維屏輯 清刻本 一冊 存七卷(五十四至六十)

410000－2203－0003260 437/234
菊存樓詩鈔十一卷補遺一卷紀亂草一卷 (清)李振塈撰 清宣統元年(1909)鉛印本 一冊

410000－2203－0003261 437/237
樊山續集二十八卷 樊增祥撰 清光緒二十八年(1902)刻本 五冊 存十七卷(十至二十二、二十五至二十八)

410000－2203－0003262 437/238
范石湖詩集注三卷 （宋）范成大撰 （清）沈欽韓注 清刻本 一冊

410000－2203－0003263 437/239
范忠貞公文集五卷首一卷 （清）范承謨撰 清康熙四十七年(1708)刻本 一冊 存一卷(五)

410000－2203－0003264 437/240
景瞻論草不分卷 （明）賀仲軾著 （明）岳凌霄 （明）馮上賓閱 清道光二年(1822)刻本 二冊

410000－2203－0003265 437/237
樊山批判十四卷 樊增祥撰 清光緒二十三年(1897)刻本 七冊

410000－2203－0003266 437/237
樊山公牘三卷 樊增祥撰 清光緒二十年(1894)刻本 三冊

410000－2203－0003267 437/241
荊園小語集證四卷 （清）申涵光著 （清）張子覺輯 清咸豐七年(1857)刻本 二冊

410000－2203－0003268 437/242

二林居集二卷 （清）彭紹升著 清光緒六年（1880）刻本 二冊

410000－2203－0003269 437/243

江醴陵集二卷 （南朝梁）江淹著 （明）張溥閱 清刻本 一冊

410000－2203－0003270 437/250

對山書屋墨餘錄十六卷 （清）毛祥麟撰 清同治九年（1870）湖州醉六堂吳氏刻本 三冊 存十二卷（一至十二）

410000－2203－0003271 437/244

敬亭集十卷年譜一卷年譜續編一卷補遺一卷 （明）姜埰撰 附錄一卷 （清）魏禧撰 清光緒十五年（1889）山東書局刻本（有圖）四冊

410000－2203－0003272 437/245

景石齋詞略一卷 （清）姚詩雅撰 清光緒七年（1881）刻本 一冊

410000－2203－0003273 437/251

墨花軒詩詞刪存一卷詩餘一卷 （清）張葆謙撰 清同治四年（1865）安昌官廨刻本 一冊

410000－2203－0003274 437/246

十國宮詞一百首一卷 （清）吳省蘭撰 清同治十二年（1873）淮南書局刻本 一冊

410000－2203－0003275 437/252

韞山堂時文初集一卷二集二卷三集一卷 （清）管世銘著 （清）成格覆校 清光緒十五年（1889）雲陽束氏刻本 四冊

410000－2203－0003276 437/247

水雲欸乃一卷泥爪詞一卷竹窗秋籟一卷悔餘詞一卷月樓琴語一卷 （清）周天麟輯 清光緒十七年（1891）石印本 一冊

410000－2203－0003277 437/247

水雲欸乃一卷泥爪詞一卷竹窗秋籟一卷悔餘詞一卷月樓琴語一卷 （清）周天麟輯 清光緒石印本 一冊

410000－2203－0003278 437/253

霜筠閣賦鈔不分卷 （清）陳啟邁撰 清咸豐五年（1855）得修堂刻本 一冊

410000－2203－0003279 437/248

中復堂遺稿五卷 （清）姚瑩撰 清同治四年（1865）刻本 一冊

410000－2203－0003280 437/249

存素堂詩稾十三卷 （清）錢寶琛撰 清同治七年（1868）刻本 一冊 存四卷（一至四）

410000－2203－0003281 437/256

華陽散稿二卷 （清）史震林撰 清宣統三年（1911）鉛印古今說部叢書本 一冊

410000－2203－0003282 437/257

寒松堂全集十二卷寒松老人年譜一卷 （清）魏象樞著 清嘉慶十六年（1811）刻本 十冊

410000－2203－0003283 437/257B

寒松堂全集十二卷寒松老人年譜一卷 （清）魏象樞著 清嘉慶十六年（1811）刻本 十二冊 存十二卷（二至十二、年譜一卷）

410000－2203－0003284 437/258

嵩遊草一卷 （清）耿介選 （清）冉覲祖評 （清）李來章藁 清刻本 一冊

410000－2203－0003285 437/261

嘯村近體詩選三卷 （清）李葂著 清乾隆二十一年（1756）雅雨堂刻本 一冊

410000－2203－0003286 437/267

征鴻後集一卷 （清）陳夔龍撰 清石印本 一冊

410000－2203－0003287 437/262

徐集小箋三卷宋徐節孝先生[積]年譜一卷 段朝端纂 清末刻本 一冊

410000－2203－0003288 437/268

知養恬齋詩集二十一卷 （清）羅繞典撰 清刻本 一冊 存二卷（古近體詩二卷）

410000－2203－0003289 437/263

四憶堂詩集六卷 （清）侯方域著 （清）賈開宗等選注 清刻本 一冊

410000－2203－0003290 437/264

四百三十二峰草堂詩一卷　（清）黃璟撰　清刻本　一冊

410000－2203－0003291　437/269

古文四象四卷　（清）曾國藩輯　（清）趙衡勘定　（清）王在堂校印　清光緒三十四年(1908)無奈子趙氏刻本　六冊

410000－2203－0003292　437/265

呂晚村先生文集八卷附錄一卷　（清）呂留良撰　清刻本　四冊

410000－2203－0003293　437/270

慎餘書屋試帖二卷　（清）吳瀾撰　（清）孫憲儀　（清）嚴鼎臣校閱　清道光二年(1822)刻本　一冊

410000－2203－0003294　437/283

大愚集二十七卷　（清）王鑨著　（清）王鐸選　（清）傅而師注　（清）王無逸校訂　清康熙刻本　三冊　存十二卷(一至五、二十一至二十七)

410000－2203－0003295　437/284

榕村詩選八卷首一卷　（清）李光地編　清雍正七年(1729)江都石川方氏杭州臬署刻本　二冊

410000－2203－0003296　437/284B

榕村詩選八卷首一卷　（清）李光地編　清雍正七年(1729)江都石川方氏杭州臬署刻本　四冊

410000－2203－0003297　437/285

國朝山左詩鈔六十卷　（清）盧見曾纂　清乾隆二十三年(1758)德州盧見曾雅雨堂刻本　四冊　存十一卷(一至十一)

410000－2203－0003298　437/271

授堂遺書　（清）武億撰　清道光二十三年(1843)偃師武氏刻本　四冊　存二種十六卷

410000－2203－0003299　437/286

堯峰文鈔五十卷　（清）汪琬撰　（清）林佶編　清康熙三十二年(1693)林佶刻本　十二冊

410000－2203－0003300　437/272

思綺堂文集十卷　（清）章藻功撰注　清刻本　三冊　存三卷(四、八至九)

410000－2203－0003301　437/287

壽藤齋詩三十五卷　（清）鮑倚雲撰　清嘉慶十三年(1808)刻本　八冊

410000－2203－0003302　437/274

食古研齋詩初集七卷　（清）陳瑞琳撰　清道光十二年(1832)杭州試院刻本　二冊

410000－2203－0003303　437/273

述祖詩一卷于京集五卷　（清）尤侗撰　清刻本　一冊　存三卷(述祖詩一卷、于京集一至二)

410000－2203－0003304　437/275

翠筠館詩存二卷　（清）魁玉著　清刻本　一冊　存一卷(下)

410000－2203－0003305　437/277

山谷詩鈔五卷　（宋）黃庭堅撰　（清）姚鼐評選　清光緒十一年(1885)安徽聚文堂刻本　一冊

410000－2203－0003306　437/276

山曉堂詩四卷　（清）秦廷塈撰　清乾隆刻本　一冊

410000－2203－0003307　437/280

錢南園先生遺集五卷　（清）錢灃撰　清同治十一年(1872)刻本　二冊

410000－2203－0003308　437/280B

錢南園先生遺集五卷　（清）錢灃撰　清光緒二十一年(1895)刻本　四冊

410000－2203－0003309　437/279

石村詩集二卷　（清）岳廣廷撰　清道光二十四年(1844)刻本　一冊

410000－2203－0003310　437/280C

錢南園先生遺集五卷　（清）錢灃撰　清光緒十九年(1893)浙江書局刻本　二冊

410000－2203－0003311　437/281

通甫類稿四卷　（清）魯一同撰　清光緒三年(1877)胅仙館鉛印本　一冊

410000－2203－0003312　437/282

知媿軒尺素□□卷　（清）管士駿著　清刻本
　一冊　存三卷（五至七）

410000－2203－0003313　437/289

鬱華閣遺集四卷　（清）盛昱著　清光緒二十
八年（1902）武昌刻朱印本　一冊

410000－2203－0003314　437/288

萬善花室文稿六卷　（清）方履籛撰　清道光
十一年（1831）刻本　二冊

410000－2203－0003315　437/291

紅藥壇五言律五卷七言律五卷五言絕句一卷
七言絕句一卷擬牡丹亭一卷雙蝶夢二卷
（清）王鑨著　（清）王鐸選　（清）王無咎評
　（清）徐乾學等条訂　清順治十年（1653）刻
本　一冊　存二卷（七言律一至二）

410000－2203－0003316　437/292

述學三卷　（清）汪中撰　清乾隆江都汪中刻
本（有圖）　二冊

410000－2203－0003317　437/292B

述學內篇三卷外篇一卷補遺一卷別錄一卷
（清）汪中撰　清同治八年（1869）揚州書局刻
本　二冊

410000－2203－0003318　437/293

澹靜齋詩鈔六卷文鈔不分卷　（清）龔景瀚撰
　（清）蔣因培校　清道光五年（1825）蔣因培
抄本　五冊

410000－2203－0003319　437/294

漁洋山人文略十四卷　（清）王士禎撰　清康
熙三十四年（1695）刻本　五冊

410000－2203－0003320　437/305

翁山詩外二十卷　（清）屈大均撰　清宣統二
年（1910）國學扶輪社鉛印本（有圖）（原缺卷
二十）　十二冊

410000－2203－0003321　437/295

緯蕭草堂詩六卷　（清）宋至撰　清康熙六十
一年（1722）刻本　四冊

410000－2203－0003322　437/296

宋氏綿津詩鈔八卷　（清）宋犖撰　（清）邵長
蘅選　清康熙三十四年（1695）刻二家詩鈔本
　三冊

410000－2203－0003323　437/297

孟津詩十九卷　（清）王鐸　（清）王鑨撰　清
康熙五年（1666）王允明刻本　一冊　存五卷
（十一至十五）

410000－2203－0003324　437/305

翁山詩外二十卷　（清）屈大均撰　清宣統二
年（1910）國學扶輪社鉛印本　十二冊　存十
九卷（一至十九）

410000－2203－0003325　437/306

南山全集十六卷　（清）戴名世著　清光緒二
十一年（1895）印鴻堂刻本　八冊

410000－2203－0003326　437/298

紅藥壇六卷　（清）王鑨著　清順治抄本
　一冊

410000－2203－0003327　437/306B

南山集十四卷補遺三卷　（清）戴名世撰　清
光緒二十六年（1900）刻本　八冊

410000－2203－0003328　437/299

六觀樓文集不分卷　（清）許鴻磐撰　清稿本
　一冊

410000－2203－0003329　437/307

南山全集十六卷　（清）戴潛虛著　清道光三
十年（1850）秀野軒木活字印本　八冊

410000－2203－0003330　437/300

六觀樓詩集不分卷　（清）許鴻磐著　清抄本
　一冊

410000－2203－0003331　437/309

亭林詩集五卷　（清）顧炎武撰　清光緒二年
（1876）湖南書局刻本　二冊

410000－2203－0003332　437/301

紅樓夢賦不分卷　（清）沈謙撰　清抄本
　一冊

410000－2203－0003333　437/311

敬業堂詩集五十卷　（清）查慎行撰　清刻本

八冊

410000－2203－0003334　　437/312

適可齋記言四卷　（清）馬建忠撰　清刻本
一冊　存二卷（一至二）

410000－2203－0003335　　437/302

蔣雲臺遺稿一卷　（清）蔣鳳翽著　清抄本
一冊

410000－2203－0003336　　437/313

述學內篇三卷外篇一卷　（清）汪中撰　清嘉
慶二十年（1815）刻本　一冊

410000－2203－0003337　　437/315

張都護詩存一卷　張錫鑾撰　清宣統二年
（1910）鉛印本　一冊

410000－2203－0003338　　437/316

海峰先生詩集十卷札記一卷　（清）劉大櫆著
（清）姚鼐校定　清光緒二十五年（1899）刻
本　一冊

410000－2203－0003339　　437/316

海峰先生詩集十卷札記一卷　（清）劉大櫆著
（清）姚鼐校定　清光緒二十五年（1899）刻
本　二冊

410000－2203－0003340　　437/317

海峰詩集古體五卷今體六卷　（清）劉大櫆撰
清縹碧軒刻本　四冊

410000－2203－0003341　　437/318

洪北江文集四卷　（清）洪亮吉著　清宣統二
年（1910）上海國學扶輪社鉛印本　二冊

410000－2203－0003342　　437/303

擬山園選集八十二卷　（清）王鐸著　清順治
十年（1653）王鑨、王瓏刻本　十六冊　存二
十八卷（序一，賦一至二，騷一，四言古詩一至
二，銘一，今樂府一，五言律一至二、九至十、
十三至十四、十七、十九至二十，五言排律一
至二，七言律三至十，七言絕句三）

410000－2203－0003343　　437/304

擬山園詩文選集述意不分卷　（清）王鐸撰
清康熙十年（1671）刻本　一冊

410000－2203－0003344　　437/319

顯志堂稿十二卷　（清）馮桂芬著　清光緒二
年（1876）校邠廬刻本　十冊

410000－2203－0003345　　437/303B

擬山園選集八十二卷　（清）王鐸著　清順治
十年（1653）王無咎刻本　一冊　存四卷（序
一、賦一至三）

410000－2203－0003346　　437/320

一拳石齋文鈔二卷　（清）方龍光撰　清刻本
一冊

410000－2203－0003347　　437/314

文貞公集十二卷　（清）張玉書著　清乾隆五
十七年（1792）松蔭堂刻本　六冊

410000－2203－0003348　　437/321

潯令大伾詩一卷　（清）程光溥撰　清光緒九
年（1883）刻本　一冊

410000－2203－0003349　　437/323

左文襄公文集五卷詩集一卷聯語一卷說帖一
卷　（清）左宗棠撰　清光緒上海廣益書局石
印本　四冊

410000－2203－0003350　　437/322

湯子遺書十卷首一卷附錄一卷　（清）湯斌撰
清康熙四十二年（1703）王廷燦刻本　八冊

410000－2203－0003351　　437/324

望衡堂詩鈔四卷　（清）吳聯元撰　清同治十
三年（1874）摩兜鞬室刻本　二冊

410000－2203－0003352　　437/322B

湯子遺書十卷附錄一卷　（清）湯斌撰　清康
熙四十二年（1703）愛日堂刻本　四冊

410000－2203－0003353　　437/322C

湯子遺書十卷附錄一卷　（清）湯斌撰　**潛菴
先生年譜一卷**　（清）王廷燦編輯　清康熙四
十二年（1703）錢塘王氏刻本　六冊

410000－2203－0003354　　437/325

武夷吟草二卷　（清）林靖光初稿　（清）林鸞
光等校　清嘉慶二十年（1815）菜根草堂刻本
二冊

163

410000－2203－0003355　437/326

養素堂文集三十五卷首一卷　（清）張澍撰
清道光棗花書屋刻本　十六冊

410000－2203－0003356　437/328

秀野草堂遺詩不分卷　（清）杜壽朋撰　清同
治十年(1871)刻本　一冊

410000－2203－0003357　437/328

秀野草堂遺詩不分卷　（清）杜壽朋撰　清同
治十年(1871)刻本　一冊

410000－2203－0003358　437/329

小有齋自娛集一卷　（清）徐鈞著　清光緒六
年(1880)濟上刻本　一冊

410000－2203－0003359　437/327

霞蔭堂文鈔一卷　（清）康基淵著　（清）康奉
璜　（清）康志信等校正　清光緒十三年
(1887)鉛印本　一冊

410000－2203－0003360　437/330

梅村集二十卷　（清）吳偉業著　（清）周肇
（清）王昊訂　（清）吳曉校　清宣統二年
(1910)上海國學昌明社石印本　六冊

410000－2203－0003361　437/331

趙紹巖先生詩草一卷　（清）趙普煦著　清光
緒石印本　一冊

410000－2203－0003362　437/332

享帚齋文鈔一卷賦鈔二卷　（清）周恩綬撰
清光緒十八年(1892)石印本　一冊

410000－2203－0003363　437/168

享帚齋詩鈔四卷詞鈔二卷　（清）周恩綬撰
清同治十三年(1874)解梁官廨刻本　二冊

410000－2203－0003364　437/333

惜抱軒詩集十卷後集一卷　（清）姚鼐撰　清
嘉慶三年(1798)刻本　二冊

410000－2203－0003365　437/334

衍波詞二卷　（清）王士正撰　（清）許增校
清光緒十五年(1889)榆園刻本　一冊

410000－2203－0003366　437/335

蔚廬劉子詩集四種　（清）劉人熙撰　清光緒

二十二年(1896)大梁刻本　二冊

410000－2203－0003367　437/338

水流雲在館集杜詩存一卷　（清）周天麟撰
清光緒十七年(1891)石印本　一冊

410000－2203－0003368　437/336

含清堂詩存十卷　（清）徐光第著　清同治三
年(1864)蕭山徐氏開封刻本　四冊

410000－2203－0003369　437/339

知恥齋文集二卷詩集六卷　（清）謝振定著
（清）陶澍編次　（清）吳雲校訂　清道光刻本
五冊

410000－2203－0003370　437/341

海峰文集八卷詩集十一卷　（清）劉大櫆著
清同治十三年(1874)桐城劉繼刻本　八冊

410000－2203－0003371　437/340

海峰先生文十卷詩六卷　（清）劉大櫆撰
（清）徐宗亮重編校　清同治十三年(1874)刻
本　六冊

410000－2203－0003372　437/343

漁洋山人文略十四卷詩集二十二卷　（清）王
士禎撰　清康熙刻本　十冊

410000－2203－0003373　437/344

綠杉野屋詩集四卷　（清）蕭元吉著　清光緒
十八年(1892)石印本　二冊

410000－2203－0003374　437/342

王漁洋遺書三十八種　（清）王士禎撰　清刻
本　八冊　存八種十五卷

410000－2203－0003375　437/345

聊自娛集一卷　（清）汪鏐撰　清光緒八年
(1882)松茂恒石印本　一冊

410000－2203－0003376　437/346

聊齋先生文集二卷　（清）蒲松齡撰　清宣統
元年(1909)國學扶輪社鉛印本　二冊

410000－2203－0003377　437/347

南園詩存二卷　（清）錢灃撰　清嘉慶八年
(1803)小停雲館刻本　一冊

410000－2203－0003378　437/348

南園文存不分卷　（清）錢灃撰　清道光十五年(1835)玉成書屋刻本　一冊

410000－2203－0003379　437/351

慎獨齋吟賸四卷　（清）童鳳三撰　清道光刻本　二冊

410000－2203－0003380　437/348

南園文存不分卷　（清）錢灃撰　清道光十五年(1835)玉成書屋刻本　一冊

410000－2203－0003381　437/353

茗柯文編初編一卷二編二卷三遍一卷四編一卷　（清）張惠言撰　清宣統三年(1911)掃葉山房石印本　二冊

410000－2203－0003382　437/349

麗矚亭詞二卷　題（清）半酣居士撰　清光緒十一年(1885)刻本　一冊

410000－2203－0003383　437/354

慎獨齋吟賸四卷　（清）童鳳三撰　清道光三年(1823)含清堂刻本　一冊　存二卷(一至二)

410000－2203－0003384　437/356

西北文集四卷　（清）畢振姬著　（清）牛兆捷評　（清）傅山鑒定　清刻本　二冊

410000－2203－0003385　437/357

玉磬山房文集四卷　（清）劉大觀撰　清嘉慶二十年(1815)刻本　四冊

410000－2203－0003386　437/358

子遷雜著四卷吟草六卷　（清）謝益著　清道光刻本　三冊　存五卷(雜著一至二、吟草二至四)

410000－2203－0003387　437/359

飴山詩集二十卷文集十二卷附錄一卷禮俗權衡二卷聲調譜二卷續譜一卷談龍錄一卷　（清）趙執信撰　清乾隆十七年至三十九年(1752－1774)因園刻本　九冊

410000－2203－0003388　438/32

河南鄉試墨卷光緒壬寅補行庚子辛丑恩正併科不分卷　蔣藩等撰　清光緒刻本　一冊

410000－2203－0003389　438/75

廣雅堂詩集二卷　（清）張之洞撰　清石印本　二冊

410000－2203－0003390　437/23

雙藤書屋詩集十二卷月波舫遺稿一卷　（清）何道生撰　清道光元年(1821)刻本　三冊

410000－2203－0003391　439/6

國政貿易相關書二卷　（英國）法拉著　（英國）傅蘭雅口譯　（清）徐家寶筆述　清光緒九年(1883)刻本　二冊

410000－2203－0003392　439/7

日本格言要覽四卷　（日本）岡本監輔著　（日本）吉田章五校　清光緒二十七年(1901)上海書局石印本　二冊

410000－2203－0003393　439/3

通議三卷　（日本）賴襄著　清光緒四年(1878)刻本　三冊

410000－2203－0003394　442/1

小檀欒室彙刻閨秀詞一百種　徐乃昌輯　清光緒二十一年至二十二年(1895－1896)南陵徐氏刻本　二冊　存十八種十八卷

410000－2203－0003395　439/4

辨學啟蒙二十七章附辨學考課諸問一章（英國）艾約瑟譯　清光緒二十四年(1898)石印西學啓蒙十六種本　一冊

410000－2203－0003396　439/5

西學畧述十卷　（英國）艾約瑟譯　清光緒二十四年(1898)石印西學啓蒙十六種本　一冊

410000－2203－0003397　442/2

庚子秋詞二卷　（清）王鵬運等撰　清末刻本　二冊

410000－2203－0003398　442/4

二家詞鈔二種　樊增祥輯　清光緒二十八年(1902)刻本　二冊

410000－2203－0003399　442/3

清綺軒詞選十三卷　（清）夏秉衡選　（清）榮

勳校　清光緒二十一年(1895)刻本　四冊

410000－2203－0003400　442/5

四印齋所刻詞四種　(清)王鵬運輯　清光緒
七年(1881)四印齋刻本　四冊　存三種十卷
(白石道人詞集三卷、別集一卷、山中白雲詞
二卷、補錄上,漱玉詞一卷、補遺一卷、附錄一
卷)

410000－2203－0003401　442/6B

東坡樂府二卷　(宋)蘇軾撰　清光緒十四年
(1888)臨桂王氏家塾刻四印齋所刻詞本
一冊

410000－2203－0003402　443/1

香詞百選一卷　(清)舒夢蘭撰　(清)龔弒選
錄　清嘉慶十四年(1809)刻本　一冊

410000－2203－0003403　442/10

詞選二卷附錄一卷　(清)張惠言錄　**續詞選
二卷**　(清)董毅錄　清同治六年(1867)刻本
一冊

410000－2203－0003404　443/5

聊齋詞一卷　(清)蒲松齡著　清宣統二年
(1910)國學扶輪社鉛印本　一冊

410000－2203－0003405　442/15

分類應酬通考八卷　(清)□□撰　清光緒二
十九年(1903)石印本　一冊　存一卷(一)

410000－2203－0003406　443/5

齊太史移居倡詶集四卷首一卷尾一卷　(清)
齊召南撰　(清)齊毓川編輯　清宣統二年
(1910)國學扶輪社石印本　一冊

410000－2203－0003407　442/16

聲調三譜　(清)王祖源輯　清光緒八年
(1882)福山王氏刻天壤閣叢書本　一冊

410000－2203－0003408　443/6

遺山先生新樂府五卷補遺一卷　(金)元好問
撰　(清)華希閔校　清康熙五十二年(1713)
陽泉山莊刻本　一冊

410000－2203－0003409　442/17

唐五代詞選三卷　(清)成肇麐輯　清光緒十

三年(1887)刻本　一冊

410000－2203－0003410　443/7

樵歌三卷　(宋)朱敦儒撰　(清)吳枚庵鈔校
清光緒二十六年(1900)四印齋刻本　一冊

410000－2203－0003411　443/9

鴻雪詞二卷　(清)周之琦撰　清末刻本
一冊

410000－2203－0003412　443/9

鴻雪詞二卷　(清)周之琦撰　清末刻本
一冊

410000－2203－0003413　443/8

藏園九種曲　(清)蔣士銓撰　清乾隆刻煥乎
堂印本(有圖)　十二冊

410000－2203－0003414　443/14

心盦詞存四卷　(清)何兆瀛撰　清同治十二
年(1873)武林刻本　二冊

410000－2203－0003415　443/15

金梁夢月詞二卷懷夢詞一卷　(清)周之琦撰
清道光杭州愛日軒陸貞一刻本　一冊

410000－2203－0003416　443/23

和珠玉詞一卷　(清)王鵬運等撰　清光緒二
十年(1894)揚州晏氏家刻本　一冊

410000－2203－0003417　443/16

坦庵詞一卷　(宋)趙師俠撰　**惜香樂府四卷**
(宋)趙長卿撰　清刻本　二冊

410000－2203－0003418　443/24

水雲樓詞二卷續一卷　(清)蔣春霖撰　清湖
南思賢書局刻本　一冊

410000－2203－0003419　443/28

味梨集一卷　(清)王鵬運撰　清光緒二十一
年(1895)刻本　一冊

410000－2203－0003420　443/26

稼軒詞四卷詩文一卷雜錄詩文一卷　(宋)辛
棄疾撰　(清)梅臣校　**稼軒先生年譜一卷**
(清)梅臣編　清嘉慶十二年(1807)藍田書屋
刻本　三冊

410000－2203－0003421　443/29

捧月樓綺語八卷　（清）袁通撰　清嘉慶二十年(1815)刻本　一册

410000－2203－0003422　443/27

心日齋詞集六卷　（清）周之琦撰　清刻本　二册

410000－2203－0003423　445/1

一笠菴北詞廣正譜不分卷　（明）徐于室撰　（清）鈕少雅樂句　（清）李玄玉（李玉）更定　（清）朱素臣同閲　清青蓮書屋刻本　六册

410000－2203－0003424　446/2

詞律二十卷拾遺八卷補遺一卷　（清）萬樹論次　（清）徐本立　（清）杜文瀾編　清光緒二年(1876)石印本　十二册

410000－2203－0003425　446/6

館律分韻初編六卷　題（清）春暉閣主人輯　清光緒十四年(1888)上海鴻寶齋石印本　六册

410000－2203－0003426　446/1

詞律二十卷拾遺八卷補遺一卷　（清）萬樹論次　（清）徐本立　（清）杜文瀾編　清光緒二年(1876)石印本　六册　存十五卷(四至六、十至十二,拾遺八卷,補遺一卷)

410000－2203－0003427　453/1

紅雪樓九種曲(清容外集)　（清）蔣士銓撰　清乾隆紅雪樓刻本　八册　存六種九卷

410000－2203－0003428　452/14

雅趣藏書不分卷　（清）錢書著　清康熙四十二年(1703)刻朱墨套印本(有圖)　一册

410000－2203－0003429　452/16

鏡香園毛聲山評第七才子書十二卷首一卷　（明）高明撰　（清）毛綸評　清金陵張元振刻本　十二册

410000－2203－0003430　452/17

六十種曲　（明）毛晉輯　明虞山毛氏汲古閣刻本　二十九册　存二十二種三十二卷

410000－2203－0003431　453/9

儒酸福傳奇二卷　（清）汪繩武正譜　（清）魏熙元填詞　（清）倪星垣評文　清光緒十年(1884)玉玲瓏館刻本　一册

410000－2203－0003432　453/10C

成裕堂繪像第七才子書六卷　（明）高明撰　清雍正十三年(1735)經綸堂刻本　六册

410000－2203－0003433　453/10

成裕堂繪像第七才子書六卷　（明）高明撰　清雍正十三年(1735)經綸堂刻本　六册

410000－2203－0003434　453/10B

鏡香園毛聲山評第七才子書十二卷　（明）高明撰　（清）毛綸評　（清）從周訂閱　（清）汪文著參評　清初刻本　六册　存十一卷(二至十二)

410000－2203－0003435　453/12

桃花扇傳奇二卷　（清）孔尚任編　清刻本　四册

410000－2203－0003436　453/10D

繪像第七才子琵琶記六卷　（明）高明撰　清光緒三十二年(1906)石印本　四册

410000－2203－0003437　453/12C

桃花扇傳奇四卷首一卷　（清）孔尚任編　清光緒二十一年(1895)蘭雪堂刻三十三年(1907)印本　五册

410000－2203－0003438　453/14

繡像第十才子駐春園四卷　題（清）吳航野客編　清末石印本(有圖)　四册

410000－2203－0003439　453/11B

此宜閣增訂金批西廂四卷首一卷末一卷　（元）王實甫撰　（清）金人瑞批點　清此宜閣刻朱墨套印本　六册

410000－2203－0003440　453/19

新刻汪衫記十二卷　（清）□□撰　清式文齋刻本　一册

410000－2203－0003441　453/11F

貫華堂第六才子書八卷　（元）王實甫撰　（清）金人瑞批點　清康熙大中堂刻本　六册

410000－2203－0003442　453/11G

此宜閣增訂金批西廂四卷首一卷末一卷

（元）王實甫撰　（清）金人瑞批點　清此宜閣刻朱墨套印本　六冊

410000－2203－0003443　453/20

長生殿傳奇二卷　（清）洪昇填詞　（清）吳人論文　清光緒十三年(1887)上海蜚英館石印本(有圖)　二冊

410000－2203－0003444　453/22

燕子箋記二卷　（明）阮大鋮撰　清同治十三年(1874)刻本　四冊

410000－2203－0003445　453/11H

第六才子書八卷西廂文一卷　（元）王實甫撰　（清）金人瑞評點　清嘉慶五年(1800)文盛堂刻本(有圖)　三冊　存八卷(一至七、西廂文一)

410000－2203－0003446　453/11H

箋注繪像第六才子西廂八卷末一卷　（元）王實甫撰　（清）金人瑞評點　清刻本　一冊　存二卷(八、末一卷)

410000－2203－0003447　455/1

廿一史彈詞注十卷　（明）楊慎編著　（清）張三異增定　（清）張伯琮訂　（清）張仲璜注

明史彈詞注一卷　（清）張三異著　（清）張仲璜注　清乾隆五十一年(1786)資善堂刻本　八冊

410000－2203－0003448　455/2

來生福彈詞三十六回　題(清)橘中逸叟著　清同治九年(1870)聚錦堂刻本　三十六冊

410000－2203－0003449　455/4

繡像九美圖全傳十二卷　（清）曹春江編　清道光二十三年(1843)四友軒刻本　十二冊

410000－2203－0003450　455/3

新增全圖珍珠塔後傳麒麟豹六卷　題(清)駕湖逸史撰　題(清)顧曲散人重校　清光緒石印本　一冊

410000－2203－0003451　455/6

新出繪圖對雀屏影詞全傳四卷　（清）□□撰　清末石印本　四冊

410000－2203－0003452　461/1

御覽闕史二卷　（唐）參寥子(高彥休)撰　清光緒元年(1875)湖北崇文書局刻崇文書局彙刻書本　一冊

410000－2203－0003453　461/3

庸閒筆齋記十二卷　（清）陳其元撰　清同治十三年(1874)刻本　六冊

410000－2203－0003454　461/3B

庸閒筆齋記十二卷　（清）陳其元撰　清宣統三年(1911)上海掃葉山房石印本　四冊

410000－2203－0003455　461/6

拾遺記十卷　（晉）王嘉撰　（南朝梁）蕭綺錄　清光緒元年(1875)湖北崇文書局刻子書百家本　一冊

410000－2203－0003456　461/6B

拾遺記十卷　（晉）王嘉撰　（南朝梁）蕭綺錄　清光緒元年(1875)湖北崇文書局刻子書百家本　一冊

410000－2203－0003457　461/7B

搜神記二十卷　（晉）干寶撰　清光緒元年(1875)湖北崇文書局刻子書百家本　二冊

410000－2203－0003458　461/7B

搜神後記十卷　（晉）陶潛撰　清光緒元年(1875)湖北崇文書局刻子書百家本　一冊

410000－2203－0003459　461/7B

搜神記二十卷　（晉）干寶撰　清光緒元年(1875)湖北崇文書局刻子書百家本　二冊

410000－2203－0003460　461/7C

搜神記二十卷　（晉）干寶撰　清光緒元年(1875)湖北崇文書局刻子書百家本　二冊

410000－2203－0003461　461/8

山海經十八卷　（晉）郭璞傳　清槐蔭草堂刻本　四冊

410000－2203－0003462　461/8B

山海經十八卷圖五卷　（晉）郭璞傳　（清）畢

沅校正　清光緒十八年(1892)務本書局刻本
　四冊

410000－2203－0003463　461/8C

山海經十八卷　(晉)郭璞傳　(清)畢沅校正
　清乾隆四十八年(1783)經訓堂刻本　三冊

410000－2203－0003464　461/8D

山海經廣注十八卷讀山海經語一卷雜述一卷
圖五卷　(晉)郭璞傳　(清)吳任臣注　清聚
錦堂刻本　六冊

410000－2203－0003465　461/8E

子書百家　(清)崇文書局輯　清光緒元年
(1875)湖北崇文書局刻本　三冊　存三種二
十卷

410000－2203－0003466　461/8H

山海經十八卷　(晉)郭璞傳　(明)蔣應鎬繪
　明刻本(有圖)　三冊

410000－2203－0003467　461/9

夷堅志五十卷　(宋)洪邁撰　清宣統三年
(1911)上海黎光社石印本　十六冊

410000－2203－0003468　461/10

繪圖歷代神仙傳二十四卷　(清)□□撰　清
宣統元年(1909)掃葉山房石印本　八冊

410000－2203－0003469　461/10

繪圖歷代神仙傳二十四卷　(清)□□撰　清
宣統元年(1909)掃葉山房石印本　八冊

410000－2203－0003470　461/11B

宣講拾遺六卷首一卷　(清)冷德馨　(清)莊
跛仙輯　清光緒十六年(1890)豫省朱聚文齋
刻本　六冊

410000－2203－0003471　461/12

詳注聊齋志異圖詠十六卷首一卷　(清)蒲松
齡著　(清)呂湛恩注　清末石印本(有圖)
八冊

410000－2203－0003472　461/12B

批注聊齋志異圖詠十六卷首一卷　(清)蒲松
齡著　(清)呂湛恩注　清光緒十二年(1886)
石印本(有圖)　八冊

410000－2203－0003473　461/12C

詳注聊齋志異圖詠十六卷　(清)蒲松齡著
(清)呂湛恩注　清光緒三十三年(1907)上海
章福記書局石印本(有圖)　十二冊

410000－2203－0003474　461/13

客窗閒話八卷續八卷　(清)吳熾昌著　清光
緒元年(1875)刻本　八冊

410000－2203－0003475　461/15D

世說新語注六卷　(南朝宋)劉義慶撰　(南
朝梁)劉孝標注　(明)吳中珩校　明萬曆吳
中珩、黃之寀刻本　六冊

410000－2203－0003476　461/19

諧鐸十二卷　(清)沈起鳳著　清光緒十五年
(1889)上海廣百宋齋鉛印本　二冊

410000－2203－0003477　461/19B

繪圖諧鐸十二卷　(清)沈起鳳著　清光緒二
十一年(1895)海上書局石印本　一冊

410000－2203－0003478　461/21

述異記二卷　(南朝梁)任昉撰　清光緒元年
(1875)湖北崇文書局刻子書百家本　一冊

410000－2203－0003479　461/22

搜神後記十卷　(晉)陶潛撰　清光緒元年
(1875)湖北崇文書局刻子書百家本　一冊

410000－2203－0003480　461/23

子書百家　(清)崇文書局輯　清光緒元年
(1875)湖北崇文書局刻本　一冊　存四種十
二卷

410000－2203－0003481　461/24

虞初新志二十卷　(清)張潮輯　清康熙二十
二年(1683)刻本　四冊

410000－2203－0003482　461/24B

虞初續志十二卷　(清)鄭澍若編　清咸豐元
年(1851)小琅環山館刻本　六冊

410000－2203－0003483　461/25B

兩般秋雨盦隨筆八卷　(清)梁紹壬纂　清道
光十七年(1837)錢塘汪氏振綺堂刻本　八冊

410000－2203－0003484　461/29

翼駉稗編八卷　（清）湯用中撰　（清）徐廷華評　清道光二十九年（1849）刻本　八冊

410000－2203－0003485　461/28

遣愁集五十六集　（清）張貴勝輯　清抄本　四冊

410000－2203－0003486　461/30

蕉軒摭錄十二卷　（清）俞夢蕉撰　清光緒申報館鉛印申報館叢書本　四冊

410000－2203－0003487　461/31

北東園筆錄初編六卷續編六卷三編六卷四編六卷　（清）梁恭辰撰述　清同治五年（1866）刻本　八冊

410000－2203－0003488　461/33

酉陽雜俎二十卷續集十卷　（唐）段成式撰　（明）毛晉訂　明末毛氏汲古閣刻津逮秘書本　六冊

410000－2203－0003489　462/4

改良今古奇觀六卷　題（明）抱甕老人輯　（明）馮夢龍定　清光緒三十二年（1906）鉛印本（有圖）　六冊

410000－2203－0003490　462/4B

今古奇觀四十卷　題（明）抱甕老人輯　清初刻本　六冊　存十七卷（十九至二十二、二十五至三十七）

410000－2203－0003491　463/1

繪圖情史二十四卷　題（清）詹詹外史評輯　清宣統元年（1909）北京自強書局石印本　六冊

410000－2203－0003492　462/7

覺世名言六卷　（清）覺世稗官（李漁）編次　（清）睡鄉祭酒（杜濬）批評　清初會成堂刻本　二冊　存二卷（一、四）

410000－2203－0003493　462/8

新刻陳三兩十二卷　（清）□□撰　清刻本　一冊

410000－2203－0003494　463/1B

情史類略二十四卷　題（清）詹詹外史評輯

清刻本　二十冊

410000－2203－0003495　463/2

拍案驚異十八卷　（清）□□撰　清光緒二十二年（1896）上海英華書局石印本　六冊

410000－2203－0003496　463/5

姚鈔清代名人小說不分卷　（清）王猷定等撰　清抄本　三冊

410000－2203－0003497　464/2

齊省堂增訂儒林外史五十六回　（清）吳敬梓著　清同治十三年（1874）刻本　十六冊

410000－2203－0003498　464/3

東周列國全志二十三卷　（清）蔡昇評點　清乾隆十七年（1752）宏道堂刻本（有圖）　八冊

410000－2203－0003499　464/4

西遊真詮一百回　（清）陳士斌詮解　清康熙刻本（有圖）　二十冊

410000－2203－0003500　464/3B

東周列國全志二十三卷　（清）蔡昇評點　清光緒十九年（1893）澹雅書局刻本（有圖）　二十四冊

410000－2203－0003501　464/4B

西遊真詮一百回　（清）陳士斌詮解　清刻本（有圖）　十九冊　存九十四回（一至七十三、八十至一百）

410000－2203－0003502　464/3C

東周列國全志二十三卷　（清）蔡昇評點　清乾隆刻本（有圖）　二十四冊

410000－2203－0003503　464/4B

御選唐宋詩醇四十七卷　（清）高宗弘曆輯　清刻本　一冊　存五卷（二十七至三十一）

410000－2203－0003504　464/3E

東周列國全志二十三卷　（清）蔡昇評點　清乾隆十七年（1752）經綸堂刻本（有圖）　十二冊

410000－2203－0003505　464/3F

東周列國志二十七卷　（清）蔡昇評點　清光緒十六年（1890）上海點石齋石印本（有圖）

八冊

410000－2203－0003506　　464/5

新鐫徐文長先生評隋唐演義十卷　　（明）徐渭
批評　　清文秀堂刻本（有圖）　　十冊

410000－2203－0003507　　464/3H

東周列國全志二十三卷　　（清）蔡奡評點　　清
乾隆十七年(1752)宏道堂刻本（有圖）　　二十
四冊

410000－2203－0003508　　464/3J

東周列國全志二十三卷　　（清）蔡奡評點　　清
乾隆十七年(1752)敬業堂刻本（有圖）　　二十
四冊

410000－2203－0003509　　464/3L

東周列國全志二十三卷　　（清）蔡奡評點　　清
乾隆五年(1740)敬業堂刻朱墨套印本（有圖）
二十四冊

410000－2203－0003510　　464/7

續金瓶梅十二卷六十四回　　（清）丁耀亢編
清刻本（四回至八回配抄本）　　六冊　　存六卷
（一至六）

410000－2203－0003511　　464/8B

四大奇書第一種十九卷首一卷一百二十回
（明）羅貫中著　　（清）毛宗崗評　　清光緒二十
年(1894)聚盛堂刻本（有圖）　　十冊

410000－2203－0003512　　464/8C

四大奇書第一種六十卷首一卷一百二十回
（明）羅貫中著　　（清）毛宗崗評　　清文富堂刻
本（有圖）　　二十四冊

410000－2203－0003513　　464/8D

**四大奇書第一種五十一卷一百二十回讀三國
志法一卷**　　（明）羅貫中著　　（清）毛宗崗評
（清）鄒聖脉条訂　　清經綸堂刻本（有圖）
十冊

410000－2203－0003514　　464/8E

**四大奇書第一種五十一卷一百二十回讀三國
志法一卷**　　（明）羅貫中著　　（清）毛宗崗評
（清）鄒聖脉条訂　　清初刻本（有圖）　　十冊

410000－2203－0003515　　464/8F

第一才子書六十卷首一卷一百二十回　　（明）
羅貫中著　　（清）毛宗崗評　　清光緒十六年
(1890)經文堂書屋刻本（有圖）　　十一冊　　存
五十五卷(一至二十四、三十至六十)

410000－2203－0003516　　464/8I

四大奇書第一種十九卷首一卷一百二十回
（明）羅貫中著　　（清）毛宗崗評　　清經綸堂刻
本（有圖）　　二十冊

410000－2203－0003517　　464/9

新刻逸田叟女仙外史大奇書一百回　　（清）呂
熊撰　　清康熙五十年(1711)釣璜軒刻本　　二
十冊

410000－2203－0003518　　464/8J

第一才子書六十卷首一卷一百二十回　　（明）
羅貫中著　　（清）毛宗崗評　　清同治五年
(1866)姑蘇琳琅閣刻本（有圖）　　二十冊

410000－2203－0003519　　464/10

**精訂綱鑑二十四史通俗衍義二十六卷首一卷
四十四回**　　（清）呂撫輯　　（清）呂維城等校
清光緒十三年(1887)善成堂刻本（有圖）
八冊

410000－2203－0003520　　464/10B

**精訂綱鑑二十四史通俗衍義二十六卷首一卷
四十四回**　　（清）呂撫輯　　（清）呂維城等校
清光緒十四年(1888)廣百宋齋鉛印本（有圖）
六冊

410000－2203－0003521　　464/10C

**精訂綱鑑二十四史通俗衍義二十六卷首一卷
四十四回**　　（清）呂撫輯　　（清）呂維城等校
清光緒十三年(1887)鴻寶齋石印本（有圖）
六冊

410000－2203－0003522　　464/15

第五才子書水滸傳七十五卷　　（明）施耐庵撰
（清）金人瑞批點　　清雍正十二年(1734)刻
本（有圖）　　二十四冊

410000－2203－0003523　　464/10D

精訂綱鑑二十四史通俗衍義六卷首一卷四十

四回　（清）呂撫輯　（清）呂維城等校　清光緒二十一年(1895)珍藝書局鉛印本(有圖)二冊　存三卷(一、三,首一卷)

410000－2203－0003524　464/10D

精訂綱鑑二十四史通俗衍義六卷四十四回（清）呂撫輯　（清）呂維城等校　清末鉛印本三冊　存三卷(二、五至六)

410000－2203－0003525　464/10D

精訂綱鑑二十四史通俗衍義六卷四十四回（清）呂撫輯　（清）呂維城等校　清末鉛印本一冊　存一卷(二)

410000－2203－0003526　464/15B

評論出像水滸傳二十卷　（明）施耐庵著（清）金人瑞評論　清初刻本(有圖)　二十冊

410000－2203－0003527　464/10E

精訂綱鑑二十四史通俗衍義二十六卷首一卷四十四回　（清）呂撫輯　（清）呂維城等校清光緒十六年(1890)廣百宋齋鉛印本(有圖)四冊　存十七卷(一至十六、首一卷)

410000－2203－0003528　464/15E

繪圖增像第五才子書水滸全傳十卷　（明）施耐庵撰　（清）金人瑞評釋　清光緒三十一年(1905)上海書局石印本(有圖)　十冊

410000－2203－0003529　464/16C

新刻鍾伯敬先生批評封神演義十九卷一百回（明）許仲琳著　（明）鍾惺批評　清康熙四雪草堂刻本(有圖)　二十冊

410000－2203－0003530　464/16F

新刻鍾伯敬先生批評封神演義十九卷一百回（明）許仲琳著　（明）鍾惺批評　清善成堂刻本(有圖)　二十冊

410000－2203－0003531　464/21B

說唐前傳十卷六十八回後傳小英雄傳二卷十六回薛家府傳六卷四十二回　題(清)如蓮居士編次　題(清)巖野山人校正　清乾隆刻本(有圖)　六冊

410000－2203－0003532　464/22B

繡像七俠五義傳六卷一百回　（清）石玉昆述（清）俞樾修訂　清光緒十五年(1889)上海簡青齋書局石印本(有圖)　六冊

410000－2203－0003533　464/28

官場現形記五編六十卷　（清）李寶嘉撰　清光緒石印本(有圖)　十七冊

410000－2203－0003534　464/26

繡像永慶昇平前傳十二卷九十七回　（清）姜振名　（清）哈輔原演說　（清）郭廣瑞編　清光緒二十九年(1903)上海簡青齋石印本(有圖)　四冊

410000－2203－0003535　464/28B

增注繪圖官場現形記三編三十六卷　（清）李寶嘉撰　清光緒三十年(1904)粵東書局石印本(有圖)　九冊

410000－2203－0003536　464/26

新刊繡像全圖永慶昇平後傳十二卷一百回題(清)貪夢道人編　清光緒二十九年(1903)上海簡青齋石印本(有圖)　四冊

410000－2203－0003537　464/27

繪像結水滸全傳八卷末一卷七十回　（清）俞萬春著　清光緒三十二年(1906)上海書局石印本(有圖)　八冊

410000－2203－0003538　464/29

增評補像全圖金玉緣一百二十回首一卷（清）曹雪芹　（清）高鶚撰　清光緒十五年(1889)上海同文書局石印本(有圖)　十六冊

410000－2203－0003539　464/32

新鐫後續繡像五虎平南狄青後傳六卷四十二回　（清）□□撰　清經元堂刻本　六冊

410000－2203－0003540　464/34

繡像宋史奇書十二卷六十六回　（清）□□撰清宣統元年(1909)掃葉山房石印本(有圖)六冊

410000－2203－0003541　464/33

品花寶鑑六十回　（清）陳森撰　清刻本　二十四冊

410000－2203－0003542　464/36

忠孝勇烈奇女傳四卷三十二回　（清）馬祖演著　清宣統二年(1910)京都養真仙苑刻本　四冊

410000－2203－0003543　464/37

淞隱漫錄十二卷　（清）王韜著　清光緒十年(1884)石印本(有圖)　四冊

410000－2203－0003544　464/38

繡像小八義十二卷一百二十回　（清）□□撰　清光緒二十一年(1895)上海觀瀾閣書局石印本(有圖)　六冊

410000－2203－0003545　464/39

新刻彭公案六卷一百回續四卷八十回再續四卷八十回全續後部八卷八十一回　題（清）貪夢道人撰　清光緒三十三年(1907)章福記石印本(有圖)　十八冊

410000－2203－0003546　464/45

後紅樓夢三十回首一卷附錄二卷　題（清）逍遙子撰　清刻本(有圖)　十二冊

410000－2203－0003547　464/44

紅樓夢一百二十回　（清）曹雪芹　（清）高鶚撰　清經元堂刻本(有圖)　十六冊

410000－2203－0003548　464/39B

新刊彭公案六卷一百回續十卷八十回全續後部八卷八十一回　題（清）貪夢道人撰　清光緒三十年(1904)上海萃文齋石印本(有圖)　十四冊

410000－2203－0003549　464/44F

增評補圖石頭記一百二十卷首一卷　（清）曹雪芹撰　題（清）護花主人評　題（清）海角居士校正　清光緒二十四年(1898)石印本(有圖)　十六冊

410000－2203－0003550　464/45

後紅樓夢三十回首一卷附錄二卷　題（清）逍遙子撰　清刻本　十二冊

410000－2203－0003551　464/47

增像玉茗堂批點按鑑爺補北宋楊家將全傳四

卷五十回　題（清）研石山樵訂正　題（清）織里畸人較訂　清修齋堂石印本(有圖)　四冊

410000－2203－0003552　464/49

繡像京本雲合奇蹤玉茗英烈全傳十卷八十回　（明）徐渭編　清文達堂刻本(有圖)　十冊

410000－2203－0003553　464/50

新鐫玉茗堂批點按鑑爺補南宋志傳十卷五十回　（清）研石山樵訂正　（清）織里畸人校閱　清玉蘭堂刻本(有圖)　五冊

410000－2203－0003554　464/52

繡像東漢演義十卷一百二十回　（明）謝昭撰　清光緒十八年(1892)上海廣百宋齋鉛印本(有圖)　六冊

410000－2203－0003555　464/51

西遊原旨二十四卷首一卷一百回　（明）吳承恩著　（清）劉一明解　清嘉慶二十四年(1819)湖南常德刻本(有圖)　二十四冊

410000－2203－0003556　464/54

新鐫玉茗堂批點按鑑爺補楊家將傳十卷五十回　題（明）研石山樵訂正　清小西山房刻本(有圖)　六冊

410000－2203－0003557　464/57

新史奇觀演義全傳四卷二十二回　題（清）蓬蒿子編　清刻本　四冊

410000－2203－0003558　464/58

再造天十六回　（清）侯芝訂　清同治八年(1869)愛日堂刻本　八冊

410000－2203－0003559　464/59

再生緣全傳二十卷　（清）侯芝著　清道光刻本(有圖)　四十冊

410000－2203－0003560　464/59B

再生緣全傳二十卷　（清）侯芝著　清刻本　十七冊　存三卷(一、十三、十八)

410000－2203－0003561　464/53

新鐫精忠演義說本岳王全傳二十卷八十回　（清）錢彩編次　（清）金豐增訂　清嘉慶三年(1798)刻本　二十冊

410000－2203－0003562　464/62

醒世姻緣傳一百回　題(清)西周生輯著　題(清)然藜子較定　清懷德堂刻本　二十四冊

410000－2203－0003563　464/63

鏡花緣一百回　(清)李汝珍撰　清道光二十二年(1842)英德堂刻本　二十冊

410000－2203－0003564　464/69

水滸後傳十卷四十回　(明)陳忱編輯　題(清)野雲山人評定　清刻本　五冊　存九卷(二至十)

410000－2203－0003565　464/70

繪圖雙鳳奇緣四卷八十回　題(清)雪樵主人撰　清石印本(有圖)　四冊

410000－2203－0003566　464/64

合刻天花藏才子書四卷二十回　題(清)天花藏主人編　清康熙四十四年(1705)梅園刻本　四冊　存十二回(一至三、七至十五)

410000－2203－0003567　464/71

新刻韓仙寶傳不分卷　題(清)瀘陽居士撰　清同治十一年(1872)刻本　一冊

410000－2203－0003568　464/64B

天花藏合刻七才子書四卷二十回　題(清)天花藏主人編　清乾隆十二年(1747)刻本　十冊

410000－2203－0003569　464/75

新鐫批評出相韓湘子三十回　題(明)雉衡山人編　題(明)泰和仙客評閱　清光緒十四年(1888)掃葉山房石印本(有圖)　六冊

410000－2203－0003570　464/65

飛龍全傳十二卷六十回　(清)吳璿撰　清嘉慶翠隱山房刻本(有圖)　一冊

410000－2203－0003571　464/67

水滸圖贊不分卷　(明)杜堇繪圖　(清)劉晚榮輯　清光緒八年(1882)劉晚榮石印本(有圖)　一冊

410000－2203－0003572　464/78

新鐫異說五虎平西珍珠旗演義狄青前傳十四

卷一百十二回　(清)□□撰　清道光十六年(1836)經元堂刻本　八冊

410000－2203－0003573　464/72

歧路燈十四卷一百八回綠園家訓淳言一卷課童常禮一卷課士常宜並諸儒讀書十則一卷　(清)李海觀撰　清抄本　十四冊

410000－2203－0003574　464/79

新刻劍嘯閣批評西漢演義八卷　(明)甄偉撰　(明)鍾惺評　清善成堂刻本(有圖)　八冊

410000－2203－0003575　464/79

新刻劍嘯閣批評西漢演義八卷　(明)甄偉撰　(明)鍾惺評　清善成堂刻本(有圖)　八冊

410000－2203－0003576　47/2

讀書作文譜十二卷父師善誘法二卷　(清)唐彪輯著　(清)唐正志等校　清嘉慶八年(1803)刻本　四冊

410000－2203－0003577　47/3

鳴元堂論文二卷　(清)曾國荃審訂　清同治十二年(1873)勵志齋刻本　二冊

410000－2203－0003578　17/4

而菴說唐詩二十二卷首一卷　(清)徐增述　清乾隆二十三年(1758)文茂堂刻本　八冊

410000－2203－0003579　17/4B

而菴說唐詩二十二卷首一卷　(清)徐增述　清康熙九誥堂刻本　八冊

410000－2203－0003580　17/4C

而菴說唐詩二十二卷首一卷　(清)徐增述　清乾隆二十三年(1758)文茂堂刻本　十冊

410000－2203－0003581　47/5

彙纂詩法度鍼三十三卷　(清)徐勤右輯　清同人堂刻本　八冊

410000－2203－0003582　47/5B

彙纂詩法度鍼三十三卷　(清)徐勤右編輯　清乾隆聚錦堂刻本　八冊

410000－2203－0003583　47/11

詩觸十六種　(清)朱琰輯　清乾隆三十五年(1770)刻本　五冊

410000－2203－0003584　47/13

蠹莊詩話十卷　（清）袁潔著　清嘉慶二十年
(1815)刻本　八冊

410000－2203－0003585　47/10B

隨園詩話十六卷補遺十卷　（清）袁枚著　清
道光七年(1827)文錦堂刻本　十二冊

410000－2203－0003586　47/10C

隨園詩話十六卷補遺四卷　（清）袁枚著　清
山淵堂刻本　十二冊

410000－2203－0003587　47/10D

隨園詩話十六卷補遺十卷　（清）袁枚著　清
道光二十四年(1844)崇順堂刻本　十冊

410000－2203－0003588　47/15

文心雕龍十卷　（南朝梁）劉勰著　清光緒元
年(1875)湖北崇文書局刻三年(1877)印崇文
書局彙刻書本　二冊

410000－2203－0003589　47/15D

文心雕龍十卷　（南朝梁）劉勰著　（明）梅慶
生音注　清光緒二十五年(1899)刻本　四冊

410000－2203－0003590　47/15E

文心雕龍十卷　（南朝梁）劉勰撰　（清）黃叔
琳注　（清）紀昀評　清石印本　四冊

410000－2203－0003591　47/14

帶經堂詩話三十卷首一卷　（明）王士禎撰
（清）張宗柟輯　清同治十二年(1873)廣州藏
修堂刻本　十二冊

410000－2203－0003592　47/15F

文心雕龍十卷　（南朝梁）劉勰撰　（清）黃叔
琳輯注　（清）顧進　（清）金甡糸訂　清乾隆
三年(1738)萬卷樓刻本　四冊

410000－2203－0003593　47/19

詩法入門四卷首一卷　（清）游藝輯　清刻本
二冊

410000－2203－0003594　47/18

東坡題跋二卷山谷題跋三卷　（宋）蘇軾
（宋）黃庭堅著　（清）溫一貞錄　清同治十一
年(1872)望三益齋石印本　五冊

410000－2203－0003595　47/20

唐人試律說一卷　（清）紀昀撰　清乾隆二十
七年(1762)刻鏡煙堂十種本　一冊

410000－2203－0003596　47/18B

東坡題跋四卷山谷題跋四卷　（宋）蘇軾
(宋)黃庭堅撰　（清）黃嘉惠校　清同治十一
年(1872)上海朝記書莊影印本　八冊

410000－2203－0003597　47/22

紅樓夢廣義二卷紀略一卷題詞一卷　題(清)
青山山農撰　戲詠一卷　（清）楊維屏撰　百
美合詠七言排律五十韻一卷　題(清)看雲主
人編　百美合詠五言排律五十韻一卷　題
(清)東香山人編　清光緒二十八年(1902)味
青齋刻本　二冊

410000－2203－0003598　47/23

石頭記分評不分卷　（清）王希廉撰　清刻本
二冊

410000－2203－0003599　47/24

翰苑分書臨文正宗六種　（清）張端卿等撰
（清）戴彬元等書　清光緒十一年至十六年
(1885－1890)石印本　六冊

410000－2203－0003600　47/26

初學行文語類四卷　（清）孫埏編輯　（清）孫
鉦等糸　清嘉慶二年(1797)文會堂刻本
一冊

410000－2203－0003601　47/27

陰騭文制藝試帖合璧不分卷　（清）徐炳炎輯
清光緒五年(1879)刻本　二冊

410000－2203－0003602　47/28

甌北詩話十卷　（清）趙翼輯　清光緒三十四
年(1908)上海掃葉山房石印本　六冊

410000－2203－0003603　47/30

司空圖二十四詩品不分卷　（唐）司空圖著
清道光二十二年(1842)文霖堂刻本　一冊

410000－2203－0003604　47/32

癡說四種　題（清）尊聞閣主輯　清光緒申報
館鉛印本　一冊　存二種二卷

410000－2203－0003605　47/34

杜工部草堂詩箋四十卷外集一卷　（唐）杜甫
撰　（宋）魯訔輯　（宋）蔡夢弼會箋　**補遺十
卷**　（宋）黃鶴集注　**傳序碑銘一卷目錄二卷
年譜二卷詩話二卷**　清光緒遵義黎氏日本東
京使署刻古逸叢書本　六冊　缺十一卷（外
集一卷、補遺十卷）

410000－2203－0003606　51/1B

廣漢魏叢書　（明）何允中輯　清嘉慶刻本
九十一冊　存七十八種二百三十五卷

410000－2203－0003607　51/1C

增訂漢魏叢書　（清）王謨輯　清宣統三年
（1911）上海大通書局石印本　三十二冊

410000－2203－0003608　51/12

靈鶼閣叢書　（清）江標輯　清光緒元和江氏
湖南使院刻本　二十四冊　存三十九種六十
三卷

410000－2203－0003609　51/12B

靈鶼閣叢書　（清）江標輯　清光緒元和江氏
湖南使院刻本　四十八冊

410000－2203－0003610　51/12C

靈鶼閣叢書　（清）江標輯　清光緒元和江氏
湖南使院刻本　四十八冊

410000－2203－0003611　51/13

秘書二十一種　（清）汪士漢輯　清乾隆七年
（1742）新安汪氏文盛堂刻本　十五冊　存十
九種八十八卷

410000－2203－0003612　51/13B

秘書二十八種　（清）汪士漢輯　清嘉慶十六
年（1811）刻本　二十四冊

410000－2203－0003613　51/1

廣漢魏叢書　（明）何允中輯　明萬曆二十年
（1592）刻本　八十冊　存七十三種四百三
十卷

410000－2203－0003614　51/14

二酉堂叢書（張氏叢書）　（清）張澍輯　清道
光元年（1821）武威張氏二酉堂刻本　六冊

410000－2203－0003615　51/14B

二酉堂叢書（張氏叢書）　（清）張澍輯　清道
光元年（1821）武威張氏二酉堂刻本　八冊
存十一種十八卷

410000－2203－0003616　51/14C

二酉堂叢書（張氏叢書）　（清）張澍輯　清道
光元年（1821）武威張氏二酉堂刻本　十二冊

410000－2203－0003617　51/15

平津館叢書三十八種　（清）孫星衍輯　清光緒
十一年（1885）吳縣朱氏槐廬家塾刻本　五十冊

410000－2203－0003618　51/16

雅雨堂藏書　（清）盧見曾輯　清乾隆二十一
年（1756）德州盧氏刻本　七冊　存六種四十
八卷

410000－2203－0003619　51/16B

雅雨堂藏書　（清）盧見曾輯　清乾隆二十一
年（1756）德州盧氏刻本　十五冊　存十一種
一百四卷

410000－2203－0003620　51/17

滂喜齋叢書五十種　（清）潘祖蔭輯　清同
治、光緒間吳縣潘氏京師刻本　十六冊　存
二十一種四十四卷

410000－2203－0003621　51/17B

滂喜齋叢書五十種　（清）潘祖蔭輯　清同
治、光緒間吳縣潘氏京師刻本　三十二冊

410000－2203－0003622　51/18

函海　（清）李調元輯　清乾隆綿州李氏萬卷
樓刻道光五年（1825）李朝夔補刻本　二十冊
存四十四種一百四十卷

410000－2203－0003623　51/9

玉函山房輯佚書　（清）馬國翰輯　清同治十
年（1871）濟南皇華館書局刻本　八十冊

410000－2203－0003624　51/19

長恩書室叢書十九種　（清）莊肇麟輯　清咸
豐四年（1854）新昌莊氏過客軒刻本　六冊
存七種二十一卷

410000－2203－0003625　51/22

藕香零拾三十九種　繆荃孫輯　清光緒、宣統間刻本　三十二冊

410000－2203－0003626　51/23B

士禮居黃氏叢書十九種附四種　（清）黃丕烈輯　清光緒十三年(1887)上海裴英館影印本　三十冊　存二十種一百九十四卷

410000－2203－0003627　51/29

說鈴二集五十三種　（清）吳震方輯　清嘉慶四年(1799)刻本　二十六冊　存五十種六十五卷

410000－2203－0003628　51/32

國朝名人著述叢編十四種　（清）□□輯　清光緒五年(1879)上海松隱閣鉛印本　六冊

410000－2203－0003629　51/32

鴻雪齋聚珍叢書五種　（清）黃丹書輯　清光緒四年(1878)上海松隱閣鉛印本　九冊

410000－2203－0003630　51/39

二十五子彙函　（清）鴻文書局輯　清光緒十九年(1893)上海鴻文書局石印本　十五冊　存二十種三百十四卷

410000－2203－0003631　51/47

經訓堂叢書二十一種　（清）畢沅輯　清光緒十三年(1887)上海大同書局影印本　二十冊

410000－2203－0003632　51/36

荆駝逸史五十八種　題（清）陳湖逸士輯　清宣統三年(1911)中國圖書館石印本　八冊　存四十種五十二卷

410000－2203－0003633　51/40B

子書百家一百一種　（清）崇文書局輯　清光緒元年(1875)湖北崇文書局刻本　一百十冊

410000－2203－0003634　51/49

便蒙叢書初集十九種　（清）張一鵬編　清刻本　六冊

410000－2203－0003635　51/51

九子全書　（清）王子興輯　清嘉慶九年(1804)姑蘇王氏聚文堂刻本　二十三冊

410000－2203－0003636　51/55

小四書五卷　（明）朱升輯　清刻本　二冊　存二卷(名物蒙求一、性理字訓一)

410000－2203－0003637　51/56

小方壺齋輿地叢鈔十二帙補編十二帙再補編十二帙　（清）王錫祺輯　清光緒十七年至二十三年(1891－1897)上海著易堂鉛印本　一冊　存十九種十九卷

410000－2203－0003638　54/2

龍莊遺書四種　（清）汪輝祖撰　清光緒江蘇書局刻本　六冊

410000－2203－0003639　54/3

惜抱軒遺書三種　（清）姚鼐撰　清光緒五年(1879)桐城徐宗亮刻本　四冊

410000－2203－0003640　51/53

十子全書　（清）王子興輯　清嘉慶九年(1804)姑蘇王氏聚文堂刻本　十六冊　存五種五十三卷

410000－2203－0003641　51/58

子書二十八種　（清）育文書局輯　清宣統元年(1909)育文書局石印本　三十一冊

410000－2203－0003642　51/59

子書二十二種　（清）浙江書局輯　清光緒二十三年(1897)上海圖書集成局鉛印本　三十六冊

410000－2203－0003643　51/60

古今逸史　（明）吳琯輯　明刻本　十八冊　存十七種五十九卷

410000－2203－0003644　51/61

稗海　（明）商濬輯　明萬曆會稽商氏半埜堂刻本　四十二冊　存二十八種一百五十三卷

410000－2203－0003645　51/54

饗喜廬叢書四種　（清）傅雲龍輯　清光緒十五年(1889)德清傅氏日本東京刻本　十四冊

書名筆畫字頭索引

六畫

七畫

八畫

九畫

十三畫

十七畫

十八畫

十九畫

189

書名筆畫索引

三畫

196

五畫

六畫

八畫

209

210

九畫

213

217

十一畫

十三畫

229

十四畫

十五畫

十六畫

237

十八畫

十九畫

二十畫

二十一畫

二十二畫

242